Man kann nicht immer tun, was man will,
aber man muß immer wollen, was man tut.

Inhalt

KAPITEL 1

Yukon, Whitehorse

−15 °C

»PAPA, SCHAU!«

Wie könnte ich sie mehr anschauen?

Verkehrt herum auf den Kufen stehend, den Rücken gegen den Haltebügel gelehnt, kann ich mich an dem Anblick nicht satt sehen. Montaine bei ihren ersten Fahrversuchen auf dem Schlitten, allein mit drei Hunden. Man muß einfach ihre großen, strahlenden Augen sehen, vor allem ihren Stolz, der einem Kaiser angemessen wäre, der zum ersten Mal die Stufen zu seinem Thron erklimmt. Und ich, der selige Papa, bin nicht weniger stolz. Tränen treten mir in die Augen, wenn ich die große Freude meiner kleinen Schneeprinzessin sehe, die sie noch schöner macht. Sie kann es nicht fassen, daß es geklappt hat. Daß sie sich halten kann. Daß die Hunde gehorchen. In Wahrheit folgen sie nur meinem Schlitten, doch die Illusion ist perfekt. Sie jauchzt, und ihre Augen werden noch größer.

»Laß mich allein, fahr weiter, schau, ich kann's.«

Sie will, daß ich mich weiter entferne. Will richtig allein sein, ohne Aufpasser. Auf der ganzen Linie triumphieren. Ich drehe mich um, behalte sie aber im Auge und pfeife. Die Hunde fallen sofort in Galopp, und der Abstand zwischen uns wächst.

»Papa!«

Sie hat sich zuviel zugetraut.

Beim Anblick ihrer besorgten Miene, ihrer gerunzelten

Stirn und ihrer ängstlichen Augen wird mir klar, welchen Sicherheitsabstand ich nicht überschreiten darf.

Ich warte, und ihr Strahlen kehrt zurück, als sie zu mir aufschließt.

»Hast du gesehen?«

»Du bist eine tolle kleine Musherin.«

Meinem Beispiel folgend, ist Montaine mit ihrem ganzen Gewicht auf die Bremse gestiegen und hat dabei »Hoooh!« gerufen, damit Oumiak, der das kleine Gespann anführt, hinter mir stehenbleibt.

Ich möchte zu ihr gehen und ihr, wie es sich gehört, die von Kälte und Glück geröteten Wangen küssen, doch Montaine hat anderes im Sinn. Sie will sofort weiterfahren. Will zu ihrer Mutter, die mitten auf dem zugefrorenen See auf uns wartet.

»Darf ich allein hinfahren?«

Montaine stampft vor Ungeduld mit dem Fuß und hört mir nur mit halbem Ohr zu.

»Paß auf, wenn ich losfahre. Du mußt dich am Schlittenbügel festhalten, denn die Hunde werden mit einem Ruck losrennen. Du mußt deine Arme anwinkeln, um den Stoß aufzufangen. Bist du bereit?«

»Ja!«

»Voulk!«

Mein Leithund stürmt los. Sofort werfen sich hinter mir auch Oumiak, Amarok und Oukiok ins Geschirr. Die Beschleunigung ist abrupt, der Stoß zu heftig für Montaines kleine Unterarme. Sie fällt hinten herunter und landet mit dem Po im Schnee. Ich stoppe mein Gespann sofort und bekomme im letzten Augenblick Oumiak zu fassen, die mich bestimmt überholt und allein über den See geprescht wäre. Oumiak ist eine notorische Ausreißerin. Eigenwillig und intelligent wie sie ist, braucht sie für einen kleinen Ausflug keinen Musher.

Montaine ärgert sich und weiß nicht recht, ob sie lachen

oder weinen soll. Wie ein begossener Pudel steht sie da und hört mir diesmal sehr aufmerksam zu, damit sich der Purzelbaum nicht wiederholt.

Der zweite Start klappt perfekt. Die kleine, sechsjährige Musherin lernt schnell.

»Voulk, yap ... yap weiter, weiter.«

Voulk beschreibt eine weite Kurve und zeichnet einen schönen Bogen in den unberührten Schnee. In der Ferne bemerkt das Gespann Diane und Thomas, die neben dem Schneemobil warten, mit dem sie uns gefolgt sind. Voulk legt sofort einen Zahn zu, und Oumiak fällt in Galopp. Montaine trotzt tapfer den Stößen. Hochkonzentriert, die Füße fest auf den Kufen verkeilt, hält sie die Balance. Sie reckt das Kinn, als wir bei Diane ankommen, und setzt das triumphierende Lächeln einer Olympiasiegerin auf, der man soeben die Goldmedaille umgehängt hat.

»Gib mir mehr Hunde!«

»Das geht nicht, Montaine. Mama wird mit mir zurückfahren, und zu zweit sind wir zu schwer, wenn ich noch mehr Hunde wegnehme.«

Die Erklärung leuchtet ihr offensichtlich ein. Jedenfalls ist sie nicht eingeschnappt.

»Fahren wir. Los.«

Wir machen uns auf den Rückweg. Prima Start. Die Hunde fallen in Galopp, dann, nach ein paar hundert Metern, verlasse ich die bereits gespurte Piste und fahre, dicht an den Bergen, an der Uferböschung entlang. Der Neuschnee ist nicht sehr tief. Die Hunde laufen langsamer und fallen in den raumgreifenden, gleichmäßigen Trab, den sie stundenlang beibehalten können. Übermütig läßt Montaine den Haltebügel los.

»Nicht! Wenn sie schneller werden, fällst du herunter.«

Es kommt, wie es kommen muß. Ein paar hundert Meter weiter nimmt sie wieder die Hände vom Bügel, und im nächsten Augenblick flattern zwei Haselhühner aus einem Weidengehölz auf. In solchen Fällen gehen die Hunde ab wie eine Rakete, und selbst ich lasse mich manchmal noch davon überraschen, verliere den Halt und falle auf die Nase. So ergeht es jetzt unserer Anfängerin. Der Sturz ist heftig, doch zum Glück polstert die Schneedecke das Eis und mildert den Aufprall, der sonst furchtbar gewesen wäre.

Schnee in den Augen, im Mund, in den Haaren, überall – Montaine bricht in Tränen aus, mehr vor Schreck als vor Schmerz.

Lektion Eins: Nie den Bügel loslassen, niemals.

Ich nehme sie in die Arme und erinnere sie noch einmal daran, während sie ihre Tränen trocknet, die sich mit den Tropfen des geschmolzenen Schnees in ihrem Gesicht vermischen.

Die Hunde sind die ständigen Unterbrechungen leid und bekunden lautstark ihre Ungeduld, indem sie bellen und in die Gurte springen. Diane steht auf der Bremse, hat aber Mühe, sie zu halten. Ohne Montaine abzusetzen, packe ich Oumiak am Geschirr. Hinter ihr knurren sich Amarok und Oukiok gegenseitig an und fletschen die Zähne, der Auftakt zu einer Rauferei, die Diane mehr fürchtet als alles andere. Meiner Tochter wird es zuviel. Sie umklammert meinen Hals und will nicht mehr loslassen. Ich stelle mich auf die Kufen des Schlittens, während Diane das andere Gespann holt, dann endlich können wir die Fahrt fortsetzen und gleiten über den See dahin, umringt von hohen Bergen, die im milden Licht der tiefstehenden Sonne lange Schatten werfen.

Was für ein Glück, daß ich hier sein darf, zusammen mit Diane und Montaine, den Hunden, hier, in dieser herrlichen Landschaft, keinen Zwängen unterworfen, frei von Verpflichtungen.

In zwei Wochen beginnt ein mörderisches Rennen. Über

eine Distanz von 8000 Kilometern. Ein Rennen, bei dem es darauf ankommen wird, die Stunden zu zählen, mit jeder Minute zu geizen und keine Sekunde nachzulassen bis zum Ziel, das, so fern, am anderen Ende Kanadas liegt, ganz unten im Süden in Quebec!

Aber warum stürze ich mich in ein solches Abenteuer, das eigentlich gar nicht zu mir paßt oder zumindest keine Ähnlichkeit hat mit all den anderen, die ich seit zwanzig Jahren unternehme? Ich, der ich mir zur Devise gemacht habe: »Das einzige, was man auf Reisen gewinnt, ist die Zeit, die man unterwegs verloren hat.« Ich werde kein einziges Mal Gelegenheit haben, diese kostbare Zeit zu verlieren, die mir die Verwirklichung so vieler Träume ermöglicht hat, in Sibirien, in den Rocky Mountains mit Diane und Montaine, in Lappland oder auch in Alaska.

»Höchstleistungen interessieren mich nicht«, habe ich getönt – und was tue ich jetzt? Ich lasse mich auf eine Weltpremiere ein. In weniger als hundert Tagen mit meinen Hunden vom Pazifik zum Atlantik.

»Die Hunde sind schuld!«

Damit rechtfertige ich mich vor mir selbst und vergleiche mich mit einem Seemann, der zwanzig Jahre seines Lebens zum Vergnügen auf einem kleinen Boot die Meere durchkreuzt hat. Und dann spielt ihm der Zufall den tollsten Rennkatamaran in die Hände. Er kann nicht anders, er muß einfach testen, wie schnell er ist, muß mit vollen Segeln vor den Wind gehen und alles aus ihm herausholen, was in ihm steckt.

Mein Gespann hat das Zeug zu dieser Höchstleistung. Es verdankt seine Existenz einem Glücksfall, einer nie für möglich gehaltenen Kreuzung zwischen einem sibirischen Laika und einer Grönlandhündin. Das Resultat ist außergewöhnlich und einmalig auf der Welt: Hunde, die zugleich schnell, ungemein kräftig und ausdauernd sind.

Die wichtigsten großen Rassen – Husky, Malamute, Alaskan, Samojede Spitz und Grönländer – zeichnen sich heute entweder durch Kraft oder durch Schnelligkeit aus, aber ein Gespann, das »geländegängig« ist *und* ein hohes Tempo gehen kann, gibt es nicht. Bis auf meines. Seit den ersten Lebensmonaten werden meine Hunde einem intensiven Training unterzogen und ebenso intensiv gepflegt. Heute, vier bis sechs Jahre alt, sind sie in der Form ihres Lebens. Ich mußte mir ein Unternehmen ausdenken, das ihnen gerecht wird: 8000 Kilometer in 100 Tagen. »Unmöglich«, heißt es hier und da aus »Fachkreisen«. Schon richtig, aber nicht für mein Gespann, und ich will es beweisen.

Ich sehe sie mir an: Torok, Nanook, Baikal und die anderen, und ich bewundere ihre ausgreifenden, gleichmäßigen Schritte, das Spiel ihrer Muskeln unter dem dichten, glänzenden Fell. Kein Gramm Fett, wahre Athleten. Mein Freund Patrick hat sie hier in Kanada einem harten, optimalen Training unterzogen, während wir uns in Frankreich die Hacken nach Geld abgelaufen haben. Aber Geld ist nun mal die Seele des Krieges.

Der Start erfolgt am 13. Dezember in Skagway am Pazifik, deshalb mußten die Hunde bereits ab Frühsommer trainieren. Eine knifflige Arbeit, bei der es in erster Linie darauf ankommt, die richtige Dosierung zu finden zwischen einem hohen Tempo – Voraussetzung für die Bewältigung einer größtmöglichen Strecke – und der Freude am Laufen, im Jargon der kanadischen Musher *will to go* genannt. Das ist die große Herausforderung unserer Reise: Diesen *will to go* vom ersten bis zum letzten der 8000 Kilometer zu konservieren, damit die Hunde bei der hundertsten Etappe noch genausoviel Spaß haben wie bei der ersten. Und ob die Rechnung aufgeht, entscheidet sich sogar schon vor Trainingsbeginn, denn ausschlaggebend ist, wieviel »Kapital« das Gespann seit seiner »Geburt« angehäuft hat, wieviel tausend Kilometer es auf Expeditionen, bei Langstreckenrennen oder im alltäglichen Training zurückgelegt hat.

KAPITEL 2

Alaska, Skagway

+1 °C

ICH HABE NOCH NIE SO DICKE UND GROSSE SCHNEEflocken gesehen, bestimmt über zehn Zentimeter! Dicht an dicht schweben sie herab, verhaken und vermählen sich, bis sie große flaumige Fallschirme bilden, die sanft auf dem nassen Boden niedergehen. Ihr Anblick ist so faszinierend, daß wir minutenlang verharren, die Gesichter bewundernd zum Himmel richten und nach den dicksten Ausschau halten.

»Sieh mal, die da!« ruft Montaine, die eine besonders große Flocke in Form einer Raute erspäht hat.

Sie läuft hin, um sie aufzufangen, und bleibt unter ihr stehen. Die Schneeflocke beschließt ihren Flug in ihren fangbereit ausgestreckten Händen. Montaine bricht in Lachen aus, prustet und lacht von neuem.

»Du hast Glück«, bemerkt Diane. »Ist dir das klar? Am Tag vor deinem Start!«

Das stimmt. Seit drei Wochen warten wir auf Schnee. Doch hier am Pazifik ist es zu mild. Bei Temperaturen um +1 °C bildet sich keine Schneedecke, auf der ein Schlitten gleiten kann. So märchenhaft das Schauspiel am Himmel auch sein mag, der schmutzige Schneematsch am Boden ist wenig ermutigend.

Weiter oben, in den Bergen, tobt in diesem Augenblick ein Schneesturm, und ich fürchte, daß die Piste, die Bob und Didier, zwei der Pistenmacher unseres Teams, gespurt haben, wieder verweht wird. Sie haben zwei Tage und Nächte bis Carcross gebraucht, rund 100 Kilometer an einer von Neuschnee bedeckten Bahnlinie entlang. Die Piste wird im Winter regelmäßig von Trappern mit Schneemobilen benutzt, und wir hatten gehofft, sie sei bereits gespurt, doch der Schneemangel hat uns einen Strich durch die Rechnung gemacht. Bob und Didier sind übrigens einem dieser Trapper begegnet. Er hatte sich mit der Absicht getragen, den »Trail« eventuell nächste Woche zu spuren und war in die Berge gefahren, um nachzusehen, ob genug Schnee lag. Er war froh, daß die undankbare Arbeit bereits getan war. Die Bahnlinie windet sich an senkrechten Felswänden und schwindelerregenden Abgründen entlang durch die Berge, und dort eine Piste zu spuren, ist weiß Gott kein Vergnügen. Didier wäre um ein Haar dabei ums Leben gekommen! Und Bob, seit frühester Kindheit sportlich aktiv, hoffte auf bessere Zeiten – 100 Kilometer unter solchen Bedingungen strapazieren Mensch und Material in einem solchen Maß, daß es uns nicht ratsam erscheint, die Übung allzu oft zu wiederholen.

»Es gab so hohe Schneewehen, daß das Schneemobil komplett darin versank und steckenblieb«, erzählt Didier erschöpft aber glücklich über seinen ersten Sieg. »Einmal wurde ich glatt von der Maschine geschleudert und flog im hohen Bogen zehn Meter über die geborstene Windschutzscheibe.«

»Wir mußten uns immer wieder den Weg freischaufeln und beschädigte Brücken abstützen, um Eisenbahnbrükken zu umgehen, deren Bohlen für die Hunde zu weit auseinanderliegen …«

»Ich geriet in eine Weiche, die Kufe des Schneemobils blieb hängen und blockierte voll. Wieder flog ich im hohen Bogen durch die Luft, aber ich hatte noch Schwein, denn links war ein See, der nur teilweise zugefroren war. Fast wäre ich reingefallen!«

Die anderen Mitglieder des Teams lauschen Bob und Didier mit einer seltsamen Mischung aus Besorgnis und Belustigung. Die Lust, sich ins Gefecht zu stürzen, ist ihnen vom Gesicht abzulesen. Marc ist, wie Bob, ein Neuling im hohen Norden, und hinter seiner Ungeduld verbirgt sich eine gewisse Furcht, die daher rührt, daß er unter keinen Umständen enttäuschen will.

Alain, mit dem ich schon so manchen Teil der Welt durchstreift habe, in dem Blizzards toben und Polarlichter leuchten, schweigt, doch ich lese in seinem Gesicht wie in einem offenen Buch. Er weiß noch nicht recht, warum er eigentlich hier ist, warum er morgen zu einer über 8000 Kilometer langen Odyssee aufbricht, noch dazu auf dem Schneemobil, diesem knatternden und unpraktischen Gefährt, das er überhaupt nicht mag.

»Ich weiß nur, daß ich es nicht ertragen hätte, nicht dabeizusein, soviel ist sicher.«

Zusammen mit Alain habe ich diese Expedition, über eine Karte gebeugt, geplant. Wenn ich es mir recht überlege, habe ich mir die Frage ebensowenig gestellt, ob er mitmachen würde oder nicht.

»Wann geht's los?« hatte er ein paar Minuten, nachdem ich ihm das Projekt vorgestellt hatte, gefragt und dabei geseufzt, um Vorfreude und Besorgnis zu verbergen.

»Nächstes Jahr.«

»Prima!«

Und jetzt sind wir hier. Alain als Chef des motorisierten Teams, auf dessen sechs Schneemobilen Marc, Didier und Bob Platz nehmen werden, dazu Kameramann Thomas und Tontechniker Emmanuel, einer wie der andere ein vollwertiges Teammitglied, da sie bereits an vielen meiner Fahrten teilgenommen haben.

Bei unseren bisherigen Expeditionen hatten wir nie eine Hierarchie festgelegt. Alles wurde offen diskutiert, Entscheidungen wurden mehrheitlich getroffen. In Anbetracht der großen Teilnehmerzahl (zehn insgesamt) und der Besonderheit dieses Unternehmens haben wir diesmal in gegenseitigem Einvernehmen Rollen verteilt und der Klarheit halber sogar ein kleines Dokument aufgesetzt:

Die weiße Odyssee besteht aus vier Teams:

Den Pistenmachern mit Alain als Verantwortlichem sowie Didier, Marc und Bob.

Dem Filmteam mit Thomas als Verantwortlichem sowie Emmanuel und Alvaro als Fotograf.

Dem Logistikteam mit Pierre als Verantwortlichem und Raphaël.

Dem Hundeteam mit … Nicolas.

Alle Teams unterstehen Pierre Michaut, dem die Aufgabe zufällt, alle Entscheidungen zu treffen, denn er wird als einziger einen Überblick über die Finanzen, den Zustand der Maschinen und die Aktivitäten der Medien haben, was ihn mitunter veranlassen könnte, dieser oder jener Sache auf Kosten einer anderen Vorrang einzuräumen. Raphaël wird ihn bei dieser Aufgabe unterstützen.

Alain ist für die Piste verantwortlich. Er entscheidet über die Streckenführung unter Berücksichtigung der Informationen, die ihm zugegangen sind und die vor ihm Pierre und Raphaël sammeln werden. Didier wird, wenn die Umstände es erlauben, mit dem Filmteam umkehren und Nicolas entgegenfahren oder die Piste spuren.

Im Interesse einer optimalen Beilegung der zwischenmenschlichen Konflikte, die zwangsläufig hier und da auftreten werden, sollte jeder so viel wie möglich mit Pierre sprechen, der die Rolle des Schlichters übernehmen wird.

Alle Beteiligten müssen sich darüber im klaren sein, daß der hinter ihnen fahrende Nicolas aufgrund des Tempos, das er anschlagen muß, weder auf der Piste noch in den Pausen die physische und mentale Kraft aufbringen kann, sich über seine eigenen Probleme hinaus allzuviel mit anderen zu beschäftigen.

Pierre, der Dirigent, übernimmt eine Aufgabe, die häufig undankbar und mitunter auch unangenehm sein wird. Er wird ständig vom Rest des Teams getrennt sein, denn er muß in die Dörfer vorauseilen, Auskünfte einholen und die bevorstehenden Etappen organisieren. Doch wie wichtig seine Rolle ist, wird bereits heute deutlich. Er hat alle versammelt und versucht, die Verteilung der Ausrüstung und Schneemobile zu organisieren und so etwas wie ein Programm für die nächsten 48 Stunden aufzustellen.

So müssen Bob und Didier ein zweites Mal ihre teilweise (oder vollständig?) vom Schneesturm verwehte Piste abfahren, und gleichzeitig muß eines ihrer Schneemobile, dessen Kufe durch die Schienen beschädigt worden ist, repariert werden. Wer nimmt sie im Lastwagen mit? Wer holt das Schneemobil? Und wenn der Betreffende in Carcross bleibt, wer bringt dann den Lkw zurück? Um welche Uhrzeit muß er auf dem Rückweg den Sprit deponieren, den Bob und Didier brauchen, da sie nicht mehr genug für Hin- und Rückfahrt haben? Wer fährt in der Zwischenzeit nach Whitehorse und holt die Ausrüstung, die gerade verspätet per Flugzeug eingetroffen ist? Und wer bringt Diane und Montaine, die restlichen Schneemobile und die Journalisten zum Flughafen, und mit welchem Fahrzeug? Raphaël, der die Tour mit dem Lkw schon dreimal gemacht hat, möchte, daß es ein anderer übernimmt, und hätte gern die Kreditkarte, um dieses und jenes zu bezahlen. Ein anderer braucht die Karte ebenfalls und vermißt zudem abhanden gekommene Rechnungen, die verbucht werden müssen. Marc wiederum muß letzte Reparaturen am Schlitten ausführen, während Alain etwas anderes erledigen muß und auf einmal keine Zeit mehr hat, Pierre zu begleiten und Bob abzulösen, der sich um das Benzin kümmern soll…

Die Reihe ließe sich beliebig fortsetzen. Alle reden durcheinander, diskutieren, zerpflücken den ursprünglichen Plan, ereifern sich, springen auf und machen einen genialen Vorschlag, der sich jedoch nach zehnminütiger Prüfung als noch schlechter erweist als der, den ein anderer zuvor gemacht hat, der nun wieder Oberwasser bekommt…

Pierre macht sich Notizen, nimmt die Forderungen und Seelenlage des einen und anderen zur Kenntnis, verfügt aber noch nicht über alle notwendigen Informationen, um wirklich kompetent entscheiden zu können. Erst am 3. Dezember aus Frankreich angereist, hatte er noch gar keine Gelegenheit, sich ein wenig vom Streß der vergangenen Wochen zu erholen, in denen er letzte Fragen im Zusammenhang mit der Finanzierung, der Logistik und der Organisation der weißen Odyssee geklärt hat. Ob er irgendwann Gelegenheit dazu haben wird? Ich bezweifele es, und diese erste gemeinsame Sitzung, die sich ausschließlich um logistische Probleme dreht, bestätigt mich in meiner Ansicht und meiner Wahl. Vor ihm liegt eine schwierige und heikle Aufgabe, die einen langen Atem und große Hingabe verlangt, und wer außer ihm wäre in der Lage, sie erfolgreich zu Ende zu führen?

Ich sehe mir das Team an und bin zuversichtlich, auch wenn ich heute mit banger Sorge erkenne, daß ich die Schwierigkeiten unterschätzt habe. Ob Pierre mir etwas anmerkt? Wir haben tausendmal darüber gesprochen, doch als geborener Optimist ist er davon überzeugt, daß die Dinge wieder in die richtigen Bahnen gelenkt werden und sich wie die Teile eines Puzzles nach und nach zusammenfügen.

Aber wie schon gestern bin ich auch heute genötigt, über organisatorische Fragen nachzudenken, Entscheidungen zu treffen und in eine Rolle zu schlüpfen, die ich 24 Stunden vor dem Start eigentlich nicht mehr übernehmen wollte, um mich ganz auf die Fahrt konzentrieren zu können.

So jedenfalls hatten wir das Unternehmen geplant und ein entsprechendes Team zusammengestellt, von dem erwartet wird, daß es sich selbst organisiert und mindestens 24 Stunden im voraus die Piste spurt, auf der wir mit den Hunden einen Fabelrekord aufstellen wollen. Um unser Ziel zu erreichen und, unabhängig von Geländebeschaffenheit, Witterungsbedingungen und Schneeverhältnissen, das Tagespensum von mindestens 80 Kilometern zu schaffen, müssen wir eine eigene Piste anlegen, da bis auf ganz wenige Ausnahmen keine andere existiert. Hunde können nicht durch Tiefschnee laufen. Sie sinken ein und machen schlapp. Deshalb benutzen die Musher Trails (Pisten). Es gibt Tausende, im Süden wie auch im äußersten hohen Norden, in der Arktis, wo der Wind den Schnee zusammenpreßt. Dort können die Hunde ungehindert laufen, allerdings nicht jeden Tag und nicht den ganzen Winter über. Zwischen diesen beiden Zonen erstreckt sich ein Niemandsland von mehreren Tausend Quadratkilometern Tundra und Taiga. Dort versinkt man bis zum Hals im Schnee.

Aber warum legen wir die Route dann genau in diese Breiten? Weil das die einzige Lösung ist, wenn man die Reise vom Pazifik zum Atlantik in einem einzigen Winter schaffen will. Im Süden sind die Winter zu kurz, die Temperaturen im März und Dezember zu mild, um mit den Hunden Etappen von 100 Kilometern pro Tag zu bewältigen. Im Norden müßte man zu weit hinauffahren, große Umwege in Kauf nehmen, um Zonen von zerbrochenem und offenen Packeis zu umgehen, mit anderen Worten, sich zusätzliche Kilometer aufbürden, ganz zu schweigen davon, daß die häufigen Stürme und Blizzards das Fortkommen erheblich erschweren.

Wir reisen also durch Indianergebiet und hangeln uns am 55. Grad nördlicher Breite entlang, mal etwas höher, mal etwas tiefer, durch tief verschneites Land. Dabei folgen wir grob der Baumgrenze, jener imaginären Linie, die in Geographiebüchern die Grenze zwischen der bewaldeten Taiga und der Tundra, dem baumlosen Land, markiert. Ich kenne die Zone gut, eine Wildnis, in der sich im Winter das Leben konzentriert. Hier leben die wenigen noch aktiven Trapper, denn es gibt eine Vielzahl von Pelztieren. Es wimmelt von Schneehühnern und Schneehasen, und Luchs und Fuchs machen auf sie Jagd. Hierher ziehen die Karibus und mit ihnen die Wölfe.

Zwanzig Jahre lang habe ich meinen Schlitten in Sibirien, Lappland, Alaska und anderswo durch wilde Landstriche gelenkt und mit großen Schneeschuhen aus Holz und Leder den Schnee vor ihnen festgestampft, so daß wir monatelang nur 10 oder 20 Kilometer pro Tag zurücklegten. Ich habe diese stillen und beschaulichen Reisen genossen. Auch ohne Schneemobile und ein Team, das vorausfährt und die Piste spurt, wäre die Durchquerung Kanadas von Küste zu Küste sicherlich machbar ... in fünf Jahren. Doch für Paris-Dakar nimmt man keinen Ferrari. Und was ich meinen Hunden und einer Öffentlichkeit anbiete, die meinen Rekordhunger nicht recht versteht, ist wie ein Grand Prix der Formel 1.

Bei großen Hundeschlittenrennen wie dem Yukon Quest oder dem Iditarod jagen die Musher mit ihren Gespannen über eine herrliche Piste. Sie ist hart und breit, 1600 Kilometer lang, eigens für sie präpariert. Trotzdem stellt die Strecke höchste Anforderungen. Nicht von ungefähr sprach eine Gruppe amerikanischer Sportjournalisten von »der schwierigsten sportlichen Prüfung der Welt«.

Ich habe unser Abenteuer nach dem Vorbild dieser Rennen geplant. Alles ist organisiert und vorbereitet. Der Musher hat an nichts anderes zu denken und nichts anderes zu tun (geht das überhaupt?), als mit seinem Gespann möglichst schnell von Punkt A nach Punkt B zu gelangen.

Das Team wird die Straße bauen, und ich werde darauf fahren. Zwei Abenteuer, die einander ergänzen und untrennbar miteinander verknüpft sind. Der Erfolg des einen bedingt den Erfolg des anderen.

Werden wir unser Ziel erreichen?

KAPITEL 3

Skagway

–1 °C

»DAS HAUT NIE HIN!«

Alain ist skeptisch, und mit Recht.

Eigentlich wollten wir von Skagway bis zum »White Pass« der Bahnlinie folgen, doch mangels Schnee haben wir diesen Plan aufgegeben. Ich werde also Räder am Schlitten montieren und die ersten zwanzig Kilometer auf der Straße zurücklegen. Vom Paß an wird der Schnee, der in den letzten zehn Tagen gefallen und vom Sturm herangeweht worden ist, für eine Gleitfahrt auf den Kufen vollauf genügen.

Auf der Straße können wir durchaus fahren. Das ist nicht das Problem. Die unter dem Schlitten angebrachten Räder, eine Entwicklung der Ingenieure von Renault Sport, funktionieren tadellos. Was uns bei Probefahrten knapp 24 Stunden vor dem Start Kopfzerbrechen bereitet, ist die Umstellung auf eine Bremse, die wirklich bremst! Bei Tests auf eisglatter Fahrbahn stellen wir nämlich fest, daß wir das Problem unterschätzt haben, zumal wir wissen, daß die zehn Hunde ein oder zwei Stunden nach dem Start in einem Zustand höchster Erregung sein werden. Marc hat ein wahres Ungetüm von Bremse schweißen lassen, bestehend aus einer Platte mit 15 Zentimeter langen Wolframzähnen. Das Dumme ist nur, daß die Zähne auf dem vereisten Beton nicht oder nur unzureichend greifen. Was soll ich auf den ersten zwanzig

Kilometern, die ohnehin niemandem Spaß machen, tun? Wie soll ich das Gespann auf den wenigen abschüssigen Strecken bremsen?

»Das wird sich schon zeigen!«

Mit diesem vielsagenden Satz breche ich unsere Probefahrt ab, denn eine befriedigende Lösung ist nicht in Sicht, zumindest nicht in den nächsten Stunden. Statt dessen führen wir eine letzte Inspektion an dem Schlitten durch, den eine Gruppe von Journalisten, denen wir ihn bei Tests im französischen Tignes vorstellten, auf den Namen »Formel-1-Bolid des Schnees« getauft hat.

Eine Expedition wie diese stellt an den Schlitten höchste Anforderungen, die je nach Gelände, Temperatur und Gepäck variieren. Eigentlich sollte der Musher über zehn Schlitten verfügen und die Möglichkeit haben, je nachdem den einen oder den anderen zu nehmen. Einen »Toboggan«-Schlitten für Tiefschnee, einen »Basket« für Harschschnee, wieder einen anderen fürs Gebirge, Nummer 6 fürs Packeis, Nummer 8 für den Wald ... Denn im Grunde wirkt der Schlitten wie eine Bremse, die direkt mit den Hunden verbunden ist. Die Hunde spüren sein Gewicht, jeden Stoß, jedes Ausbrechen, jede Erschütterung, jedes Abweichen vom Kurs. Was nun das Lenken im eigentlichen Sinn angeht, so besteht die Aufgabe des Mushers darin, diese Beeinträchtigungen auf ein Minimum zu reduzieren. Das erreicht er am besten dadurch, daß er möglichst genau den Kurs des Gespanns einhält, denn jede Abweichung, jede Erschütterung kann, so gering sie auch sein mag, Sehnenentzündungen oder Muskelverletzungen hervorrufen, vor allem bei den beiden Hunden, die unmittelbar vor dem Schlitten laufen.

Christian Contzen und die Ingenieure von Renault Sport waren zunächst verblüfft, als wir ihnen das Pflichtenheft vorlegten. Dann aber reizte sie die Aufgabe, die darin bestand, Lösungen für die verschiedenen Probleme zu finden, vor die der Schlitten die Hunde stellt, ohne dabei freilich aus den Augen zu verlieren, daß er eine enorme Belastung aushalten muß: 100 Kilometer täglich, und das dreieinhalb Monate lang, im Gebirge und auf dem Meereis, auf Seen und Flüssen, im Wald oder in einem Labyrinth von Packeisblöcken…

So entstand nach langem Hin und Her und sorgfältigem Abwägen ein völlig neuartiger Schlitten, der mit Hilfe modernster Techniken wie des CAD (Computer Aided Design) entwickelt wurde.

Angesichts der extremen Temperaturunterschiede von −60 °C bis +10 °C entschieden sich die Ingenieure sehr bald für Verbundwerkstoffe: Kohlenstoff, Kevlar, Glasfaser. Sie besitzen stabile Eigenschaften, sind stoßfester als Holz und verschleißen nicht so schnell.

Die Ingenieure von Renault Sport und ihrem Partner Moc Composite nutzten die Elastizität der Faserverbundstoffe, um eine Schlittenstruktur zu entwickeln, die verformbar und mithin verstellbar ist, entsprechend dem jeweiligen Gelände. Darüber hinaus ist dieser Schlitten der erste, der über eine Art Federung und eine verstellbare Bodenfreiheit verfügt. Der Vorteil dabei: Die bessere Stoßdämpfung vermindert beträchtlich das Verletzungsrisiko für die Hunde. Eine weitere Neuerung ist die seitliche Verformung des Kohlenstoffrahmens. Sie erlaubt dem Musher, in Kurven auf den Kufenkanten zu fahren. So kann er die Ideallinie hinter den Hunden halten und ein seitliches Abrutschen vermeiden. Und schließlich behält der Schlitten alle diese Vorzüge unter jedem Gewicht. Die Fahreigenschaften bleiben gleich, ob er mit 50 oder 150 Kilo Gepäck beladen ist.

Nichts wurde dem Zufall überlassen, um unerwünschte Bremswirkungen möglichst gering zu halten. Bei einem solchen Abenteuer spielt das Unvorhersehbare ohnehin schon eine ziemlich große Rolle, insbesondere wenn der enorme Zeitdruck keine Fehler erlaubt.

Um die Expedition vernünftig vorzubereiten, bin ich mit Pierre im März letzten Jahres vor Ort gereist. Wir zogen von Dorf zu Dorf, erklärten, was wir vorhatten, sprachen mit Einheimischen, sammelten Informationen, tüftelten Routen aus, organisierten Übernachtungsmöglichkeiten, heuerten Führer an. Ein Monat, der weiß Gott kein Vergnügen war. Wir hetzten von Flieger zu Flieger, von Termin zu Termin, konnten uns für nichts und niemand wirklich Zeit nehmen, reihten aufreibende Arbeitstage aneinander, die manchmal interessant, meist aber unerfreulich und stumpfsinnig waren.

Allein hätte ich diesen Marathon niemals durchgestanden, der um so zermürbender war, als wir wenige Monate vor dem Start immer noch keinen Pfennig Geld hatten und langsam verzweifelten. Zusammen mit Pierre und Joël (die in Frankreich eine Apotheke betreiben) fühlte ich mich stärker, und wenn der eine verzagen wollte, richtete ihn der Optimismus des anderen wieder auf. Mehrmals schwankte das Boot, doch es ging nicht unter, bis dann, am Ende einer langen einsamen Reise, andere zu uns stießen und wir endlich wieder festen Boden unter die Füße bekamen.

»Du hast vielleicht ein Glück!«

Ich höre ihn oft, diesen Satz. Er bringt mich jedesmal in Harnisch. Die Öffentlichkeit sieht nur die Spitze des Eisbergs, die herrlichen Hochglanzfotos oder eine Trickkarte mit dem Streckenverlauf im Fernsehen, aber sie macht sich keine Vorstellung davon, wieviel Arbeit und Beharrlichkeit dazu gehören, wie viele Kompromisse man schließen muß … Ich sehe mich jedenfalls außerstande, irgendwann einmal ein zweites Unternehmen dieser Art auf die Beine zu stellen. Ich habe es satt, das Klinkenputzen, die

Verhandlungen mit Fernsehsendern und Sponsoren, die Vorbereitungen, die mir keine Zeit zum Training mit den Hunden lassen und mich von zu Hause fernhalten, von all dem, was ich liebe.

Doch das ist der Preis, den man zahlen muß. Zwanzig Jahre lang habe ich ihn bezahlt, und ich habe es niemals bereut. Heute bin ich müde, und als ich nach dem Tod Tabarlys eine alte Radiosendung mit ihm hörte, in der er beichtete, daß er manchmal auf See vom Kurs abgekommen sei, weil er von den Vorbereitungen die Nase voll gehabt hatte, konnte ich das gut nachempfinden.

Eine Startlinie ist ein Ziel, ein Sieg, und wir haben einen solchen Sieg errungen, denn wir sind hier und es fehlt uns an nichts.

Heute abend, am Tag vor dem Start, empfinde ich eine große Freude, denn ein Traum geht in Erfüllung, und ich verbringe diese bewegenden Stunden mit all denen, die dafür gekämpft haben.

In der einzigen Bar, die in dem Städtchen Skagway offen hat, ist das Fest in vollem Gang. Wir tanzen, trinken und scherzen.

Marc erhebt sein Glas.

»Ich habe nur zwei Worte zu sagen: Que – bec!«

Alain schmettert ein Lied, Thomas und Emmanuel stimmen in den Refrain ein. Didier gibt eine Runde aus, während Pierre und Joël versuchen, den angesäuselten Bob von Raphaël wegzuziehen, dem er zum fünften Mal von Didiers Unfall erzählt.

Ich stelle mir vor, daß zur Zeit des Goldrauschs am Klondike Jack London in dieser Bar ebenso stolz und glücklich und mit derselben bangen Vorfreude sein Glas erhoben hat wie wir heute abend. Sein Abenteuer bestand darin, sich nach Dawson in Alaska durchzuschlagen, zusammen mit einigen tausend anderen Goldsuchern. Unseres, hundert Jahre später, erinnert an seine Epoche. Wir befinden uns in einem Zwiespalt zwischen Tradition und Moderne, zwischen der Langsamkeit der Hunde und dem Wettlauf mit der Zeit, der Einsamkeit des Mushers und der Menge derer, die sein Rennen verfolgen… Doch ich bin glücklich. Morgen beginnt das Abenteuer, und es ist ein herrliches Gefühl zu leben.

KAPITEL 4

Skagway

13. Dezember, – 2 °C

»LOS GEHT'S, HUNDE!«

Anfeuerungsrufe begleiten die zehn Hunde, als sie sich ins Geschirr werfen. Ich spüre den Ruck in der Hüfte, und ein wohliger Schauer läuft mir über den Rücken und an den Beinen hinab bis in die Füße, die fest auf den beiden Kufen des Schlittens verkeilt sind.

Ich hebe eine Hand, genauer gesagt einen Fäustling, drehe mich aber nicht um, denn ich spüre die Blicke in meinem Rücken, die Blicke von Diane und Montaine und all den anderen, hundert an der Zahl, Franzosen, die eigens über den Atlantik gereist sind, um dem großen Ereignis beizuwohnen, und Kanadier, die sich aus Sympathie eingefunden haben.

Die Hauptstraße, die sich mit ihren Gehsteigen und Holzhäusern das Flair der Jahrhundertwende bewahrt hat, wurde von der Gemeinde Skagway für den Verkehr gesperrt. Der Schlitten rollt über die Makadamdecke, gezogen von meinen zehn furchteinflößenden Hunden, die galoppieren, um ihre überschäumende Kraft loszuwerden.

Sie wissen, daß es sich nicht um einen Trainingslauf handelt. Sie haben es am Ton meiner Stimme gemerkt, an den Vorbereitungen, an denen sie ungeduldig und begeistert teilgenommen haben, an dem Ehrenspalier, durch das sie gelaufen sind, an den feierlichen Umarmungen.

Sie legen einen schönen Start hin, mit langen geschmeidigen Sätzen, alle sauber ausgerichtet, und ich bin ihnen dafür dankbar.

Am Schluß konnte ich es kaum noch erwarten, mich in das Abenteuer zu stürzen und die Tür zu schließen, hinter der mich so vieles zurückhielt. Ich werde mich immer an Montaines große traurige Augen erinnern.

»Auf Wiedersehen, Papa!«

Wir sind schon weit. Die Hunde sind, dem hochkonzentrierten Voulk folgend, in einem rechten Winkel abgebogen, und jetzt fahren wir aus der Stadt hinaus. Der Lärm ebbt ab und weicht der Stille, die mich bis zum Ende begleiten und mein bester Freund oder ärgster Feind werden wird. Bald nehmen wir den Aufstieg in Angriff, denn die hohen, schroffen Berge fallen hier direkt ins Meer. Die Goldsucher vor hundert Jahren nahmen anfangs denselben Weg, um diesem Schraubstock zu entkommen, und zogen über den »White Pass«, bis Geröll und Lawinen ihn verschütteten und Hunderte von Männern und Pferden unter sich begruben. Danach gaben sie diese Route auf und wichen nach Norden aus, auf den berüchtigten »Chilkoot Pass«. Damit die Mounties sie durchließen, mußten sie eine Tonne Proviant und Gerätschaften den 45°-Hang hinaufschleppen. So überquerten sie den Paß dutzende Male, indem sie beim Aufstieg die ins Eis gehauenen Stufen erklommen und beim Wiederabstieg eine Rutschpartie machten. Tag und Nacht quälte sich die endlose Schlange der unter ihrer Last gekrümmten Männer den mörderischen Berg hinauf. Die wenigen indianischen Träger reichten bei weitem nicht, und der Ansturm der Neuankömmlinge war so groß, daß sie immer höhere Löhne verlangten. Die Realität war oft stärker als der Traum. Auf dem Weg ins Eldorado starben die Hoffnungen mit den Menschen, und viele kamen in Dawson, jener

Stadt, die auf keiner Karte verzeichnet war, niemals an. Dort war es, wo Jack London begann, Geschichten, Eindrücke und Schicksale zu sammeln. Worte berauschten ihn mehr als Gold, und bald schrieb er seine Meisterwerke, die sicherlich der größte Schatz sind, den uns dieser Goldrausch hinterlassen hat.

Seine Bücher waren die geistige Nahrung meiner Kindheit und haben mich nachhaltig geprägt. Daß wir zu Beginn unserer Expedition auf den Spuren des Helden meiner Jugend wandeln, ist kein Zufall, sondern ein Symbol.

Beim Aufstieg zum Paß denke ich an diese Männer mit den langen Bärten und abgewetzten Kleidern, die von einem anderen Leben träumten und dem trügerischen Lockruf des Goldes erlagen. Und ich versuche, mir ihre Leiden, ihre Hoffnungen, ihren Heldenmut vorzustellen.

Die Steigung ist mörderisch, 1000 Meter Höhenunterschied auf wenigen Kilometern. Ich laufe hinter dem Schlitten her, um die Hunde zu schonen. Sie ziehen wie entfesselt mit unvermindertem Tempo.

Alain fährt mit einem Pickup voraus und warnt die entgegenkommenden Fahrzeuge, eine Vorsichtsmaßnahme, auf der die Polizei bestand, ehe sie uns die Benutzung der Straße erlaubte. Mehrere Fahrzeuge folgen mir. Jedesmal, wenn ich mich umdrehe, winken mir die Insassen stürmisch zu, um mich anzufeuern, und machen Fotos.

Ich fiebere dem Augenblick entgegen, wenn ich oben ankomme, die Räder abmontiere und die Straße verlasse, wenn ich wieder in die Schneelandschaft eintauche und, endlich allein, still durch den weißen Wald gleite. Dort erst werde ich anhalten, einen Hund nach dem anderen umarmen und ihnen die Reise erklären.

Der Straßenwartungsdienst fährt hier regelmäßig vorbei und streut Schotter, damit die Autos nicht ins Rutschen kommen und in die Schlucht neben der Straße stürzen. Ich halte an und ziehe den Hunden sogenannte Booties an. Das sind kleine Schuhe aus Polarfleece, die mit einem Klebeband befestigt werden und die empfindlichen Pfoten schützen. Sie sollen, wie im vorliegenden Fall, Verletzungen verhindern oder den Heilungsprozeß kleiner Wunden beschleunigen.

Chip, die kleine Alaskan-Hündin, die ich seit letztem Jahr habe, sticht von den übrigen ab. Sie ist die einzige »Außenseiterin« im Gespann. Mit ihrem schmalen, schlanken Wuchs, ihrem länglichen Kopf und ihren abgeknickten Ohren sieht sie überhaupt nicht aus wie ein typischer Schlittenhund. Sie ist eine Alaskan, das heißt das Ergebnis aus gezielten Kreuzungen zwischen Windhunden und Huskies. Eine Sprinterin, die bei Wettkämpfen ein Wahnsinnstempo vorlegt. In der Hoffnung auf ein neues Gespann möchte ich sie mit Voulk »verheiraten«. Ich muß schon heute an die Zukunft denken, denn Hunde leben leider nicht ewig.

Einstweilen hat sich Chip die Rolle des »swing dog« ergattert. Sie läuft unmittelbar hinter den an der Spitze eingespannten Voulk und Nanook und hält das Gespann in den Kurven auf Kurs. Sie unterstützt es gewissermaßen bei Richtungswechseln. An diesem Platz erlernt sie die Aufgaben des Leithunds. In einigen Wochen wird sie, wie die meisten meiner Hunde (sieben können an der Spitze laufen) instinktiv auf meine Richtungskommandos reagieren: *djee* für »rechts rum« und *yap* für »links rum«. Andere Kommandos, anspruchsvoller und schwieriger zu lernen, werden später die beiden Grundbefehle ergänzen: »langsam«, »zurück« (für eine 180-Grad-Kurve nach links oder rechts), »weiter«, »warte« und »hoo« für »Halt!«.

Von der exakten Ausführung dieser Kommandos hängt die Sicherheit des ganzen Gespanns ab. Voulk erfüllt diese Aufgabe von allen Hunden am besten und präzisesten. Der Leithund führt nicht nur Befehle aus. Er muß auch die

Initiative ergreifen, Befehle im voraus ahnen, auf unvorhergesehene Situationen reagieren, unter Beweis stellen, daß er selbständig entscheiden kann, kurzum, er muß klug sein. Voulk hat enorme Fortschritte gemacht, seit Otchum nicht mehr da ist, dieser außergewöhnliche Hund, mit dem ich so gut harmonierte, daß es an Perfektion grenzte. Voulk hat an Sicherheit und Selbstbewußtsein gewonnen, geht verantwortungsvoller und eifriger an seine Aufgabe. Er ist gereift. Er gehört zu den unentbehrlichen Hunden, ohne die ich nicht ans Ziel kommen würde.

Baikal, Nanook und der große Torok, seine drei Milchbrüder, gehören ebenfalls in die Kategorie »unentbehrlich und unersetzlich«. Alle vier stammen aus einem erstklassigen Wurf. Und mit ihrer phänomenalen Kraft und Ausdauer sind sie wirklich eine Klasse für sich. Torok ist der stärkste, ein Schlepper, der den Schlitten ganz allein aus einem Loch ziehen kann. Er ist kein Raufbold und hat es nicht nötig, mit seiner Kraft zu protzen. Er mag das nicht und hat nach Otchums Tod Baikal die Rolle des Rudelchefs überlassen. Baikal ist ein Raufbold, mit allem, was dazu gehört. Ein Energiebündel und Kraftpaket, wie aus Stein gemeißelt, verschafft er sich mit Bissen Respekt. Er ist ein ausgezeichneter Traber, doch seltsamerweise macht er manchmal ganz plötzlich schlapp. Der Grund ist nicht etwa angeknackste Moral oder Willensschwäche, sondern liegt in seiner physischen Konstitution, als ob bei einer bestimmten (eher hohen) Temperatur und nach längerer Anstrengung (über 100 Kilometer am Stück) die Pumpe streikt und der Herzschlag aussetzt. Er ist mehrmals im Geschirr zusammengebrochen und hat mir einen fürchterlichen Schrecken eingejagt. Doch nach ein paar Minuten kommt er wieder zu sich, rappelt sich auf und heult, um dann noch schneller zu laufen. Man könnte die kurzen, vorübergehenden Schwächeanfälle darüber fast vergessen.

Nanooks einziger Fehler ist, daß er keine hat. An ihm ist nichts auszusetzen, weder charakterlich noch bei der »Arbeit«, weder auf der Strecke noch in den Pausen. Er ist ein sympathischer Hund, unermüdlich. Ein unvergleichlicher Kletterer, der bei jeder Tour das gepunktete Bergtrikot erobert. Mit zehn Hunden seines Kalibers könnte ich ohne Sauerstoffgerät zehnmal den Mount Everest rauf und runter. Einer seiner Vorfahren muß eine Gemse gewesen sein, denn er klettert für sein Leben gern. Da ich wußte, daß uns eine schwierige Steigung bevorsteht, habe ich ihn neben Voulk an die Spitze gestellt, und die beiden schlagen so ein Wahnsinnstempo an, daß die anderen kaum mithalten. Ich beobachte sie genau und gönne ihnen kurze Pausen, die auch mir Gelegenheit zum Verschnaufen geben.

Der Musher ist wie ein Fußballtrainer. Vor jedem Spiel muß er sich überlegen, wen er aufstellt und wen er auf welcher Position spielen läßt, welchen Spieler vorn, welchen hinten. Der eine Hund spielt gern mit einem anderen zusammen, ein dritter nicht. Der Trainer muß experimentieren, Geduld haben, auswechseln, Streitigkeiten schlichten, andere ihre Konflikte selber austragen lassen. Er muß auf Disziplin achten und das Team bei Laune halten, sonst wird es nie auf höchstem Niveau spielen. Die Fahrt mit dem Schlitten ist ein Vergnügen, das der Musher mit seinen Hunden teilen muß.

»Gibt es etwas Schöneres?« fragte Scott, der berühmte Forscher, von dem auch der Ausspruch stammt: »Gebt mir den Winter, gebt mir Hunde, alles andere könnt ihr behalten.«

KAPITEL 5

White Pass

– 8 °C, 20 km zurückgelegt

ICH BIN NOCH GAR NICHT AUF DIE IDEE GEKOMMEN, mich umzudrehen. Die ganze Zeit bin ich hinter dem Schlitten hergelaufen und habe mich auf die Hunde konzentriert, auf etwaige Anzeichen von Ermüdung geachtet und ihren Trab beobachtet; die kleinste Unregelmäßigkeit hätte auf eine Fußverletzung hingedeutet.

Das war ein Fehler. Das Panorama ist atemberaubend. Wir haben an Höhe gewonnen und blicken nun über eine majestätische Landschaft. Aus einer Kette verschneiter Kämme, die sich nur an einer Stelle zu dem mit Inseln übersäten Meer hin öffnet, ragen Gipfel in den Himmel, deren helle Konturen, nur von einem dunkleren Ring betont, in einem violetten Dunst zu schweben scheinen. Hier und da zeigen sich Schneefelder zwischen den Bergen und bilden Amphitheater, die von bewaldeten Tälern durchzogen sind, in denen Douglastannen und Weißfichten den Schnee färben.

Der Morgen war trüb, doch nun löst sich der Dunst nach Westen hin auf, und nur über den Bergspitzen hängt noch, vom Wind auseinandergezogen, eine große Wolke mit flockig gezackten Rändern. Und die Farben, noch kräftiger in der Sonne, die allmählich zum Vorschein kommt, tragen zum Zauber der Landschaft bei. Die roten und braunen Felsen der Fjorde und Kaps zerfließen im leuchtenden Flimmern dieses strahlenden Tableaus. Ich staune, wie weit wir schon sind. Knapp unter dem Gipfel. Und dabei sind wir erst vor zwei Stunden in Skagway gestartet. Sollte ich den Hunden nicht ein wenig Ruhe gönnen? Ihnen Zeit zum Verschnaufen geben? Trotz der Kühle, die uns in dieser Höhe empfängt, ist es in der Sonne nämlich recht warm. Ich lege versuchsweise eine Pause ein, doch sie brennen so darauf weiterzulaufen, daß eine Rast nichts bringt. Wenn sie ungeduldig auf der Stelle trippeln und herumhopsen, verbrauchen sie genausoviel Kraft wie beim Laufen! Mir bleibt keine Wahl. Wir laufen in einem Stück bis nach oben: 25 Kilometer und 1000 Höhenmeter in etwas mehr als zwei Stunden! Ich habe weiche Knie, japse nach Luft, und mein Hemd ist zum Auswringen.

»Sagenhaft«, sagt Alain immer wieder, obwohl er das Gespann bestens kennt.

Hinter dem Paß ändert sich die Landschaft schlagartig. Aus den gezackten, vom Meer zerklüfteten Bergen gelangt man plötzlich in riesige, mit Seen übersäte Schneefelder, über die der Wind hinwegfegt. Von hier aus hat man einen weiten Blick. Die Berge treten zurück, und die Täler bilden trockene baumlose Hochplateaus in eintönigem Weiß. Der »White Pass« macht seinem Namen alle Ehre.

Die Expedition hätte bereits auf der ersten Abfahrt ein jähes Ende finden und uns alle, Musher wie Hunde, das Leben kosten können. Ich wußte, daß die Bremse keine kontrollierte Abfahrt zulassen würde, doch mit so etwas habe ich nicht gerechnet. Gleich auf den ersten Metern fallen die Hunde von sich aus in Galopp, und die beiden Kommandos, das Tempo zu drosseln oder gar anzuhalten, verpuffen ohne Wirkung. Sowie die beiden Leithunde Anstalten machen zu gehorchen, werden sie von den Nachdrängenden geschubst, die wiederum von denen gestoßen werden, die unmittelbar vor mir laufen und keine Lust verspüren, vom Schlitten umgemäht zu werden.

Der Schwung, durch mein Gewicht noch verstärkt, reißt den Schlitten in die Tiefe, die Fahrt wird immer rasanter. Die Hunde greifen noch weiter aus, damit der Schlitten, der gefährlich auf seinen Rädern tanzt, sie nicht einholt. Ein Teufelskreis. Ich stemme mich von unten gegen den Haltebügel und steige mit voller Kraft auf die Bremse. Die Zähne schrappen über die vereiste Straße und versprühen hinter mir eine Funkengarbe, aber sie greifen nicht. Das Tempo wird halsbrecherisch, und meine Bemühungen, den Schlitten in der Fahrbahnmitte zu halten, damit wir nicht gegen den Felsen zu meiner Linken prallen oder rechts in eine der kleinen Schneewehen rasen, die uns vom Abgrund trennen, sind lächerlich. Ich habe völlig die Kontrolle verloren, und ich möchte am liebsten aufwachen, denn auf einen solchen Alptraum kann ich verzichten.

Hinter mir brüllt jemand:

»Er muß anhalten, sonst bricht er sich noch den Hals!«

Wäre meine Lage nicht so verzweifelt, ich glaube, ich würde laut loslachen. Anhalten! Ich würde einiges darum geben, wenn ich es könnte, denn das haben wir nicht verdient. Ein Unfall drei Stunden nach dem Start, das wäre blamabel.

Unmerklich krümmt sich die abschüssige Straße. Wir erreichen die Talsohle, und ich weiß nicht, wie ich es schaffe, aber ich nehme die Kurve, ohne daß der Schlitten sich überschlägt. Es grenzt an ein Wunder, mit Können hat das wenig zu tun.

Die Meute spürt, daß ich den Schlitten allmählich wieder unter Kontrolle bekomme, und wird langsamer. Ich unterstütze sie, indem ich bremse. Voulk faßt wieder Vertrauen, drosselt das Tempo noch mehr und bleibt schließlich stehen. Der Schlitten rutscht noch ein paar Meter, dann ist es überstanden. Ich schätze, die Hunde sehnen sich jetzt ebenso nach einer Verschnaufpause wie ich.

Alain und Marc haben vom Pickup aus alles hautnah miterlebt und sind im nächsten Moment bei uns.

»Das war der reine Wahnsinn!«

Marc zittert noch. Alain ist aschfahl.

Wir sehen uns an und verstehen uns. Wir haben noch mal Schwein gehabt.

Hätten wir doch nur schon Schnee. Von Straßen und Rädern habe ich die Nase gestrichen voll!

Diane und Montaine, die in einem Auto hinter mir gefahren sind, stoßen zu uns. Montaine läuft zu den Hunden und umarmt einen nach dem anderen. Sie genießen es offensichtlich, denn sie suchen ihre Hand und stupsen sie sogar, damit sie weitermacht.

Montaine bricht in Lachen aus, dann wird sie plötzlich ernst und spielt die Chefin.

»Schluß jetzt, das reicht.«

Wie sie mir fehlen wird, meine kleine Schneeprinzessin!

Diane sagt, wie es ihre Art ist, nichts und beobachtet mich. Sie läßt sich nicht anmerken, was sie fühlt und was in ihr vorgeht. Alles bleibt hinter dem dicken Panzer verborgen, der sie schützt und den nur wenige Menschen zu durchdringen vermögen, wenn auch nie ganz. Das macht einen Teil ihres Charmes aus, doch bisweilen ist mir ihr geheimer Garten zu groß und ich irre lange darin umher, ohne sie zu finden.

»Alles in Ordnung?«

»Ja.«

Sie sagt weder, daß sie Angst gehabt hat, noch daß sie traurig ist über unsere Trennung auf Zeit.

Sie wird nichts sagen, und nicht einmal der Ton ihrer Stimme verrät ihre Gefühle.

Sie bleibt gefaßt und wirkt beinahe abwesend, als gehe sie das Geschehene überhaupt nichts an. Während ihre Sinne mit ungeahnter Schärfe alles wahrnehmen, registrieren und analysieren. Das ist ihre wölfische und wilde

Seite, die möglicherweise erklärt, warum sie Oumiak, die Wölfin im Gespann, so liebt.

Diese Hündin, Otchums einzige Tochter, ist ein schwieriger Fall. Wenn man sie ansieht, möchte man schwören, daß sie nicht zur Meute gehört. Sie ist von kleiner Statur und schlankem Wuchs, hat den Gang eines Fuchses und den Blick eines Wolfs. Von Geburt an scheu, lehnt sie den Kontakt mit Menschen ab. Sie mag nur das Rudel und liebt es, mit ihm durch abgeschiedene Schneelandschaften zu laufen. Mir ist kein besonderes Ereignis in ihrer Kindheit bekannt, das ihr seltsames Verhalten erklären könnte. Sie hat sich nie zähmen lassen. Nach mehreren Versuchen, bei denen ich alle möglichen Methoden ausprobierte, habe ich schließlich ihre Andersartigkeit respektiert und schätzen gelernt.

Sie ist sehr intelligent, und an die Spitze gestellt, würde sie mit Voulk wetteifern, wenn sie so schnell wäre wie er. Oumiak kann sich allein aus der Zugleine befreien oder einen vermeintlich ausbruchsicheren Zwinger mit patentierter Schließvorrichtung öffnen. Als ich für ein Jahr in die Einsamkeit der Rocky Mountains ging und mit meiner Familie in einer selbstgebauten Blockhütte am Ufer eines großen Sees lebte, büchste Oumiak des öfteren aus und unternahm lange, einsame Streifzüge.

Sie kehrte jedesmal zurück, nach Stunden oder Tagen, und nahm wieder ihren Platz im Rudel ein, an dem sie so hängt wie ein Familienhund an seinem Herrn. Wenn ich Rast mache, die Hunde ausschirre und dabei einen nach dem anderen streichele, weiß ich nie, was ich tun soll, wenn ich zu ihr komme. Soll ich sie ignorieren oder so behandeln wie alle anderen? Gleichgültigkeit vortäuschen geht jedenfalls nicht. Sie durchbohrt einen förmlich mit ihrem forschenden Blick, und man möchte schwören, sie belächelt halb spöttisch, halb verspielt die Unbeholfenheit von uns Menschen. Man kommt sich bei ihr immer etwas hilflos vor, wird in seinen Erwartungen stets ein wenig enttäuscht, wie bei einem hübschen Mädchen, das einen einschüchtert, um diese Wirkung weiß und sie ausnutzt.

Ich habe sie heute neben Amarok angespannt, ihren Bruder, der von den Toten auferstanden ist. Mit sechs Monaten war er schwer krank. Das hat Spuren hinterlassen. Er ist etwas klein geraten, macht diesen leichten Nachteil aber durch großen Mut wett. Er steht Etappen von 160 Kilometern durch, ohne zu erlahmen. Er rauft gern ein bißchen, ist knurrig und aggressiv – eine typische Mitgift der kleinen Kaliber. Doch er ist ein tapferer Hund, der viel leistet. Jedenfalls kann ich Oumiak neben jeden Hund stellen, egal wohin, nur nicht neben Chip, ihre schlimmste Feindin auf Erden, der sie bei der erstbesten Gelegenheit die Kehle durchbeißen würde. Oumiak herrschte unangefochten über dieses Rudel aus schönen Rüden, die vor ihr herumstolzierten, mit allen Tricks um ihre Gunst buhlten und wie Welpen mit dem Hintern wackelten, wenn sie vorüberging, die Schneekönigin, ein Weibchen von hohem Rang. Und dann, eines schönen Tages, erschien plötzlich eine Konkurrentin auf der Bildfläche!

Man muß gesehen haben, wie Oumiak mit ihren Blikken Blitze verschoß, wie sie die Zähne fletschte, das Fell sträubte, so daß es wie eine Drahtbürste von ihrem runden Rücken abstand, den sie so weit wie möglich nach oben bog. Chip zog zitternd den Schwanz ein, machte sich zum Zeichen der Unterwerfung ganz klein und warf sich vor ihr in den Schnee. Oumiak teilt nicht gern. Nicht einmal für eine Tonne Frischfleisch würde sie einen ihrer zwölf Rüden abtreten, auch nicht den häßlichsten, und sei es nur für fünf Minuten! In einem Wolfsrudel gibt es nur ein dominierendes Weibchen, das Alpha-Weibchen. Seine Herrschaft ist unumschränkt. Wenn es läufig wird, können es – ein äußerst seltenes biologisches Phänomen –

die anderen Weibchen des Rudels nicht werden. Nur das Alpha-Weibchen wird begattet. Oumiak hat Chip nie akzeptiert, und ich versuche, das Beste aus dieser unversöhnlichen Rivalität zu machen, indem ich die beiden immer möglichst weit voneinander trenne.

Chip, eine unkomplizierte Frohnatur, nimmt es mit Gelassenheit. Könnte sie sprechen, so würde sie achselzuckend sagen:

»Ist ja schon gut, ich laß dir deine Rüden.«

Die Hunde traben mit gleichmäßigen, ausgreifenden und schnellen Schritten bis zur Grenze zwischen Kanada und Alaska, wo ich beinahe mit einem riesigen Lkw zusammenstoße, weil ich eine Kurve zu eng nehme, genauer gesagt, auf der linken Spur fahre...

Voulk weicht im letzten Augenblick aus. Der Schlitten streift den Laster, und der Fahrer hupt, was das Zeug hält, denn bei über 100 Stundenkilometern kann er auf dem Eis natürlich nicht bremsen.

Endlich kehre ich der Straße, den Lastwagen, dem Makadam den Rücken, vergesse die ebenso zahlreichen wie beängstigenden Beinahe-Unfälle und biege auf die Piste ein, die Bob und Didier gespurt haben.

Jetzt geht es richtig los! Hier lasse ich alles hinter mir, Diane und Montaine, die wenigen Freunde, die uns liebenswerterweise gefolgt sind, und tauche ein in die weiße Weite, die tiefe Stille.

KAPITEL 6

Yukon, Labergesee

–30 °C, 80 km

ES IST NACHT UND KALT. KEIN MOND, NUR EIN PAAR Sterne und die Kälte, –30 °C. Ich habe mich vollständig angezogen mitten unter die Hunde gelegt, zwischen Torok und Voulk, die sich, den Kopf auf meinem Schlafsack, an mich schmiegen. Mit offenen Augen liege ich da und betrachte den Himmel, lausche diskret den vertrauten Geräuschen – ein Hund, der sich schüttelt und die Kette zum Klirren bringt, eine Schnauze, die etwas Pulverschnee schnappt, ein Seufzen, Torok, der aufsteht und die Umgebung beobachtet, sich dann wieder zusammenkugelt, nachdem er eine Weile seine richtige Position gesucht und im Schnee gekratzt hat, um seine Schlafkuhle tiefer auszuhöhlen, Amarok, der sich neben ihm im Schlaf gestört fühlt und halbherzig knurrt.

Ich glaube, daß ein Seemann, der lange nicht mehr auf See war, ähnlich empfindet, wenn er wieder das Streichen am Vordersteven hört, das Plätschern der Wellen am Rumpf, das Singen des Windes in den Segeln, das Ächzen des Schiffs …

Ich kann kein Auge zutun. Mein Herz pocht zu heftig, die Erregung ist noch zu frisch. Zu sehr habe ich diesen Augenblick herbeigesehnt, als daß ich ihn jetzt opfern könnte, auch nicht für kostbare Stunden Schlaf. Ich bin glücklich, überwältigt von einem tiefen Gefühl der Vollkommenheit, voller Vorfreude auf das, was mich erwartet.

Vergessen das Rennen, die Müdigkeit, die Kilometer. In dieser Nacht ist mein Optimismus grenzenlos, meine Motivation so groß wie meine Freude. Ich sehe nur einen Grund für mein Glück, der alles andere überstrahlt, diese weiße Piste, auf der ich mit meiner Meute bald zur größten und herrlichsten aller Reisen aufbrechen werde – die Rocky Mountains, die Großen Seen, die Taiga, das Packeis und all die Provinzen mit den klangvollen Namen: Yukon, Saskatchewan, Ontario, Manitoba, die Indianervölker und die Inuit, zu denen wir fahren werden, all die Nächte und Tage, in denen ich das Gespann durch Kälte und Stürme lenken werde, ein Abenteuer ohne Ende, denn das Ziel ist so fern, so unerreichbar, daß mir alles zeitlos, unwirklich erscheint ... Wie ein Traum.

Mein Traum ist der eines Teams geworden, dem ich vertraue, mit dem ich mich stark fühle. Ich stelle mir vor, wie die anderen jetzt vor mir die Piste spuren und die beste Route von Carcross nach Tagish suchen. Der See, die Berge? Ich stelle mir vor, daß wir an diesem ersten Tag alle, jeder für sich, aber gleich intensiv, diesem etwas verrückten Abenteuer entgegenfiebern. Die ganze Woche über hat man uns gesagt: »Über die Berge kommt ihr nie!«

Das ist keine Warnung, sondern sehr viel mehr, beinahe eine Drohung. Es gibt Leute, die es mehrmals versucht haben, Leute, die das Gebirge gut kennen und dort leben, Fallen stellen und jagen, Indianer, die dort zu Hause sind ... und immer wieder dieselbe Antwort:

»Da kommt ihr nie rüber!«

Heute abend denke ich daran, und ich verspüre keine Angst, nicht einmal Besorgnis, sondern nur den Wunsch, bereits dort zu sein, zu kämpfen.

In den Bergen, die seit 21 Jahren kein Mensch mehr zu überqueren vermocht hat, steht uns ein hartes Stück Arbeit bevor. Die Berichte derer, die es 1977 vollbracht haben, sind wirr, ungenau, aber immer noch deutlich genug, um uns gehörigen Respekt einzuflößen. Ein wochenlanger Alptraum, Lawinen, klirrende Kälte, schwindelerregende Abgründe, unpassierbare Schluchten, tückisches Eis. Eine ununterbrochene Folge von Adjektiven, die geeignet wären, die Hölle der Hölle zu beschreiben.

Der Mann, den wir befragten, ein ehemaliger Bergarbeiter, dessen Vater an den Hängen des Chilkoot-Passes Jack London begegnet war, hatte kurzatmig innegehalten, als er sich erinnerte.

»Was wir durchgemacht haben, wünsche ich nicht einmal meinem ärgsten Feind.«

»Aber Sie haben es doch geschafft, warum dann nicht auch wir?«

Der Bergarbeiter geriet in Zorn.

»Weil die alte Straße, die wir nehmen wollten, die Canal Road, vor 45 Jahren gebaut wurde und weil schon 1977 nur noch Teile von ihr übrig waren und inzwischen überhaupt nichts mehr von ihr übrig sein wird. Der Wald hat sie überwuchert, Lawinen haben sie fortgerissen, Flüsse haben sie weggespült, das Eis hat sie verschlungen… Und dann die Gletscher. Einmal haben wir drei Tage lang Stufen ins Eis geschlagen, um rüberzukommen, rechts die Felswand, links der Abgrund. Wir mußten Seile und Blöcke anbringen, um die Schneemobile weiterzuschleppen. Ein Wunder, daß wir rübergekommen sind. Ein Stück weiter gab es Overflows, dann Pässe, die von häusergroßen Felsblöcken versperrt wurden, über die wir rüberklettern mußten.«

Er wollte gar nicht mehr aufhören. Er übertrieb, um uns abzuschrecken, keine Frage. Ich merkte es an der Art, wie er sich über unsere Halsstarrigkeit aufregte.

»Ach, schert euch doch zum Teufel. Ich weiß gar nicht, warum ich euch das alles erzähle. Ihr habt ja keine Ahnung von den Bergen, und keiner wird euch da herausholen, wenn ihr in der Klemme steckt, ich nicht und auch kein anderer.«

Wie all die anderen hat er beim Gehen die Tür hinter sich zugeknallt ... bis dann Bruce kam, ein Mestize, der mir auf den ersten Blick gefallen hat.

Er hört nicht auf die anderen, die ihn für verrückt erklären. Er will es versuchen.

Er hat Lust, etwas Großes zu wagen. Und wenn es eines Tages jemand schaffen sollte, dann mit ihm, denn die Canal Road, diese von den Jahren wegradierte Straße, ist ein Mythos und eine Legende in seinem Heimatdorf Ross River, dem letzten zwischen hier und Norman Wells, das mit seinen 2000 Einwohnern jenseits der Rockys am Mackenzie-Fluß liegt.

Pierre und ich haben uns letzten März mit ihm getroffen und das ganze Jahr über Kontakt gehalten, um die Expedition vorzubereiten und auszurüsten, Benzindepots anzulegen und die Route auszutüfteln. In ein paar Tagen wird es in seinem Dorf, 600 Kilometer von hier, ein Wiedersehen geben, und ich gedenke, früher als geplant dort anzukommen, damit ich in den Bergen ein Zeitpolster von mehreren Tagen habe.

»Los geht's, Hunde.«

Mit einem Ruck fahren sie hoch und bekunden durch langes, kräftiges Heulen ihre Lust zum Weiterlaufen.

Beim Anschirren gehe ich beinahe überstürzt zu Werke, wie ein tolpatschiger Junge, der alle Weihnachtsgeschenke gleichzeitig auspacken will. Was bin ich nur für ein ungeduldiger Mensch! Ich entkleide die Frau, die ich liebe, zu schnell und genieße nicht den erotischsten Moment, wenn der Körper nach und nach entblößt wird. Ich müßte mir mehr Zeit nehmen, den Augenblick in aller Ruhe auskosten, aber nein, nach wenigen Minuten bin ich startklar.

»Vorwärts, Hunde!« So wie man eine Flasche Champagner köpft.

Bald gelangen wir an einen ziemlich großen See. Ich erahne seine langgestreckte Form im Dunkel der Nacht.

Gestern abend habe ich an der Grenze Bob getroffen. Er war allein zurückgefahren, um die Spur zu verbreitern, während Didier die Brücken vor Carcross päparierte. Ich wollte mir von ihm die Piste beschreiben lassen, ihm die vielen Fragen stellen, die mir beim Studieren der Karte gekommen waren. Doch er hatte es brandeilig und ist gleich wieder abgedüst. Er hat mich nur noch wissen lassen, daß er wegen der dünnen Schneedecke nicht stur der Bahnlinie gefolgt, sondern, wann immer möglich, auf Seen und Schneefelder ausgewichen sei.

Und damit beginnen die Probleme.

Zwei Pisten, keine Markierung. Welche nehmen? Die rechte oder die linke?

Ich entscheide mich für die linke, die an der Uferböschung entlangführt.

Die Hunde sinken ein, denn in der kurzen Zeit konnte sie noch nicht hart frieren.

Aber warum ist Bob nicht auf der ersten Piste zurückgefahren? Die müßte inzwischen doch hart sein. Und wo ist sie?

Ich könnte mich schwarz ärgern. 200 Meter weiter macht es platsch!, und wir alle, Hunde, Schlitten und Musher, sitzen in einem 40 Zentimeter tiefen Slutch. Slutchs gehören zu den größten Schweinereien, die der hohe Norden zu bieten hat. Sie bilden sich auf Seen und Flüssen, wenn die Eisdecke anschwillt, das darunter fließende Wasser einem starken Druck ausgesetzt wird, durch Risse nach oben steigt und sich mit dem Schnee vermischt, der es schützt und verhindert, daß es gefriert. Wenn die Schneekruste bricht, fällt man in einen gräulichen Brei, der bis zu einem Meter tief oder noch tiefer sein kann und bei −40 °C zu einer tödlichen Falle wird, die über jedem, der nicht augenblicklich herausschlüpft, ihren eisigen Rachen schließt. In Sibirien tappte ich einmal bei – 60 °C mit Schneeschuhen in eine solche Falle, und nur dem raschen und unverhofften Eingreifen meines russischen Kameraden Volodia, der in diesem Moment zufällig mit dem Schlitten hinter mir fuhr, war es zu verdanken, daß ich mit dem Leben davonkam. Ich riß mir in Windeseile die Kleider vom Leib, bevor der Frost sie hoffnungslos erstarren ließ und mich in einen Eiszapfen verwandelte, den man mit der Axt hätte zerschlagen müssen!

Die Hunde patschen durch die Brühe wie ich, und ich stemme mich gegen den Schlitten und schiebe mit aller Kraft. Nicht stehenbleiben. Jetzt bloß nicht steckenbleiben.

»Voulk, djee, djee weiter.«

Voulk steckt bis zum Hals im Matsch, doch trotz seiner mißlichen Lage vertraut er mir und gehorcht. Wir verlassen die Piste, die das Schneemobil gespurt hat, und laufen durch den Neuschnee in Richtung der Piste, die wir rechts haben liegenlassen. Das muß die gute sein.

»Voulk, die Piste, yap.«

Er folgt ihr, doch sie ist keinen Deut besser. Ich lasse nicht locker. Irgendwo muß doch die harte sein. Bob kennt sich mit Schneemobilen und Slutchs aus. Ich kann nicht glauben, daß er hier nur so zum Spaß eine Piste gespurt haben soll. Er muß einen Grund gehabt haben.

»Verdammt!«

Die rechte Piste vereinigt sich mit der linken.

»Wir sind im Kreis gelaufen.«

Keine andere Piste.

Ich bin naß bis übers Knie. Der Schlitten wiegt eine halbe Tonne. Die Hunde sehen mit ihrem durchnäßten Fell mitleiderregend aus und werfen mir finstere Blicke zu, die sagen: »Was soll denn der Scheiß?«

Dasselbe frage ich mich auch und nehme kein Blatt vor den Mund.

»Ah, eine schöne Expedition ist das, und so toll organisiert, auf dem Papier. Neun Leute, sechs Schneemobile, und ich möchte nicht wissen, wie oft sie hin und her gefahren sind, wieviel Sprit und wieviel Kilometer Band sie verbraucht haben, um die Pisten zu markieren, ein rotes für die gute, ein gelbes für die schlechten, und schon auf dem ersten Kilometer fahre ich im Kreis, lande nachts in einem Slutch, und habe keinen blassen Schimmer, wo sich die Piste befindet, der Bob am Ende gefolgt ist!«

200 Meter vom Ufer des Sees entfernt versinkt der Schlitten halb in einem Slutch und bleibt stecken. Torok zieht, obwohl er im Wasser steht, doch nicht einmal er vermag den Schlitten auch nur einen Millimeter zu bewegen. Er läßt seine Wut an dem armen Oukiok aus, der schon damit gerechnet hat. Ich werfe mich dazwischen und gebe Torok einen Klaps.

»Hör auf, er kann doch nichts dafür!«

Ich bin außer mir und kann mich nicht beherrschen. Ich habe eine Wut auf die ganze Welt und danke gleichzeitig dem Himmel dafür, daß er mir die Schmach erspart, in diesem Augenblick beobachtet zu werden. Ich weiß, ich sollte mich beruhigen, aber es ist nichts zu machen, es geht nicht.

Die Hunde beginnen zu stöhnen. Sie können der Brühe nicht entrinnen, denn die Leinen halten sie zurück. Baikal kläfft Nanook an, Buck knurrt Charlie an, alle regen sich auf und suchen einen Sündenbock.

»Beruhigt euch!«

Ausgerechnet ich muß das sagen!

Ich lade fast das ganze Gepäck vom Schlitten und hacke das Eis auf, das ihn bereits umschließt.

»Los geht's!«

Die Hunde haben es ebenso eilig wie ich, aus dem Loch herauszukommen. Sie werfen sich ins Geschirr und ziehen.

»Voulk, yap, yap, weiter.«

Ich erreiche die Uferböschung und halte an.

Ich spanne wieder die Kette zwischen zwei Tannen, an der ich die Hunde in jeder mehrstündigen Pause einzeln einhake. Sie wälzen sich im Schnee, schütteln das Eis aus ihrem Fell und zerbeißen die hartnäckigen Klumpen an ihren Pfoten.

Viermal laufe ich murrend hin und her, um die Ausrüstung zu holen, die ich auf dem See zurückgelassen habe, und sammle knochentrockenes Holz für ein Feuer. Es dauert eine gute halbe Stunde, bis alles getrocknet ist, und dann fange ich wieder dort an, wo ich aufgehört habe… mit zwei Stunden Verspätung.

Wo ist die Piste? Ich habe keinen blassen Schimmer.

Zwischen See und Straße finde ich eine Vielzahl von Spuren. Eine muß zur richtigen Piste führen, und ich sollte mich besser sputen, denn der Himmel zieht sich zu, Wind kommt auf und Schneefall setzt ein. Bald sind alle Spuren verweht!

Ich irre eine gute halbe Stunde umher, ehe ich eine Spur finde, die ein Stück weiter in die Bahnlinie einmündet. Dann entdecke ich ein rotes Band, das am Rand der Piste an einen Fichtenzweig geknüpft ist.

Ich finde zu scheinbarer Ruhe zurück.

»Was soll's, Nicolas, drei Stunden Verspätung sind doch nicht so schlimm.«

Ich stimme diesem Nicolas zu, und dennoch, drei Stunden sind viel.

Der andere beruhigt mich:

»Du wirst doch nicht wieder damit anfangen.«

»Okay, schon gut.«

Die Hunde sind froh, endlich ein Geläuf vorzufinden, das weder einer Straße noch einem Sumpf gleicht. Sie legen sich mächtig ins Zeug und traben fröhlich dahin, und in dem Lichtkegel, den meine Kopflampe in die

Nacht wirft, sausen mir in der Horizontalen die Schneeflocken entgegen.

Falscher Alarm. Nach einer knappen Stunde hört es wieder auf zu schneien, und auf der Piste liegt nur eine zwei Zentimeter dünne Schneeschicht, die unsere Fahrt nicht bremst. Der Himmel reißt auf, und die Sterne kommen heraus und leuchten in der mondlosen Nacht. Wir gleiten durch die Dunkelheit, und die dünne Neuschneeauflage dämpft das Knirschen der Kufen und das Trommeln der über die Piste huschenden Pfoten. Ich höre nur das Hecheln meiner Champions, gleichmäßig wie ein Uhrwerk. Wir fressen Kilometer, stolze 30 in knapp zwei Stunden. Ich muß höllisch aufpassen, denn die Piste folgt dem schmalen Bahndamm. Der kleinste Fahrfehler, die kleinste Unachtsamkeit, und der Schlitten kippt zur Seite. Außerdem muß ich den Stellen ausweichen, wo die Schienen aus der dünnen Schneedecke hervorschauen. Unmöglich, geradeaus zu fahren. Die gewölbte Piste scheint eigens dafür gemacht, alle Rekorde im Verlassen der Piste mit dem Schlitten zu brechen.

Um die Balance zu halten, muß man jede Bewegung vorausahnen, sein ganzes Gewicht mal auf die eine, mal auf die andere Seite verlagern, indem man den Schlitten am Haltebügel zu sich herzieht, den man wie den Gabelbaum eines Surfbretts handhabt. Ein kraftraubendes und ermüdendes Unterfangen. Doch ich muß durchhalten, denn die Hunde sind in Form und wir laufen gegen die Uhr. In 99 Tagen muß ich in Quebec sein, und obwohl ich weiß, daß die Versuchung, im Eifer nachzulassen, immer größer werden wird, bin ich fest entschlossen, ihr auf keinen Fall nachzugeben, schon gar nicht am ersten Tag.

Die beiden Nicos sind unterschiedlicher Meinung, doch es ist immer derselbe, der sich durchsetzt.

»Los, halt an, nur ein halbes Stündchen, das macht doch nichts.«

»Nichts da, sieh dir die Hunde an. Sie laufen gut, du bringst sie aus dem Rhythmus, wenn du hier anhältst. Das war nicht geplant. Was glaubst du eigentlich, wo du hier bist? Im Strandurlaub?«

»Ach, verdammt, ich kann nicht mehr, und mein Handgelenk tut weh.«

Ungläubig runzelt der andere die Stirn. Er wittert eine List.

»Richtig weh?«

Ich massiere mir das Gelenk.

»Ich glaube, es ist was Ernstes.«

Doch der andere, einen Moment verunsichert, faßt sich wieder und tritt mir in den Hintern. Wir halten erst in einer Stunde an, wie geplant, und damit basta!

Endlich verläßt die Piste den Bahndamm und führt über einen See. Der Seufzer, den ich ausstoße, gleicht einem Schrei der Erlösung. Sieht so aus, als sei der See ziemlich langgestreckt. Um so besser. Alle meine Muskeln beschimpfen mich, und ich befürchte schon einen Streik. Die Hunde wissen die Piste zu würdigen und legen einen Zahn zu, dann noch einen, fallen in Galopp.

»Ein Luchs!«

Ich erahne in der Ferne seinen großen Katzenschatten, der in geschmeidigen Sätzen den See überquert, als schwebe er über dem Schnee.

Früher hätte Voulk beim Kreuzen seiner Fährte augenblicklich die Verfolgung aufgenommen und das Gespann mitgerissen; heute nicht mehr, obwohl Oumiak, Baikal und Carmack lauthals eine Hetzjagd fordern.

Carmack ist ein Fall für sich. Er ist aus einer nicht geplanten Paarung in den Rocky Mountains hervorgegangen, die mich zwang, seine Mutter Ska von der Expedition auszusondern, die uns – Diane, Montaine und mich – bis nach Alaska führte. Clarence, der Pilot, der uns einmal im Monat Proviant brachte, nahm sich ihrer an und wohnte der Geburt Carmacks und seiner Brüder bei. Ich überließ ihm Ska, die zu alt war, um das Tempo ihrer Söhne noch mitzugehen, und von den drei Welpen behielt ich nur Carmack, den Letztgeborenen, denn er war das Ebenbild seines Vaters Otchum. Die Ähnlichkeit verblüfft mich noch heute und erfüllt mich mit einer Mischung aus Freude und Wehmut; ich habe seinen Tod nie ganz verwinden können. Es heißt, daß die Zeit solche Wunden heilt, doch Carmacks Anwesenheit erinnert mich ständig an Otchum.

Carmack ist ein prachtvoller Hund, gut gebaut, wunderbar proportioniert. Keine Frage, er ist der schönste von allen. Ein guter Läufer, ausdauernd und leichtfüßig, nur leider läßt er sich durch jede Kleinigkeit ablenken: ein Eichhörnchen, ein Blatt, eine Wolke. Alles erregt seine Neugier. Ständig streckt er die Nase in die Luft, saugt jeden Geruch ein, damit ihm ja nichts entgeht. Oft dreht er sich zu mir um und guckt, ob ich etwas Interessantes mache. Wenn ich im Schlittensack nach den Snacks wühle, läßt mich einer keine Sekunde aus den Augen: Carmack. Ein Umspringen des Windes, ein Geruch, und er läßt nach. Wegen nichts. Carmack geht spazieren, das Leben ist schön. Er amüsiert sich die ganze Zeit, ist immer glücklich und zufrieden, ob wir nun eine Pause einlegen oder weiterfahren. Ihm ist alles recht. Er ist nicht gerade ein Drückeberger, nur ein Genießer und so sympathisch, daß man ihm kaum böse sein kann. Das ist schade, denn er hätte das Zeug zu einem ganz großen Schlittenhund, ob an der Spitze oder in der Mitte des Gespanns.

Im Augenblick versteht er nicht, warum wir dem Luchs nicht nachjagen. Das wäre doch lustig, und was macht ein Kilometer mehr oder weniger schon aus? Hauptsache, wir haben unseren Spaß. Er ist mir ähnlich, und vielleicht liebe ich ihn deshalb so.

Ouktu sieht Carmack so ähnlich, daß Leute, die ihre kaum merklichen Unterschiede nicht kennen, sie zwangsläufig verwechseln. Doch mit seiner Welpenschnauze und seiner etwas tolpatschigen Art erinnert er mich weniger an Otchum. Er ist ein hervorragender Schlittenhund, solange man ihn nicht an die Spitze stellt. Ouktu ist kein Mittelstürmer, er ist ein Zidane, der das Tempo im Mittelfeld auf sehr hohem Niveau hält. Ein Hund, der nie ausrastet, nie die gelbe Karte bekommt und stets, ohne groß aufzufallen, zum Matchwinner wird. Zusammen mit Kurvik bildete er ein unschlagbares Gespann, nur ist Kurvik leider nicht mit von der Partie, und das bedrückt mich sehr. Er ist unheilbar an Krebs erkrankt. Wir mußten ihn in unserer Hütte zurücklassen, die wir im Vorfeld der Expedition in Whitecross gemietet haben. Dort wird er gepflegt, solange er nicht leiden muß.

Kurvik wird mir fehlen. Mit ihm ist ein dicker Ast vom Baum abgebrochen. Die Wunde blutet noch. Einen Hund wie Kurvik vergißt man nicht so leicht. Das ist das Problem mit Hunden. Es gibt immer ein Ende, und wenn man eine Meute hat, viel zu viele. Manche Musher lösen das Problem, indem sie über 100 Hunde halten. Da bleibt keine Zeit mehr, Zuneigung zu fassen, Tod und Geburt gehören zum Alltag. Man gewöhnt sich daran.

Wir müssen den See über eine steile Böschung verlassen, damit wir wieder auf die Bahnlinie stoßen. Gelbe Bänder warnen vor einer schwierigen Passage.

»Hooo, ihr Hunde!«

Ich streife mit meiner Kopflampe über die Stelle und entdecke die Felsen. Von dort oben runterzustürzen wäre kein Vergnügen.

»Okay, ihr Hunde.«

Mit Torok und Nanook an der Spitze stellt der Hang kein Problem dar. Wir preschen hoch, wie von einem Panzer gezogen.

»Voulk, weiter, yap.«

Voulk kennt diese Art von Manöver und zögert keine Sekunde. Er kreuzt beherzt die Piste und stürzt sich, das Gespann im Schlepp, in die Tiefe.

»Hooo!«

Er bleibt stehen.

Ich bin oben und laufe keinerlei Gefahr, umzustürzen.

»Djee, zur Piste!«

Tadellos. Ich liebe solche schwierigen Manöver, bei denen Voulk brillieren und zeigen kann, was in ihm steckt. Und ich könnte schwören, daß er sie ebenfalls liebt.

Wir fahren weiter, immer von einer Seite zur anderen. Alle fünf Minuten blicke ich auf meine Armbanduhr. Ich habe beschlossen, um zwei Uhr Rast zu machen, und keine Minute früher. Zum Glück wird die Piste nach einigen Kilometern hohl und erheblich besser. Immer wieder klaffen im Schnee große Löcher wie von Granateneinschlägen. Offensichtlich haben Didier und Bob bei ihrer ersten Passage mit den Schneemobilen des öfteren die Piste verlassen. Ich werde die Etappe in sieben oder acht Stunden bewältigen, während sie sich zwanzig Stunden lang abmühen mußten, ganz zu schweigen von der Hin- und Herfahrerei, die notwendig ist, um die Piste zu verbreitern. Das stimmt mich ein wenig bedenklich, doch bei unserem letzten Gespräch waren Bob und Didier noch zuversichtlich.

»Das wird nicht ewig so bleiben. Wir werden noch einen viel größeren Vorsprung herausfahren können, ehe wir in unwegsames Gelände kommen.«

Ich wünsche es uns.

Um Punkt zwei halte ich unter den Tannen an, direkt am Ufer des großen Labergesees, an dem die Bahnlinie nun bis Carcross entlangführt. Ich löse die Karabinerhaken, die das Geschirr mit der Zugleine verbinden, damit die Hunde sich zu einer Kugel zusammenrollen können. Immerhin herrschen jetzt −30 °C. Ich entzünde ein Feuer, mache Wasser und taue ein vorgekochtes Nudel-Fleisch-Gericht auf. Dann untersuche ich die Pfoten der Hunde. Ich spreche mit jedem einzelnen und streichele ihn. Sie lieben diesen intimen Augenblick und warten, bis sie an der Reihe sind. Ich notiere mir im Kopf einige kleine Probleme. Charlie hat Schmerzen in der linken Vorderpfote, Nanook eine Schnittwunde im hinteren Ballen, dazu kommen einige kleine Blessuren bei den anderen, die zwar nicht schlimm sind, aber im Auge behalten und in den nächsten 24 Stunden durch Booties geschützt werden müssen. Ich reibe Charlie mit Algyval ein, einer schmerzlindernden und entzündungshemmenden Salbe, mit der ich gute Erfahrungen gemacht habe. Dann verteile ich die Snacks, eine Art Kuchen, zehn Zentimeter lang und einen Zentimeter breit, den die Wissenschaftler von Pedrigee Pal entwickelt haben. Das sind regelrechte Powerriegel, die vom Organismus direkt aufgenommen und sofort in Energie umgewandelt werden können. Die Hunde sind ganz verrückt nach dieser Nascherei, die ich alle zwei Stunden ausgebe.

Ich studiere die Karte, esse, flicke ein Geschirr und kontrolliere meine Kufenbeläge, dann bereite ich mich auf die Weiterfahrt vor. Wir haben eine Stunde gerastet. Bis Carcross sind es noch rund 50 Kilometer. Gegen 6 Uhr morgens hoffe ich dort zu sein. Ich bin kaum unterwegs, da bemerke ich am Rand der Piste eins unserer Schneemobile, verlassen, ohne Fahrer, dann, etwas später, tanzt mir in der Ferne der Scheinwerfer eines Schneemobils entgegen.

Vor Erregung fallen die Hunde in Galopp, und bald sind Bob und Patrick bei mir.

Bob jubelt.

»Unglaublich! Du bist schon hier! Wir haben dich nicht vor morgen nachmittag erwartet. Du hast schon 24 Stunden Vorsprung.«

»Heute ist der erste Tag. Rechnen wir in einer Woche ab.«

Patrick hält neben mir an, und ich beglückwünsche ihn herzlich.

»Du hast einen Superjob gemacht, Patrick. Sie sind in Olympiaform.«

»Es sind eben Superhunde.«

Er kann noch so den Bescheidenen spielen, auch er ist stolz auf dieses erste ermutigende Resultat, zumal die Etappe alles andere als gemütlich war. Zuerst die Kletterpartie zum White Pass hinauf, dann die schwierige Piste.

Patrick ist unser »Handler« (Hundeführer). Wenn ich in den letzten fünf Jahren in Frankreich unabkömmlich war, weil ich eine Expedition vorbereiten mußte, kümmerte sich Jérôme Allouc, ein anderer Freund, um die Hunde. Er machte seine Sache so gut, daß ich ihn für unersetzlich hielt. Doch meine Einladung zur weißen Odyssee hat er abgelehnt, und so ist Patrick in die Bresche gesprungen. Ich kannte ihn: Er hat die Hunde von Frank Turner trainiert, mit dem ich mich auf das Yukon-Quest-Rennen vorbereitet habe. Frank ist ein As, einer von den Profi-Mushern, mit denen die Handler das Jahr über arbeiten. Die Trainingsergebnisse der Hunde werden in einen Computer eingegeben, und spezielle Programme errechnen ihre Leistung und analysieren ihre Schwächen. Zu Beginn des Winters werden 40 ausgewachsene Hunde als Kandidaten für die Rennen ausgewählt. Jede Woche werden die weniger guten ausgemustert, bis nur noch 14 übrigbleiben. Das ist die Höchstzahl, die zum Start zugelassen wird.

Bei der Arbeit mit Frank Turner habe ich viel über diese Welt gelernt, die mir bis dahin völlig unbekannt war. Wettbewerbe wie das Yukon-Quest oder das Iditarod sind heute regelrechte Formel-1-Rennen, bei denen die Profis um Hunderttausende von Dollars kämpfen. Das Niveau ist irrsinnig hoch. Da ist kein Platz mehr für Träumer, nichts bleibt dem Zufall überlassen. Bei meiner Teilnahme 1996 habe ich vor allem gelernt, wo die Grenzen meiner Hunde lagen – weit über dem, was ich für möglich gehalten hätte.

Patrick wußte, wie wichtig seine Aufgabe war und daß wir ihm vertrauten, und so begann er bereits im Juli mit dem Training. An sechs Tagen in der Woche drehte er, die morgendliche Kühle ausnutzend, in aller Frühe mit einem Autowrack eine Trainingsrunde und brachte das Gespann nach und nach so weit, daß es 50 Kilometer in weniger als drei Stunden zurücklegte. Und das alles gutgelaunt und diszipliniert.

Diesem Training haben wir es zu verdanken, daß wir gleich zu Beginn der Expedition einen Teilsieg errungen haben, und das ist Patricks Verdienst.

»Weißt du, Nicolas, nur wenige Leute, selbst in unserem Team, sind sich darüber im klaren, welche Distanzen du in den kommenden dreieinhalb Monaten jeden Tag zurücklegen mußt. Vorausgesetzt, du kommst überhaupt bis nach Quebec ...«

Patrick betrachtet die Hunde einen Augenblick versonnen.

»Das wäre eine Riesenleistung.«

Ich weiß, daß wir zu wenig Leute im Team haben, die etwas von Hunden verstehen, und es wäre mir lieb, wenn Patrick bis zum Schluß bei uns bliebe. Doch leider muß er zurück in unsere Pension in den Rockys, wo wir seit zwei Jahren Gäste aufnehmen und Kurse für angehende Hundeschlittenführer geben. Ich spüre, daß er im Zwiespalt ist. Aber er kann es sich nicht wirklich aussuchen, ob er unentgeltlich an einer Expedition teilnimmt oder einen Kurs gibt, mit dem er sein Geld verdient.

Vorläufig ist er jedenfalls noch bei uns und bringt es nicht fertig, die Nabelschnur durchzuschneiden…

Wir fahren weiter. Im Sog der beiden Schneemobile, die in der Ferne verschwinden, fallen die Hunde in Galopp.

Ein heftiger Stoß!

Der Haltebügel wird mir in den Bauch gerammt, und ich fliege im hohen Bogen über den Schlitten und lande kopfüber zwischen den Hunden. In ihrem Vorwärtsdrang jäh gebremst, gucken mich Baikal und Oumiak verdutzt an.

Ich bleibe einen Augenblick benommen liegen, wage nicht, mich zu bewegen. Die Brust tut mir höllisch weh, und ich bekomme keine Luft. Meine Rippen haben was abgekriegt. Bestimmt sind sie gebrochen!

Aber was ist eigentlich passiert?

Ich rappele mich auf, noch etwas wackelig. Unter Qualen ziehe ich mir die Jacke aus, was bei 30 Grad unter Null ohnehin kein Vergnügen ist. Im Schein meiner Lampe zeigen sich zwei große Blutergüsse. Offenbar hat die dicke Kleiderschicht den Stoß gedämpft und Brüche verhindert. Was Rippen so alles aushalten!

Die Schienen! Ich muß in einer Weiche hängengeblieben sein. Und tatsächlich, die beiden Kufen haben sich verkeilt, sind wie an die Schienen geschweißt. Ich befand mich zwischen zwei Gleisen, glitt gemütlich in dem Zwischenraum dahin, der gerade die richtige Breite hatte, bis dann die Weiche kam und die Schienen im spitzen Winkel aufeinander zuliefen.

Wie's aussieht, haben die Hunde den Unfall ohne Blessuren überstanden. Zum ersten, aber gewiß nicht zum letzten Mal darf ich mich zu den individuellen »Stoßdämpfern« beglückwünschen, die ein Erfinder eigens für diese Expedition entwickelt hat. In jede »neck line«, jene zwanzig Zentimeter lange Leine, die das Halsband jedes Hundes mit der Hauptzugleine verbindet, ist ein elastisches Stück eingearbeitet, das bei Unfällen dieser Art abrupte Stöße abfedert.

Den Schlitten wieder flottzukriegen ist keine Kleinigkeit, denn ein Hundegespann hat, so komisch das auch klingen mag, keinen Rückwärtsgang. Ich ziehe die Leine nach hinten, und es gelingt mir auch, einige Zentimeter Spiel zu bekommen, doch die Hunde straffen sie sofort wieder, obwohl sie sitzen. Macht der Gewohnheit.

Also fälle ich eine kleine Kiefer und schiebe sie unter die Kufen, um sie aus ihrem Schraubstock zu hebeln. In dem Augenblick, als der Schlitten endlich freikommt, macht er einen kleinen Hüpfer nach vorn, den die ungeduldigen Hunde als Signal zum Aufbruch mißverstehen. Wie von der Sehne geschnellt fliegen sie davon, noch ehe ich auf die Kufen springen kann.

Ich brülle das Stoppkommando, doch sie sind schon ein gutes Stück entfernt.

»Hoooo! Voulk, hoooo!«

Aber Anhalten ist nicht einfach, denn gewöhnlich unterstützt ein kräftiger Tritt auf die Bremse den Befehl, damit der Schlitten nicht mit vollem Schwung gegen die Hinterteile der Hunde rast, die dann nämlich sofort wieder auf die Tube drücken.

Und genau das passiert.

Voulk bleibt stehen, die Hunde schieben sich ineinander, der Schlitten setzt seine Fahrt fort. Die ganze Bande rennt wieder los, obwohl ich brülle, aus Wut, Verzweiflung und was weiß ich noch alles …

Zum Glück haben sich Nanook und Torok bei der Karambolage so in den Leinen verheddert, daß sie wie ein Bremsklotz wirken. Ein kurzer Sprint, und ich habe sie eingeholt.

»Hooo!«

Diesmal klappt der Stopp einwandfrei.

Ich japse nach Luft und leide. Die Blutergüsse beschweren sich und debattieren mit dem Handgelenk.

Die Blutergüsse:

»Das fängt ja gut an!«

Das Handgelenk:

»Euch hat es eben erst erwischt. Ich mache diesen Zirkus schon seit Stunden mit!«

»So kann es nicht weitergehen.«

Ich bin ganz ihrer Meinung. In dem Rhythmus werden wir nicht weit kommen. Zumal ich, als ich den Schlitten auf die Seite lege (eine übliche Methode, um die Hunde am Weiterlaufen zu hindern), feststelle, daß ich mir die austauschbaren Kufenbeläge zerfetzt und abgeschliffen habe, als ich mehrmals über die Schienen geschrappt bin.

»Wer weit reisen will, schont sein Fuhrwerk«, sagt ein französisches Sprichwort.

Mein Fuhrwerk ist in einem schönen Zustand. Wenn ich mir meine Rippen und den Schlitten ansehe, muß ich sagen, daß diese verrückte Geschichte sich nicht besonders gut anläßt.

Das Floß der Medusa in Schlittenform gibt es wirklich. Gegen sechs Uhr morgens nähert es sich Carcross. Und vor dem Dorf eine Brücke, Planken mit weiten Fugen dazwischen. Ohne Schnee. Nur eine schmale Passage an der Seite, so breit wie ein Schneemobil und so holprig, daß meine Chancen, den Schlitten dort in der Spur zu halten, bestenfalls eins zu hundert stehen. Ich steige auf die Bremse, als wir auf die Brücke einbiegen, und bringe den Bug des Schlittens in die gewünschte Richtung, doch leider reiße ich dabei das Kabel meiner Kopflampe ab, deren Batterie ich eben noch ausgetauscht habe, der besseren Sicht wegen. Ein voller Erfolg!

Einmal auf der Brücke, sind die Hunde nicht mehr zu halten, denn sie wollen so schnell wie möglich dieser Falle entrinnen, den Planken, die unter ihren Pfoten nachgeben, den Fugen, in die sie ungewollt geraten, weil die Leinen sie über dem Loch bremsen oder daran hindern, genug Schwung zu holen, um auf die andere Seite zu springen.

Ein Alptraum. Ich bilde mir ein, Knochen krachen zu hören. Schwarze Nacht umgibt mich, und zu allem Überfluß kann ich mich nicht auf dem Boden abstützen, denn wenn ich es tue, riskiere ich, ins Leere zu treten und in die Stromschnellen zu stürzen, die ich 30 Meter unter uns tosen höre.

Was tun? Nichts. Weiterfahren und beten, wenn es denn einen Gott gibt, der so verrückt ist und mich in dieser Situation erhört. Ich bezweifele es. Götter sind vernünftig.

Wie befürchtet, rutscht der Schlitten von der Schneebahn und hüpft mit groteskem Gepolter über die Schwellen. Der Alptraum will kein Ende nehmen. Was, wenn ein Hund in ein Loch fällt? Wird er die anderen mitreißen? Wird er sich strangulieren?

Solche Fragen schießen mir durch den Kopf, um dem Unglück zuvorzukommen, es hinauszuschieben, abzuwenden.

Ich weiß nicht recht wie, aber ich gelange auf die andere Seite und bringe das Gespann sofort zum Stehen. Ich habe es nicht eilig, nach den Hunden zu sehen. Ich habe Angst und schäme mich. Ich hätte vorher anhalten sollen. Ich hätte die Hunde ausschirren und einen nach dem anderen hinüberführen sollen. Alles, nur das nicht. Eine Riesendummheit. Ich bin wütend.

Chip und Ouktu geht es gut.

Nanook und Oumiak sind wohlauf.

Torok und Baikal auch.

Uff, weiter: Amarok und Oukiok erfreuen sich bester

Gesundheit. Bleiben noch Voulk und Carmack. Sie balgen sich darum, wer als erster seine Streicheleinheit bekommt. Das stimmt mich optimistisch.

Aber nicht euphorisch. Ich habe die gelbe Karte bekommen. Schon auf der ersten Etappe so ein Dämpfer, das ernüchtert.

Im Dorf rührt sich nichts. Eigentlich hätte einer aus dem Team – Bob, Didier oder Patrick – an der Brücke auf mich warten und mir bei der Überquerung helfen sollen. Um mich dann zu dem Zelt zu führen, das sie irgendwo aufgeschlagen haben.

»Irgendwo«, das ist der einzige Hinweis, den ich habe, und das ist wenig. Vor allem mit zehn Hunden, die nur eins im Sinn haben, wenn sie in die Zivilisation zurückkehren, nämlich dem ersten Artgenossen, der auch nur die Nasenspitze zeigt, eine Abreibung zu verpassen. Das ist ihre übliche Art, einen Ort in Beschlag zu nehmen und klarzustellen, wer ab sofort das Sagen hat. Deshalb habe ich jedesmal einen Horror, wenn wir in ein Dorf kommen. Voulk gehorcht mir zwar bereitwillig, doch er ist machtlos gegen eine heulende und entfesselte Meute, die allen Widerständen zum Trotz entschlossen ist, die Ortschaft im gestreckten Galopp zu erkunden. Hinten auf dem Schlitten kann man nur versuchen, geparkten Autos, Wegweisern, Begrenzungsmauern und Schneewehen auszuweichen, wenn das Gefährt unkontrollierbar über die vereiste Fahrbahn schlingert.

Auf einer Reise durch die Rocky Mountains bei Temperaturen bis –40 °C, die uns über unvollständig zugefrorene Flüsse, durch Canyons und über windgepeitschte Pässe führte, schützten wir unsere zweijährige Tochter erfolgreich vor allen Gefahren, ohne auch nur eine Sekunde in unserer Aufmerksamkeit nachzulassen. Eine tückische Eisdecke? Ich ging voran, um sie zu testen. Eine schwierige Passage? Montaine überquerte sie in den

Armen ihrer Mutter. Zum Schutz vor der Kälte hatten wir sogar eine kleine Heizung gebaut, die mit einem Kohlebrikett betrieben wurde. Nachts schlief sie in meinen Armen, die Hände in meinen, die Füße zwischen meinen Schenkeln.

Und dann, bei unserer Ankunft in Dawson, am Ende unserer einjährigen Reise, passierte es. Die Hunde gingen ab wie eine Rakete, und der Schlitten flog über einen Schneehaufen und prallte mit Montaine gegen einen Betonklotz. Der Alptraum verfolgt mich bis heute. Wie durch ein Wunder blieb sie unverletzt. Aber das war mir eine Lehre! Nicht nachlassen, niemals, bis zur letzten Sekunde.

Ich warte mittlerweile seit gut zehn Minuten. Immer noch keine Menschenseele. Ich bin todmüde, und so beschließe ich, die Kette zu spannen, die Hunde einzuhaken und zu Fuß den Lagerplatz zu suchen.

Natürlich habe ich die Kette gerade gespannt, da taucht Bob auf.

»Schon da? Wir haben nicht vor sieben mit dir gerechnet!«

»Auf den letzten Kilometern hatten die Hunde die Lichter des Dorfs im Visier. Sie sind praktisch die ganze Strecke galoppiert.«

»Unglaublich!«

»Bis auf Oukiok. Den mußte ich aufsitzen lassen. Bei Kilometer 75 hat er schlappgemacht, und das ist ein schlechtes Zeichen.«

Oukiok ist ein freundlicher Hund mit goldenen Augen, der nie wirklich erwachsen geworden ist. Er ist verspielt und kommt mit allen anderen prima aus, doch seine körperliche Verfassung liegt ein wenig unter dem Durchschnitt. Er kompensiert das durch seinen Mut und seine Leistungsbereitschaft. Er ist wirklich ein braver Hund.

Das Zelt steht neben der einzigen Tankstelle an der Straße. Strategisch ist der Platz ideal, denn hier gibt es Wasser, und der Lastwagen, der morgen mit dem Rest der Mannschaft zu uns stoßen soll, kann direkt vor dem Zelt parken. Doch den Hunden ist hier zuviel Betrieb. Sie kommen nicht zur Ruhe. Sowie ein Auto vorbeifährt, gehen die Nasen hoch, beim kleinsten Geräusch wird gebellt.

Ich versorge die Hunde, und gegen acht Uhr morgens lege ich mich endlich hin. Doch ich kann lange nicht einschlafen. Ich denke daran, daß ich den Schlitten reparieren muß, an Nanooks Schnittwunde am Ballen. Bob und Didier, die nicht mehr als vier Stunden geschlafen haben, brechen schon wieder auf, um die Piste bis Johnson Crossing zu präparieren. Eigentlich hätte das ein zweites motorisiertes Team gestern erledigen sollen, aber sie waren noch nicht einsatzbereit, bei weitem nicht. Drei Schneemobile befanden sich noch in der Werkstatt zur Reparatur, und das Team war in alle Winde zerstreut: Einer mußte die Batterie des Lastwagens aufladen, ein anderer die Pension in Ordnung bringen, ein dritter Ausrüstung vom Zoll holen. Durch schlechte Koordination und Organisation wurde viel Zeit und Energie vergeudet.

Bob und Didier müssen es ausbaden.

»In dem Rhythmus schaffen wir es nie! Die Teams müssen sich abwechseln.«

Ihre beiden Schneemobile sind bereits in einem beklagenswerten Zustand. Die »sliders« (eine Art Schutzkappen aus Kunststoff für die Metallkufen) sind bereits hin, obwohl sie normalerweise nur alle 3000–4000 Kilometer ausgetauscht werden. Eine Kufe ist verbogen, und die »Bravo« springt nicht mehr an.

Wir haben zwei unterschiedliche Typen von Schneemobilen: zwei Bravos, kleine, leichte und wendige Schneemobile, die sehr häufig von Trappern benutzt werden, und vier VK, große, 350 Kilo schwere Maschinen mit starken Motoren, die schwere Lasten befördern können und dank ihrer Pferdestärken durch Tiefschnee fahren können, ohne zu versinken.

Jedes dieser sechs Schneemobile zieht einen etwa drei Meter langen Schlitten, der mit Benzin, Zelt, Daunenschlafsack, Proviant, Ersatzteilen, Schneeschuhen, Axt, Säge und persönlichen Dingen beladen ist. Eigentlich müßten wir mit zwei solchen Maschinen jeder Situation gewachsen sein.

Ich mag sie nicht, diese Schneemobile. Sie machen Lärm, sind schnell, und die Technik versagt immer im falschen Moment. Und dann die Abhängigkeit von Sprit, Öl, Ersatzriemen. Mir ist ein Hund lieber als zehn solche Maschinen, obwohl ich durchaus verstehe, daß sie die Hunde verdrängt haben. Man fährt ja auch nicht mehr mit Pferdekutschen auf unseren Straßen. Die Schneemobile sind ein Fortschritt. Auf guten Pisten kann man mit ihnen schwere Lasten über weite Strecken befördern. Im Sommer brauchen sie kein Futter und warten geduldig in der Garage... Selbst die Trapper, die wie in alter Zeit vom Fallenstellen leben, benutzen sie. In den letzten zehn Jahren sind die Pelzpreise gepurzelt, und um von ihrer Arbeit leben zu können, müssen sie ihr Revier ausdehnen. Mit dem Schneemobil können sie an einem einzigen Tag eine Strecke von 250 Kilometern abfahren und 100 Fallen auslegen. Das ist noch rentabel. Aber nicht mit Hunden.

Also bleibt es nur noch Träumern und Hundesportfreunden überlassen, die unermeßlichen weißen Weiten im Tempo vergangener Tage zu durchstreifen, als man sich noch die Zeit nahm, zu sehen, zu hören und zu riechen und die Natur zu genießen, der sich der moderne Mensch unwiderruflich entfremdet hat. Gleichwohl tauchen hier und da in Indianer- und Inuitdörfern wieder Hundegespanne auf. Schüchterne Vorboten eines Trends, den der boomende Naturtourismus verstärken könnte. Die Natur kommt wieder in Mode.

Gegen Mittag ist endlich der Lastwagen da. Er bringt zwei Schneemobile und die Ersatzteile, die wir für die Reparatur meines ramponierten Schlittens brauchen. Pierre beruft auf die Schnelle eine Lagebesprechung ein, um das weitere Vorgehen zu koordinieren. Ich nehme nicht daran teil, kann mir aber denken, worüber gesprochen wird. Das Team versucht, die aktuellen Probleme in den Griff zu kriegen, und dabei müßte es eigentlich 24 oder 48 Stunden vorausplanen. Längst müßte ein zweites Team aus zwei oder drei Personen unterwegs sein und das Gelände hinter Johnson Crossing erkunden, doch im Moment wissen wir noch nicht einmal, wie wir dort hingelangen! Bob und Didier kommen soeben von dort zurück.

»Der See ist vor kurzem zugefroren«, berichtet Bob. »Wir werden versuchen, übers Eis zu fahren, denn längs der Straße sieht es schlecht aus. Dichtes Weidengehölz und überall Schrägen. Wir mußten umkehren.«

Bob und Didier wollen nur eine Kleinigkeit essen und sich dann sofort wieder auf den Weg machen. Bob wird unterwegs umkehren und mir entgegenkommen, Didier wird bis Johnson Crossing durchfahren.

Thomas, Emmanuel und Marc fahren vor mir her, um in der Abenddämmerung zu filmen. Solange die milde Witterung anhält, wollen sie möglichst viele Filmrollen vollmachen.

Ich werde Oukiok, Chip und Oumiak hier lassen. Der Lastwagen wird sie nach Johnson Crossing bringen.

Mit dreizehn Hunden verfüge ich über eine Reserve von drei Hunden, denen ich auf einer oder mehreren Etappen eine Pause gönnen kann. Das muß sein: Bei einem Tagespensum von 100 Kilometern sind Verstauchungen, Sehnenentzündungen, Schnitte an den Ballen durch Steine oder Muskelverletzungen unvermeidlich. Bei den Langstreckenrennen dürfen laut Reglement an jedem der Kontrollpunkte, die im allgemeinen in einem an der Strecke liegenden Dorf eingerichtet werden, Hunde »gedroppt« werden. Etwa die Hälfte der Renner überquert die Ziellinie, denn dem Musher ist es verboten, einmal ausgemusterte Hunde wieder einzuspannen. Hochgerechnet auf 8000 Kilometer hätte man also schon nach 3000 Kilometern keinen einzigen Hund mehr im Rennen! Das ist Mathematik. Mit drei Hunden als Reserve traue ich mir zu, das Gespann ins Ziel zu bringen. Auf jeden Fall ist es eine interessante Erfahrung. Die Ergebnisse könnte man ins Reglement für Rennen über extreme Distanzen einfließen lassen.

Beim Yukon-Quest dürfen laut Reglement maximal 14 Hunde an den Start gehen, mindestens sechs müssen das Ziel erreichen. Bei Rennen über eine Strecke von mehr als 3000 Kilometern sollte meines Erachtens jedes Team aus 14 Hunden bestehen. Mindestens zehn sollten immer angespannt sein, so daß jeweils vier Hunde bei der einen oder anderen Etappe pausieren können.

Der Transport dieser Hunde stellt uns vor Probleme. Der Lastwagen wird mir nur bis Ross River folgen. Ich werde also entscheiden müssen, welche Hunde die Reise über die Rockys ins 14 Marschtage entfernte Norman Wells mit dem Flugzeug antreten sollen. Nun ist es aber schwierig, Hunde nach einer so langen Ruhepause wieder ins Gespann einzugliedern. Deshalb hatten wir uns überlegt, daß ein Handler sie in der Zwischenzeit beschäftigen sollte. Doch leider hat sich Jean-Phillippe, der dafür vorgesehen war und in letzter Minute eingetroffen ist, ein völlig falsches Bild von der Aufgabe gemacht, erkennt seinen Irrtum und reist wieder ab. Was wird jetzt aus den Hunden? »Das wird sich zeigen«, wird zu unserem Lieblingssatz.

Im Moment hat anderes Vorrang. Wir müssen das Team einweisen und organisieren, die Aufgaben verteilen und unsere Ausrüstung ergänzen, denn vor Ort haben wir bald festgestellt, daß die Listen, die wir im Vorfeld angefertigt haben, unvollständig sind. Es fehlt an allen Ecken und Enden, und unser Etat explodiert. Da jeder mindestens so gut ausgerüstet sein will wie sein Nachbar, werden alle Entscheidungen gemeinsam getroffen. Wir kaufen also nicht nur ein Paar Handschuhe der Marke Soundso, weil sie für kleinere Reparaturen am Schneemobil ideal sind, sondern gleich neun. Einige Anschaffungen sind übertrieben oder unnötig, und Pierre fällt die undankbare Aufgabe zu, ein Machtwort zu sprechen.

»Okay, die Handschuhe werden angeschafft, die Karabiner nicht.«

Diese Rolle schafft zwischen ihm und dem übrigen Team eine Kluft, die der Altersunterschied noch vertieft. Für seine Arbeit mag das von Vorteil sein, dem Spaß am Abenteuer, der ein gutes Verhältnis zu den anderen voraussetzt, ist es eher abträglich, und darunter leidet er.

Gegen 16 Uhr bricht die Nacht an, und beschäftigt, wie wir sind, werden wir von ihr überrascht. Der Lagerplatz hat sich ausgedehnt, und es herrscht ein heilloses Durcheinander. Der eine sucht einen Schraubenzieher, der andere eine Schaufel, ein dritter eine Kopflampe oder einen Kanister Öl.

Etwas abseits steht, sauber geparkt, mein Schlitten, repariert, verschnürt und startklar.

Ich beobachte, wie Marc und Thomas ihren Schlitten beladen. An nichts wurde gedacht. Weder an Seile zum Festzurren des Gepäcks noch an Abdeckplanen. Ungeeignete Rucksäcke, viel zu sperrige Kisten … Mich bedrückt diese schlechte Organisation, unter der wir alle zu leiden haben, aber teilweise bin ich selbst daran schuld. Teilnehmer und Ausrüstung sind für eine gewissenhafte Vorbereitung zu spät eingetroffen. Ich kann nur hoffen, daß uns die 500 Kilometer bis Ross River genügen, um in die Gänge zu kommen. Danach geht es ins Gebirge. Dort sind wir auf uns allein gestellt und müssen bis zur anderen Seite ohne fremde Hilfe auskommen.

Im Moment ist das Team noch ein Haufen von Amateuren, die dieser Herausforderung nicht gewachsen sind.

KAPITEL 7

Carcross

14. Dezember, – 25 °C, 170 km

WAS DA AUS CARCROSS HINAUSFLIEGT, IST KEIN HUNDEgespann, sondern eine Kanonenkugel. Man könnte meinen, daß die 120 Kilometer, die wir bei der Etappe letzte Nacht zurückgelegt haben, überhaupt nicht zählen. Es ist 19 Uhr und stockdunkel.

Bob ist zufrieden von einer erfolgreichen Mission zurückgekehrt.

»Du wirst sehen, eine tadellose Piste: 35 Kilometer über den See und 20 Kilometer Holzwege, ideal bis Tagish.«

»Und danach?«

»Weiter bin ich nicht gefahren. Didier sieht nach.«

»Was ist mit dem See?«

»Der ist in Ordnung, 7 bis 8 Zentimeter Eis.«

»Mehr nicht?«

»Nein, aber gleichmäßig. Es gibt ein paar Slutchs, aber die Stellen dürften mittlerweile zugefroren sein. Auf der Rückfahrt waren sie schon fast hart.«

Die Hunde sind in Topform und preschen im Galopp über den See. Wir laufen mit 20 Stundenkilometern, und der Schlitten lenkt sich praktisch von allein. Die Strecke ist ideal – flach, schnurgerade, keine Hindernisse. Und das ist auch gut so, denn mein Handgelenk ist auf die doppelte Größe angeschwollen, und ich verspüre kein Verlangen, die akrobatischen Einlagen vom Vortag zu wiederholen.

Ich habe mir das Gelenk dick mit Salbe eingeschmiert, und ein fester Verband stellt es fast vollkommen ruhig. Ich kann nur hoffen, daß die Verletzung nicht schlimmer wird. An ein Lenken des Schlittens wäre dann nicht mehr zu denken. Wie sollte ich die Hunde und mich selbst auf den verbleibenden gut 8000 Kilometern schützen? Der Hundeschlittensport birgt hohe Risiken, wenn man ihn in unwegsamem Gelände und außerhalb markierter Pisten ausübt. Letztes Jahr ist ein Freund von mir in einer Kurve gegen einen Baum geprallt. Jetzt liegt er mit dreifach gebrochener Wirbelsäule im Bett, für den Rest seines Lebens gelähmt. Einem anderen wurden sämtliche Rippen eingedrückt, als er einen Baumstumpf rammte und gegen den Haltebügel flog. Er wäre innerlich verblutet, hätte ihn nicht in letzter Minute ein Schneemobilfahrer gefunden und gerettet. Ein dritter war auf der Stelle tot, ohne etwas zu merken. Halswirbelbruch. Er stieß mit dem Kopf gegen einen Ast, als er bei Nacht nach Hause galoppierte.

Solche Unfälle gehen meist auf das Konto der Hunde. Manchmal sind sie unberechenbar und führen blitzschnell eine Bewegung aus, auf die man nicht rechtzeitig reagieren kann. Ein Sturz ist dann unvermeidlich, und es kommt vor, daß der Musher getötet wird, wenn er aufs Eis schlägt oder gegen einen Baum oder Felsen prallt. Daher ist äußerste Wachsamkeit geboten. Doch wenn nachts oder sogar tagsüber bleierne Müdigkeit über einen kommt und die Fahrt sich in die Länge zieht, ist ein Nachlassen verzeihlich oder zumindest verständlich.

Ich vertraue auf meinen guten Stern und klopfe auf das Holz meines Schlittens: Mit einem Hund wie Voulk an der Spitze werden wir auch die überraschendsten und gefährlichsten Situationen meistern.

Das Krachen von brechendem Eis ist immer beeindruckend. Dieses dumpfe, bedrohliche Geräusch, dessen

Vibrationen man durch die Kufen des Schlittens spürt, das die Beine heraufsteigt, das Rückgrat kitzelt und dann erstirbt. Die Hunde haben einen Horror davor und schalten sofort den Turbo ein. Obwohl die Schneemobile keine Probleme hatten, fühle ich mich nicht sicher. Die frische Eisdecke ist dünn, und an Stellen, über die ein Schneemobil mit Karacho hinwegsurft, könnten der Schlitten oder die Hunde sehr leicht einbrechen. Im übrigen hat noch kein Bewohner von Carcross den See überquert. Die warten lieber noch. Wir können uns das nicht erlauben.

Die Temperatur ist ideal: −25 °C. Und die Hunde sind voll bei der Sache. Nach einer Stunde Galopp traben sie mit raumgreifenden Schritten, und die leichte Piste stachelt sie an. Nachts laufen die Hunde besonders gern. Es liegt ihnen im Blut. Diese Vorliebe haben sie von ihren Vorfahren, den Wölfen, geerbt, die ihre ausgedehnten Streifzüge nur nachts unternehmen.

Gegen 23 Uhr erreichen wir Tagish, wo mich eine schlechte Nachricht erwartet. Bis Johnson Crossing gibt es keine befahrbare Piste. Nur die Straße. Ich verabscheue Straßen. Didier entschuldigt sich fast, obwohl er nichts dafür kann.

»Es gibt einen Trappertrail, der teilweise dem Flußbett folgt, aber der Fluß ist noch nicht ganz zugefroren. Eine Piste durch den Wald würde uns eine Woche Arbeit kosten.«

»Und neben der Straße?«

»Vergiß es, eine grüne Hölle.«

Wir müssen also wieder die Räder montieren, diese Folterinstrumente, und die Nacht ausnutzen, in der praktisch kein Verkehr herrscht, um ins 90 Kilometer entfernte Johnson Crossing zu gelangen. Eine Etappe, die jeder Romantik entbehrt; aber was soll's. Danach erwartet mich eine schöne Piste, 300 Kilometer bis Ross River.

Die Hunde traben in flottem Tempo die Straße entlang, und ich erahne ihr schwarzes Band, das sich in den Bergen verliert. Ich habe keinerlei Kontrolle über den Schlitten. Ich kann die Kanten nicht einsetzen und habe natürlich auch sonst keine Lenkmöglichkeit, denn die vier Räder sind fest an der Achse befestigt. Das Gefährt ist einfach nur ein Ballast im Schlepptau der Hunde. Solange wir auf einem Flachstück geradeaus rollen, bekommen wir keine größeren Probleme, aber sobald wir in eine Kurve fahren oder die Fahrbahn sich neigt, und sei es auch nur leicht, geht der Ärger los. Der Schlitten bohrt sich in den Schneehaufen am Straßenrand und bleibt dort jämmerlich stekken. Und jedesmal reißt er die beiden direkt vor ihm plazierten Hunde mit, trotz aller Bemühungen ihrerseits, das führerlose Geschoß abzufangen. Auf einer schneebedeckten Piste lassen sich Kurven, selbst ziemlich enge, gut nehmen. Der Musher zieht den Schlitten in der Kurve zu sich heran, balanciert ihn auf der Außenkufe aus und vermeidet es so, die Innenseite der Kurve zu streifen, wohin die Leine ihn zieht, zumal erfahrene Hunde instinktiv möglichst weit außen laufen. In einer Rechtskurve taucht der Hund rechts hinten sogar unter der Zugleine durch und zieht den Schlitten mit dem Nachbarn zu seiner Linken nach außen. Torok ist ein Spezialist für solche Manöver, doch heute ist er machtlos und versteht nicht. Er dreht sich um und glotzt mich an, als erwarte er eine Erklärung. Seine Augen sagen:

»Was treibst du denn da hinten?«

Ich tue mein Möglichstes, und das ist wenig mehr, als nach jedem unfreiwilligen Ausflug in den Schneehaufen noch etwas lauter zu schimpfen.

Nach 20 Kilometern bin ich beim Brüllen angekommen und würde am liebsten den armen Fahrer eines Schneepflugs erwürgen, der nun wirklich nichts dafür kann. Er ist mir fast reingefahren, und obendrein streut er Rollsplitt, an dem sich meine Hunde die Pfoten wundscheuern können.

Eine gräßliche Etappe.

Obwohl ich 20–30 Mal pro Stunde von der Straße abkomme, geht es glücklicherweise zügig voran. Die Booties zerfetzen nacheinander alle, doch ich habe einen reichlichen Vorrat dabei.

Einige unfreiwillige Ausflüge sind schlimmer als andere, denn manchmal bohrt sich der Schlitten so tief in den Schnee, daß er mit einem leichten Schubs nicht wieder flottzukriegen ist. Ich muß ihn freischaufeln, ziehen, schieben und dabei die ganze Zeit die Hunde halten. Diese wiederholte Plackerei, so sinnlos und unnötig, zehrt an meinen Kräften. Der Schlafmangel (letzte Nacht kaum drei Stunden) tut ein übriges, und als ich gegen Mitternacht in Jake Corner eintreffe, bin ich völlig fertig. Bis Johnson Crossing sind es nur noch 45 Kilometer, aber für heute nacht habe ich von der Straße genug. Pause. Eine gute Stunde lang versorge ich die Hunde, untersuche nacheinander alle Pfoten, alle Gelenke, alle Sohlenballen, die ich zusätzlich in eine gerbstoffhaltige Lösung (Tanopatte) tauche, und dann brauche ich noch eine Stunde, um uns eine Mahlzeit zuzubereiten und die Stoßstange des Schlittens zu reparieren. Gegen 3 Uhr schlüpfe ich in eins der beiden Zelte, die wir in der Nähe einer Tankstelle an einer Straßenkreuzung aufgeschlagen haben.

Im Prinzip sollte das Team der Pistenmacher von morgen an etwa 48 Stunden Vorsprung herausfahren und hinter Ross River noch mehr. Ich kann nur hoffen, daß unser System endlich funktioniert, denn es darf nicht sein, daß wir jede Etappe in großer Hast vorbereiten. Ich kann nur hoffen, daß Alain, der noch einige Tage in der Pension zu tun hat, um den Empfang der Gäste vorzubereiten, die in meiner Abwesenheit eintreffen, endlich zu uns stößt. Ich sehne mich danach, allein auf einer schönen Piste zu sein.

Ich kann es kaum erwarten, daß das Abenteuer endlich beginnt, das Abenteuer, von dem wir geträumt haben, und nicht dieser schwache Abklatsch, den wir rasch vergessen wollen.

KAPITEL 8

Johnson Crossing

–35 °C, 270 km

ICH BIN GEGEN MITTERNACHT IN JOHNSON CROSSING eingetroffen und vom gesamten Team empfangen worden. Im Lager herrscht hektische Betriebsamkeit, und so entferne ich mich und gehe ein paar Schritte auf dieser verlockenden Piste. Hätten die Hunde keine Ruhepause nötig, würde ich sofort weiterfahren, nur um die ersten 48 Stunden des Rennens aus meinem Gedächtnis zu tilgen.

Didier hat die nächsten 180 Kilometer der Strecke abgefahren und zu mir gesagt:

»Du wirst deine helle Freude haben. Eine perfekte Piste, breit und hart.«

Wir hatten vereinbart, daß er mit ein oder zwei Leuten vorauseilen sollte, um den Vorsprung herauszuholen, der uns bisher fehlt, doch aufgrund technischer und logistischer Schwierigkeiten ist heute abend das gesamte Team hier versammelt. Unter anderem müssen Aufgaben und Ausrüstungsgegenstände verteilt werden.

Diese neuerlichen Organisationsprobleme beunruhigen mich mehr, als ich mir anmerken lasse. Wie wir gehört haben, wird die Piste nicht bis zum Ende benutzt. Deshalb müßten mehrere Schneemobile sie mindestens 24 Stunden vor den Hunden befahren, damit die Spur genug Zeit hat, um festzufrieren.

»Keine Sorge, auf den ersten 80 Kilometern ist die Piste

ideal. Du legst die Strecke morgen zurück, somit haben wir genügend Zeit, am selben Tag die restlichen 100 Kilometer und mehr freizumachen.«

»Ich breche morgen gegen 5 Uhr auf. Vier Stunden Rast mitgerechnet, bin ich gegen 15 Uhr am Quiet Lake, 100 Kilometer von hier, und in der Nacht will ich weiterfahren. Die Piste wird dann erst ein paar Stunden alt sein…«

»Es bestehen gute Aussichten, daß die Piste auf den nächsten 150 Kilometern fest sein wird. Das haut schon hin.«

Ich stehe gegen 4 Uhr morgens auf. Trotz des Schlafmangels fühle ich mich topfit. Heute werde ich Straßen, Tankstellen und Telegrafenmasten hinter mir lassen, in die Wildnis vorstoßen und all die in Vergessenheit geratenen Gefühle wiederfinden.

Pierre und Alain sind mit mir aufgestanden. Eine gewisse Ergriffenheit begleitet meinen symbolträchtigen Aufbruch, der um so eindrucksvoller ist, als mich schon kurz darauf die Dunkelheit verschluckt. Ich hinterlasse so etwas wie eine unsichtbare Spur, und Pierre und Alain stehen noch lange da und blicken mir nach, stumm und bewegt.

Heute morgen ist das Leben schön. Das Thermometer zeigt –35 °C. Die Temperatur ist ideal, die Piste perfekt, und die erregten Hunde scheinen keine Müdigkeit zu kennen. Ich bin hochkonzentriert, lasse keine Sekunde nach. Im Strahl meiner Stirnlampe, den ich nach Bedarf bündeln kann, beobachte ich alles. Den Trab der Hunde, ihren Rhythmus. Nicht das kleinste Anzeichen von Schwäche entgeht mir. Ich denke über mögliche Verbesserungen nach. Ist es nicht Verschwendung, wenn ich Nanook und Baikal nebeneinander laufen lasse? Chip, die rechts am besten arbeitet, könnte Baikals Platz einnehmen und mir somit die Möglichkeit geben, Baikal neben Buck zu stellen, der immer einen zusätzlichen Ansporn braucht. Und sollte ich diese unkomplizierte Piste nicht ausnutzen, um Voulk weiter nach hinten zu holen und mit Torok die Plätze tauschen zu lassen? Ja, aber wenn ich die Aufgaben vorn so verteile, wohin dann mit Ouktu und Charlie? A propos Charlie, wie geht es ihm eigentlich heute morgen? Ich richte den Strahl der Lampe auf ihn und beobachte ihn ein paar Minuten lang. Er trabt gleichmäßig, aber seine Zugleine hängt etwas durch.

»Charlie, wenn du so weitermachst, plaziere ich dich weiter hinten.«

Natürlich versteht er meine Worte nicht, aber er begreift sehr wohl ihren Sinn und weiß, daß ich ihn durchschaut habe, denn mein Ton ist eindeutig. Sofort spannt er die Leine, und Amarok, der neben ihm läuft, eifert ihm nach und greift weiter aus.

»Sehr gut, meine Hunde!«

Man spricht nicht viel mit den Hunden. So wenig wie möglich, denn ein aufmunterndes Wort führt dazu, daß sie das Tempo plötzlich anziehen und aus dem Rhythmus kommen. Die »großen« Gespräche finden in der Pause statt, wenn die Snacks verteilt werden. Ein schöner Augenblick, den die Hunde lieben. Er bildet den krönenden Abschluß eines »run«. Als »run« bezeichne ich einen Lauf von einem bestimmten Punkt bis zum Ziel. Er führt über eine Distanz von 80 bis 150 Kilometern und zerfällt im allgemeinen in zwei Abschnitte mit einer längeren Pause von anderthalb bis vier Stunden nach der Hälfte oder zwei Dritteln der Strecke. In dieser Pause fressen, trinken und schlafen die Hunde. Und der Musher… Selbst in einer vierstündigen Pause ist er meist so mit der Versorgung der Hunde, Wassermachen und Reparaturen beschäftigt, daß kaum Zeit für ein einstündiges Nickerchen bleibt. Die Hunde schlafen zwei- bis dreimal mehr als ich und merken es nicht einmal! Wenn sie im Morgengrauen ausgeruht und munter wieder auf die Piste drängen, warte ich manchmal regelrecht darauf, daß sie mein taktloses Gähnen mit einem verächtlichen Schulterzucken quittieren.

Die Piste, ein Trail, den die Indianer im Sommer bei der Jagd benutzen, durchzieht die relativ niedrigen Berge, die sich zu großen bewaldeten Tälern öffnen, gesprenkelt mit kleinen Seen, die wie weiße Perlen aneinandergereiht sind. Auf lange Anstiege folgen lange Abfahrten, die nicht besonders steil, aber so kurvenreich sind, daß sie keine Nachlässigkeit dulden. Die Piste ist gut, denn sie wird regelmäßig von Trappern mit Schneemobilen befahren, die längs des Weges Fallen auslegen, in denen sie Marder und in seltenen Fällen auch Luchse fangen.

Die Stunde vor Tagesanbruch ist die kälteste und dunkelste, so als zögere die Nacht, das Feld zu räumen, und zeige dem Tag in einem letzten Aufbäumen, wozu sie imstande ist. Keine Stunde liebe ich mehr, in keiner fühle ich mich so allein auf der Welt, so im Gleichklang mit der Landschaft, die ich erahne, und so eins mit den Hunden, die ihre Schritte beschleunigen, um dem Tag – oder bilde ich mir das nur ein? – noch schneller entgegenzueilen.

Und dann geht, kaum merklich, der Vorhang auf. Schatten zeichnen sich ab, die dichte Masse der Bäume erscheint, schwarz und gedrängt, silbrig glänzende Furchen auf der Piste, deren Konturen nun hervortreten, der zakkige Kamm der Berge, die den Himmel zerreißen wie einen gesprungenen Spiegel. Und dann das Licht am tiefblauen Himmel, der sich violett, dann rot verfärbt und, viel später, wenn die Sonne hinter einem Gipfel emporsteigt, in hellen Flammen steht.

Das ist überwältigend und hat etwas Magisches. Wie

großzügig von der Natur, denke ich mir, daß sie sich die Mühe macht und an diesem entlegenen Ort ein solches Schauspiel bietet, obwohl sie nur einen kleinen Musher und seine Hunde als Zuschauer hat. Sie hätte ein würdigeres Publikum verdient, wenigstens Präsidenten und Senatoren. Aber nein, die Natur ist kein Bühnenstar. Es hat etwas Biblisches, etwas von einem Gleichnis, und zweifellos läßt sich aus diesen Gedanken eine Lehre ziehen. Wenn man stundenlang allein ist, wird man unweigerlich zum Philosophen. Man phantasiert auch ein wenig. Man denkt zuviel. Das ganze Leben zieht vorüber wie ein Film. Man spielt stundenlang mit belanglosen Erinnerungen. Die Zeit ist kein Kontinuum mehr. Heute morgen ist die Schule mein Thema, und ich versuche, Namen und Erinnerungen mit Gesichtern aus der neunten Klasse zu verknüpfen. Das Gedächtnis leistet Erstaunliches, wenn man ihm nur ein wenig Zeit läßt, die Bücher zu entstauben, die es geordnet und in alten Schubladen verstaut hat, die klemmen, weil selten benutzt. Bei einer Kanufahrt im westlichen Teil der Halbinsel Labrador habe ich mich einmal in ein Mädchen verliebt, das ich kaum kannte. Es passierte einfach so, als ich an sie dachte, weil sie in einer Erinnerung vorkam, mit der ich mir ein oder zwei Stunden vertrieb. Dann fiel mir eine andere Begegnung ein, bei der ich sie eigentlich gar nicht beachtet hatte. Ich dachte so oft an das Mädchen, bis mir ein Licht aufging und mich zutiefst erschütterte. Ich vermißte sie. Ich liebte sie. Nach meiner Rückkehr traf ich mich mit ihr, doch sie war mit einem anderen liiert. Auf Reisen, fernab von allem, legt man sich Geschichten zurecht, und ich hatte mir meine ausgedacht. Eine herbe Enttäuschung. Ich habe ihr nie erzählt, wie viele Stunden sie bei mir im Boot verbracht hat...

Träumen macht müde, und als es hell wird, fallen mir

die Augen zu. Seit drei Tagen habe ich nur acht Stunden geschlafen, und nun spüre ich zum ersten Mal, aber um so deutlicher die Folgen des Schlafmangels. Der Schlaf ist wie ein Gerichtsvollzieher, der an der Tür klingelt. Beim ersten Mal läßt er sich noch abwimmeln, doch die Schonfrist währt nicht lange. Er kommt wieder, immer wieder, und eines Tages muß man zahlen, mit Verzugszinsen. Auf einer Reise wie dieser gibt es gewisse Zahlungserleichterungen. Man darf die Summe in kleinen Raten abstottern, hier und da eine Stunde, und bekommt sogar einen Nachlaß, solange man gewisse Grenzen nicht überschreitet. Ich kenne meine: zwei mal zwei Stunden Schlaf innerhalb von 24 Stunden, dazu alle fünf Tage 6 bis 8 Stunden am Stück.

Ich weiß, daß der Schlaf einer meiner gefährlichsten Gegner auf dieser Reise ist, und ich unterschätze ihn nicht.

Quiet Lake. Er trägt seinen Namen zurecht. Eingebettet zwischen 15 Bergen, mitten im Niemandsland zwischen Ross River und Johnson Crossing, schläft der See friedlich unter seinem schneebeladenen Eispanzer, und ich beneide ihn.

Meine Befürchtung hat sich bewahrheitet. Die Trapper haben den Trail nicht bis Ross River präpariert, und auf den letzten 20 Kilometern haben sich die Hunde durch frisch gestampften Schnee gequält, der in der Kürze der Zeit nicht festgefroren ist. Um ihnen zu helfen, laufe ich 300–400 Meter hinter dem Schlitten her, springe auf die Kufen, um zu verschnaufen, und wiederhole das Ganze.

Je höher wir kommen, desto höher wird die Schneedecke. Mittlerweile sind es gut 130 cm, und für die Pistenmacher Bob, Didier, Marc und Alain muß es ein wahres Martyrium gewesen sein, die Piste zu spuren. Ab und zu verraten große, mehr oder weniger breite, aber immer tiefe Löcher, daß sie hier den Weg verlassen haben, und zahlreiche Fußspuren zeugen von ihren Bemühungen, die steckengebliebenen Schneemobile freizuschaufeln.

Der heutige Tag, der erste, an dem das Team endlich in gewünschter Marschordnung vorrückt, wird, sofern das überhaupt nötig ist, den Beweis erbringen, daß es mir gegenüber ständig einen Vorsprung von mindestens 48 Stunden haben muß.

In der Ferne, am gegenüberliegenden Seeufer, mache ich das Lager aus, das ein Teil des Teams dort aufgeschlagen hat. Ich vermute, daß zwei oder drei Schneemobile weiter in Richtung Ross River gefahren sind, um eine Piste zu spuren, die über Nacht festfrieren kann. Auch die Hunde haben den Schein des Lagerfeuers über den Baumwipfeln bemerkt. Sie drücken sofort auf die Tube, und im gestreckten Galopp stürmen wir auf den Platz zwischen den Zelten. Zu meinem Erstaunen ist die komplette Mannschaft versammelt. Hinter den Zelten verstopft unberührter Schnee den Weg. Die Piste endet hier! Dabei wollte ich in sechs Stunden weiterfahren.

Beim Abschirren der Hunde stelle ich Bob und Didier, die sich nach meinem Befinden erkundigen, ein oder zwei Fragen. Alain spült unterdessen am Feuer sein Geschirr. Er hat sich nicht vom Fleck gerührt und verschanzt sich hinter einer Mauer des Schweigens.

»Warum ist denn niemand weitergefahren?«

»Das mußt du Alain fragen.«

»Aber ich habe dir doch gesagt, daß du weiterfahren sollst.«

»Ich bin hier nicht der Chef!«

Ich will mich auf diese fruchtlose Unterhaltung nicht einlassen. Auch mir geht die Sache an die Nieren. Die Hunde mußten sich auf den letzten 20 Kilometern völlig unnötig durch weichen Schnee quälen, und statt entschlossen etwas gegen den mangelhaften Zustand der Strecke zu unternehmen, mit dem ja zu rechnen war, haben die Pistenmacher das Lager aufgeschlagen, dann einen Imbiß zu sich genommen und machen nun Anstalten, sich schlafen zu legen.

Wenn wir in dem Tempo und unter solchen Bedingungen weitermachen, sollten wir lieber auf der Stelle umkehren!

Die Temperatur ist mild, der Weg, auf dem die Piste gespurt werden soll, gleicht einer Autobahn und stellt kein Problem dar, und die Männer sind frisch. Wie wird das erst in einem Monat sein, wenn die Pistenmacher abgekämpft sind und bei –50 °C vor schier unüberwindlichen Hindernissen stehen?

Ich lasse mir meinen Ärger nicht anmerken, um die Atmosphäre nicht noch mehr zu vergiften, doch Alain kennt mich genau und errät, was in mir vorgeht. Wir treffen uns etwas abseits.

»Was ist los?«

Alain druckst eine Weile herum, dann rückt er mit der Sprache heraus. Im Team der Pistenmacher, das aus Bob, Didier und Marc besteht und das er leiten soll, fühlt er sich fehl am Platz. Er ist ohne alle erforderlichen Informationen und zudem verspätet eingetroffen, und so hat er das Gefühl, daß ihm die Dinge entgleiten. Bob sei nicht auf den Mund gefallen und ermutigt durch die Erfahrung, die er unbestreitbar hat, und die Tatsache, daß er allein mit Didier schon 200 Kilometer gespurt habe, bestehe er darauf, die Arbeiten selber zu leiten oder wenigstens zu beaufsichtigen. Er sei zwar sehr bemüht, lasse es aber an Sorgfalt fehlen.

Didier und Marc sind zwischen die Fronten geraten. Einerseits setzen sie auf Bob, der ihnen das Schneemobilfahren beibringt, andererseits respektieren sie die Erfahrung von Alain, der schon zahlreiche Expeditionen mitgemacht hat. Und jetzt wissen sie nicht mehr, an wen sie sich halten sollen.

»Du mußt die Sache in Ordnung bringen, Nico«, verlangt Marc ruhig, aber bestimmt. »Hier herrscht das reinste Chaos. Alles läuft aus dem Ruder. Keine Koordination, keine vernünftige Planung.«

Didier stimmt ihm zu.

Ich habe nichts dagegen, heute in diese Rolle zu schlüpfen, obwohl ich möchte, daß das Team seine Probleme alleine löst und ich meine. In Abwesenheit von Pierre (der mit dem Lastwagen nach Ross River unterwegs ist) muß ich in die Bresche springen.

Spannungen innerhalb einer Gruppe aus willensstarken Menschen, die vier Monate lang von der Außenwelt abgeschnitten sind und mit Extremsituationen konfrontiert werden, sind mit Sicherheit ebenso gefährlich wie die heftigsten Stürme. Wie die Persönlichkeiten sich entwickeln, wie Konflikte beigelegt werden, Spannungen entstehen oder überwunden werden, gehört zu den aufregendsten Seiten einer Expedition.

Ich rede ziemlich lange mit Bob. Er weiß um die schlechte Stimmung und die daraus resultierenden Folgen, erklärt sich aber bereit, alles zu tun, um die Sache wieder einzurenken.

Didier und Marc wiederum beruhigen Alain und fordern ihn auf, unverzüglich Entscheidungen zu treffen. Wer fährt los und spurt die Piste und um wieviel Uhr? Bis wohin?

Eine lebhafte Diskussion entbrennt, denn sie haben nicht mehr genug Benzin für die ganze Strecke. Ihre Schneemobile haben im Tiefschnee dreimal soviel Sprit verbraucht wie erwartet. Bei ihren allzu optimistischen Berechnungen sind sie von einer durchgehend harten Piste ausgegangen.

Schließlich einigen sie sich: Bob und Marc fahren gegen 2 Uhr morgens mit möglichst viel Sprit los und machen die Piste bis Ross River frei. Dort versorgen sie sich mit

Nachschub und fahren auf demselben Weg zurück, um den anderen Pannenhilfe zu leisten, die so weit fahren sollen, bis ihnen der Sprit ausgeht.

»Ich schätze, wir stoßen bald auf einen Trail, den die Leute aus Ross River präpariert haben.«

»Wollen's hoffen, sonst brauchen wir 20 Stunden.«

»Die haben bestimmt 100 Kilometer gespurt.«

Bobs Optimismus beflügelt Marc. Mit einer Genugtuung, die er nur mit Mühe verbergen kann, macht er seine Maschine startklar. Er ist hier, um die Piste zu spuren, und jetzt bekommt er endlich was zu tun. Er brennt darauf, sich ins Gefecht zu stürzen und zu beweisen, daß er hier am richtigen Platz ist.

Seine Ruhe, seine Zuversicht, die Art, wie er seine Worte abwägt, können mich nicht täuschen. Hinter dieser ruhigen Fassade verbirgt sich ein Heißsporn, eine unruhige Kämpfernatur. Am liebsten würde ich zu ihm sagen:

»Mach mir nichts vor, Marc, ich werde noch früh genug erfahren, wer du bist.«

Bis jetzt hat Marc, der sein Hotel der Obhut seines 25jährigen Sohnes anvertraut hat, seine Entscheidung nicht bereut. Es ist eine wahre Freude zu sehen, wie glücklich er ist und mit welcher Begeisterung er dieses Milieu entdeckt und kennenlernt, das für ihn völlig neu ist, in dem er sich aber wohl fühlt. Ehemals ein hervorragender Rugby-Spieler, bildet er zusammen mit Alain, Didier und Bob – Kraftprotze wie er – ein physisch starkes Team. Hoffen wir, daß ihre Moral ebenso stark ist, wenn wir bis ans Ende der Welt, nach Quebec, gehen.

Nach mehreren vergeblichen Versuchen, Pierre über den Telefonsatelliten Immarsat zu erreichen, legen wir uns gegen Mitternacht aufs Ohr. Mein Körper verlangt nach Schlaf, doch in meinem Kopf arbeitet es weiter, so daß ich nicht einschlafen kann. Ich lasse noch einmal die heutigen Ereignisse Revue passieren. Sie haben allzu große Ähnlichkeit mit denen der vorangegangenen Tage.

Woran liegt es nur, daß nichts so klappt, wie geplant, obwohl das vielköpfige Team vor Tatendrang strotzt und hochmotiviert ist?

Fehlender Weitblick scheint mir unser größtes Manko zu sein. Aber Weitblick war noch nie die Stärke von Alain, der das Team führen soll. Alain ist Indianer. Er denkt von Tag zu Tag, ohne sich um morgen zu kümmern. Nach diesem Prinzip lebt er. Es ist seine Stärke und auch seine Schwäche.

Gegen 1 Uhr morgens kommt ein starker Wind auf und rüttelt am Zelt. Eine Bahn hat sich losgerissen und klatscht gegen eine Kiefer. Ich stehe auf, um sie festzumachen, und sehe dabei nach den Hunden. Voulk und Oumiak heben den Kopf, ohne den übrigen Körper zu bewegen, der zusammengerollt in dem Schneebett liegt, das sie sich gegraben haben.

»Alles in Ordnung, Voulk?«

Er sieht mich fest an, als versuche er den Sinn meiner Worte zu verstehen. Ich gehe zu ihm und streichele ihn, während ich mit ihm rede.

»Wind kommt auf. Wenn er sich nicht legt, wird es da oben morgen ungemütlich.«

Voulk schmiegt den Kopf an mich, kneift genüßlich die Augen zusammen und entspannt sich. Ich streichle Torok und Baikal, die aufgestanden sind, als ich vorbeigegangen bin, und schlüpfe ins Zelt zurück.

Ich bin gerade am Einschlafen, als Motorengeknatter mich hochschrecken läßt. Marc und Bob machen sich startklar. Der Wind hat weiter zugenommen, und das beunruhigt mich. Die Piste, die sie spuren und feststampfen sollen, könnte schnell wieder zugeweht werden. Ich schmunzle, als ich höre, mit welch übertriebenem Ernst Marc sich vorbereitet.

»Hast du die Axt, Bob? Ich lege meinen Schlafsack auf deinen Schlitten, ja? Die Karten, hast du die Karten?«

Gegen 3 Uhr fahren sie in den Sturm hinaus, der bald das Dröhnen ihrer Motoren verschluckt. Endlich schlafe ich erschöpft ein.

Ich liebe die Kälte, aber nicht den Wind. Ich hasse den Sturm, der mich mit tausend Nadeln pikt, so daß sich mein Gesicht vor Schmerz verzieht. Doch die Hunde, meine Herren der Kälte, denen der Wind das Fell bürstet, halten ein flottes Tempo. Wir haben bereits drei Pässe erklommen und sind durch mehrere langgestreckte, nach Norden weisende Täler geglitten, als die Nacht zu weichen beginnt, bedrängt vom neuen Tag, der im Osten die Bergkämme färbt. Vor uns liegt eine lange Steigung. Die Hunde behalten ihren Trab bei, solange ich hinter dem Schlitten herlaufe oder mich, um ihnen zu helfen, wie auf einem Tretroller abstoße. Der Wind bläst den Schnee in alle Ritzen meiner Kleidung, selbst unter die Pelzmütze. Ich schwitze vor Anstrengung, und der Schweiß erstarrt zu einer Eisschicht, so daß ich bald nicht mehr den Hals drehen kann. Je höher wir kommen, desto schlechter wird die Piste. Der Wind hat sie mit Schnee zugeschüttet und Schneewehen aufgetürmt, die wir durchqueren müssen. Stellenweise ist die Piste völlig verschwunden, doch Voulk zögert keinen Moment. Selbstsicher stürzt er sich in den hohen Schnee, denn er weiß, darunter ist die gefrorene Piste, der er folgen muß, und wenn er dabei versinkt.

Ich verstehe nicht, wo die anderen hinter mir bleiben. Eigentlich sollten sie mich überholen und die Piste feststampfen. Wozu sind die Schneemobile gut, wenn sie mir folgen, statt vorneweg zu fahren?

Der Tag zieht vollends herauf und enthüllt eine grandiose Landschaft. Weite, mit Seen übersäte Täler. Die kargen Wälder, die sie umsäumen, werden mit zunehmender

Höhe immer lichter, und das Auge blickt weit. Der Trail umkurvt die Moore und fräst einen Weg in die Flanke des Berges. Vom Quiet Lake, wo wir geschlafen haben, bis nach Ross River sind es 145 Kilometer, und ich habe zwei Runs vorgesehen: einen ersten von etwa 80 Kilometern Länge und, nach 5 bis 6 Stunden Pause, einen zweiten von 65 Kilometern. In diesem Rhythmus müßten wir morgen früh gegen 5 oder 6 Uhr das Dorf erreichen, 48 Stunden früher als ursprünglich geplant.

Trotz des Windes und der Höhenunterschiede legen die Hunde bei Temperaturen um – 35 °C ein höllisches Tempo vor und lassen nicht die geringsten Anzeichen von Erschöpfung erkennen. Ich bewundere und beneide sie, denn nach vier Tagen packt mich die Müdigkeit. Ich muß mir unbedingt die Zeit besser einteilen, damit ich mehr Schlaf bekomme. Bei nur drei bis vier Stunden Schlaf täglich stehe ich keine drei Monate durch.

Es geht höher hinauf, als ich erwartet habe, und als wir die Paßhöhe erreichen, tut sich eine atemberaubende Landschaft vor uns auf: Schluchten, Täler und Flüsse, deren Mäander bewaldete Plateaus durchziehen. Der Wind peitscht mir ins Gesicht, doch ich verweile, um sie besser bewundern zu können. Die Sonne blinzelt schüchtern über die Bergkämme und verströmt ein wogendes Licht, das an den Felswänden leckt und sie mit silberner Farbe überzieht. Wir gleiten über die Kuppe, und der Wind schlägt uns voll entgegen, versetzt uns Aufwärtshaken und reißt uns fast um. Die Hunde bleiben stehen, wollen sich nicht prügeln lassen. Ich verteile einen Snack und erkläre ihnen, daß wir beim Abstieg im Schutz des Berges, dann des Waldes angenehmere Witterungsverhältnisse vorfinden werden. Sie scheinen zu verstehen. Vor allem Voulk, der meine Hand sucht, mich fragend ansieht und vertrauensvoll auf ein Kommando wartet, aber auch Torok, der die anderen, diese Drückeberger, wütend anbellt und beschimpft. Er tritt auf der Stelle und gräbt sich so Startblöcke in den Schnee, von denen er sich abdrücken kann. Buck, Charlie und die anderen, die es sich, den runden Rücken zum Wind, bereits gemütlich gemacht haben, rappeln sich widerwillig und mürrisch wieder auf.

»Vorwärts, Hunde!«

Statt in den Böen das Tempo zu drosseln, beschleunigen sie, als hätten sie begriffen, daß wir es auf diese Weise schneller hinter uns bringen. Ich habe das merkwürdige Gefühl, auf einer wabernden, unwirklichen Fläche zu schweben, wie auf einer Theaterbühne, die von einem Trockeneisteppich bedeckt ist. Ich kann meine Füße und die Pfoten der Hunde nicht mehr sehen. Sie verschwinden in einem Schneenebel, der über dem Boden wirbelt, sich über der kleinsten Erhebung ballt und Pfeile mit hübsch ausgefaserten Fransen formt.

Eine Stunde lang folgen wir dem Weg, der nicht steil zur Talsohle abfällt, sondern weite Bögen beschreibt. Die von Bob und Marc gespurte Piste ist bis auf wenige windgeschützte Stellen völlig zugeweht. Wir rasten in einer kleinen Schlucht, über die eine stabile Holzbrücke führt. Im Schutz einer Böschung entzünde ich ein Feuer, mache Wasser und taue eine Riesenportion Spaghetti Bolognese auf, denn ich habe einen Mordshunger.

Zwei Stunden später, als ich gerade aufbrechen will, tauchen plötzlich mehrere Schneemobile auf. Ich habe sie nicht kommen hören, weil der tosende Sturm das Motorengeknatter übertönt hat.

»Bruce!«

Wir fallen uns in die Arme.

Bob und Marc sind um 7 Uhr heute morgen in Ross River angekommen. Wie zwei Schneemonster, erschöpft und durchgefroren, die Schritte schwer und steif, die Bärte und Tschapkas eisverkrustet, sind sie unter großem Hallo im einzigen Wirtshaus am Ort eingelaufen. Noch ehe sie aufgetaut waren, hatte Bruce von ihrer Ankunft erfahren und organisierte mit zwei Kumpels eine Hilfsaktion, um Benzin zu beschaffen. Bob und Marc haben geduscht, sich umgezogen und ein kräftiges Frühstück zu sich genommen, dann sind sie, ohne zu schlafen, wieder aufgebrochen und mir zusammen mit den anderen entgegengefahren. Ihren hohlwangigen, von Schlafmangel und Müdigkeit gezeichneten Gesichtern sehe ich an, daß die Nacht keine Vergnügungstour gewesen ist.

»So was von bescheuert«, erzählt Marc. »Wir haben den Paß in einem furchtbaren Schneesturm überquert. Wir konnten keine zwei Meter weit sehen. Manchmal habe ich nicht mal die Spitze des Schneemobils gesehen. Wir hatten keine Ahnung mehr, wo es langgeht. Fünfmal sind wir steckengeblieben, alles war voller Schnee ...«

Marc erlebt die Szene noch einmal. Eine konfuse Aneinanderreihung von Klischees.

Ich lausche ihm amüsiert.

»Willkommen im hohen Norden, Marc.«

Er sieht mich mit großen Augen an und bricht in Lachen aus.

»Meine Fresse, ich schwöre dir, genau das habe ich da oben auf dem Paß gedacht: Hier bin ich!«

Und das sagt er mit mehr Genugtuung als Angst.

Bruce und seine Freunde, Indianer aus Ross River, gehen bewundernd und ein wenig ungläubig um die Hunde herum.

»Du bist am Sonntag in Skagway losgefahren?«

»Ja, gegen 11 Uhr.«

Der Indianer schweigt, hält inne, schüttelt den Kopf.

»Wo hast du geschlafen?«

»Ich bin heute morgen um 6 Uhr vom Quiet Lake aufgebrochen.«

»Du bist heute morgen am Quiet Lake losgefahren?«

Jetzt ist es an mir, den Kopf zu schütteln.

»Und ... wie weit fährst du noch?«

»Wie weit ist es noch bis Ross River?«

»60 Kilometer.«

»Das müßte zu schaffen sein.«

Ich nerve ihn. Vom Quiet Lake nach Ross River an einem Tag, das hat es seit Indianergedenken nicht gegeben!

Wir wollen hier keine Wurzeln schlagen. Der Wind hat gedreht, und Böen jagen nun durch die Schlucht.

Die Schneemobile rasen in vollem Tempo davon, dem Rest des Teams entgegen.

Wir traben vier Stunden lang in unserem Rhythmus, bis wir endlich in den Wald eintauchen, glücklich wie Seeleute, die in ihren Hafen zurückkehren. Es ist 16 Uhr und bereits dunkel. Ich entzünde ein großes Feuer, wärme mich daran und lasse meine Gedanken schweifen, während der Schnee schmilzt und die Hunde sich ausruhen.

Wenig später trifft die motorisierte Karawane ein. Alain entschuldigt sich für die Verspätung: Eine defekte Zündung habe sie heute morgen zwei Stunden gekostet, und wegen des schleppenden Abbaus des Lagers und einer zweiten Panne – diesmal sei einer Maschine das Benzin ausgegangen – hätten sie noch mehr Zeit verloren.

»Wir dachten schon, wir holen dich überhaupt nicht mehr ein!«

»Ich bin es, der euch nicht einholen soll!«

Meine Worte wirken wie eine kalte Dusche, doch ich habe sie sorgfältig abgewogen. Von Anfang an höre ich immer einen oder mehrere Gründe, die als Entschuldigung für die ständigen Pannen herhalten müssen. Das ist nicht genug. Wir dürfen die Zeit, die wir morgens brauchen, nicht zu knapp kalkulieren, und wir müssen den Start der Schneemobile und den Abbau des Lagers besser organisieren. Wenn Pannen auf dieser Reise nicht zu vermeiden sind, müssen sie eben mit eingeplant werden, sonst stellen wir uns selbst ein Bein. Wir haben uns auf ein Rennen eingelassen, aber im Moment habe ich den Eindruck, daß ich der einzige bin, der sich dessen wirklich bewußt ist.

Sie bleiben nur ein paar Minuten und fahren dann weiter. In einer halben Stunde sind sie in Ross River. Wir werden drei brauchen … Ich lege mich in den Schnee, fest entschlossen, mir ein halbstündiges Nickerchen zu gönnen, und bin gerade am Einschlummern, als wildes Gebell mich aufspringen läßt. Alle Hunde stehen und starren erschrocken zum Wald hinüber, das Nackenfell gesträubt und die Lefzen über die Zähne gezogen, die im Schein meiner Lampe wie Glühwürmchen leuchten. Ein Elch ist es nicht. Dann wäre ihr Nackenfell nicht so gesträubt. Wölfe sind es auch nicht. Sie würden nur knurren, nicht bellen. Und vor einem Luchs hätten sie keine Angst.

»Ein Grizzly!«

Eben noch hat Bruce mit mir darüber gesprochen. Er hat beim Aufstieg Spuren entdeckt, und überall in der Gegend wird erzählt, daß die Bären dieses Jahr verspätet Winterschlaf halten, weil es zu wenig Heidelbeeren gegeben hat.

Angst befällt mich, denn ich habe keine Schußwaffe. Ein hungriger Grizzly, noch dazu bei Dunkelheit, ist eine ernste Gefahr, die ich keinesfalls unterschätze.

Einmal, in den Rockys, bin ich dank Otchum nur mit knapper Not einem dieser Raubtiere entkommen. Seitdem fürchte ich sie, denn ich habe ihre enorme Kraft kennengelernt.

Schneller, als ich es erzählen kann, raffe ich meine Sachen zusammen, verstaue sie irgendwie auf dem Schlitten und löse den Schneeanker. Trotzdem habe ich mir die Zeit genommen, mich mehrmals umzublicken und meine Axt in den Sack zu stecken, der hinten auf dem Schlitten steht, direkt unter dem Haltebügel. Eine Axt als einzige Waffe gegen einen Grizzly. Warum nicht gleich eine Steinschleuder?

Mein Atem geht erst wieder ruhiger, als wir in vollem Galopp den Hang hinunterjagen. Ich lasse die Hunde eine Weile laufen, dann trete ich auf die Bremse, bis sie ihren gewohnten Rhythmus gefunden haben. Die Piste, dreimal von den Schneemobilen festgestampft, ist in einem hervorragenden Zustand, und wir fliegen nur so dahin. Zweieinhalb Stunden später kommt Ross River in Sicht, 50 Stunden früher als ursprünglich geplant. Ich bin stolz auf die Hunde. Sie haben eine Glanzleistung vollbracht und ihren ersten Rekord auf dieser Reise aufgestellt. Skagway – Ross River in 95 Stunden.

KAPITEL 9

Ross River

−41 °C, 550 km

»DA KOMMT IHR NIE RÜBER!«

Immer dieselbe Platte, und Bruce hat dafür nur ein Schulterzucken übrig. Zur Skepsis der Bewohner von Ross River gesellt sich die noch entschiedenere der Bewohner von Norman Wells.

Pierre hat dort nichts erreicht. Trotz sechsmonatiger Suche mittels E-Mail, Fax, Telefon und Briefen aller Art ist es ihm nicht gelungen, auch nur einen Einheimischen aufzutreiben, der bereit wäre, ein Team zusammenzustellen, das uns entgegenfährt. Und dabei hatten die Honoratioren einen begeisterten Eindruck gemacht, als wir den Ort zusammen mit Bruce besuchten.

»Beim Bau der Canal Road 1940 gab es zwei Bautrupps«, sagten sie. »Der eine begann in Ross River, der andere in Norman Wells. Wir müssen die Geschichte wieder aufleben lassen.«

Doch die Männer aus dem Ort hatten unseren Vorschlag durch die Bank abgelehnt und versuchten dann mit vereinten Kräften, uns das Vorhaben auszureden. Die kanadischen Mounties und das Umweltministerium, das für die Wildnisregionen zuständig ist, ließen uns eindringliche Warnungen zukommen, die im Lauf der Zeit den Ton von Verboten annahmen. Selbst Bruce ließ sich verunsichern, als sie eine Abfuhr nach der anderen erhielten. Es war Zeit, daß wir ankamen.

Bruce ist der Mann, den wir brauchen, davon bin ich überzeugt. Als Mestize besitzt er die hervorragenden Instinkte des Indianers und das Organisationstalent und Zeitgefühl des Weißen. Er breitet die Karten aus, und als er mit dem Finger die Route abfährt, sprühen seine Augen vor Begeisterung und Motivation. Im Sommer hat er mit einem Geländeauto die ersten drei Benzindepots angelegt. Das dritte Depot liegt auf dem Mac-Millan-Paß. Von dort oben werden wir in die Northwest Territories vorstoßen. Bis zum Paß dürfte der Trail keine Probleme machen, denn im Sommer benutzen ihn Indianer regelmäßig für die Karibujagd und im Winter gelegentlich Trapper. Dahinter ist nichts mehr, wie wir beim Überfliegen der Strecke festgestellt haben. Nur eine Straße, die in den Karten noch eingezeichnet, von der Zeit aber vollständig ausgelöscht worden ist.

In diesem zweiten Streckenabschnitt werden wir die Benzindepots mit Hubschraubern und mit Flugzeugen anlegen, die mit Skiern auf Seen landen. Pierre, Raphaël und Bob werden das von der anderen Seite der Rockys aus organisieren und versuchen, ein Team auf die Beine zu stellen, das uns entgegenfährt. Wir entschließen uns zu einem letzten Erkundungsflug, der uns Gelegenheit gibt, Gletscherzonen und sogenannte »overflows« in die Karten einzutragen, also jene Flußabschnitte, wo das Wasser über das Eis steigt (vermischt sich dieses Wasser mit Schnee zu einem Brei, der nicht gefriert, spricht man von »slutch«). Da in der Maschine nur ein Platz frei ist, soll Bruce mit ihr hin- und zurückfliegen.

Ich wähle die vier Hunde aus, die nicht mitlaufen werden: Pawnee, der wegen einer Lungenentzündung bisher noch gar nicht zum Einsatz gekommen ist, dazu Chip, Buck und Oukiok.

Pierre Paré, ein befreundeter Pilot aus Whitehorse und

treuer Begleiter unserer Abenteuer, wird sie am Tag nach unserer Ankunft übers Gebirge fliegen.

Für die Hunde mögen die 36 Stunden Aufenthalt in Ross River eine Erholung sein, für die Menschen sind sie es nicht. Alle sind geschäftig, denn sie wissen, daß Ross River der letzte Hafen vor der großen Überfahrt ist. In der einzigen Werkstatt am Ort werden die sechs Schneemobile durchgecheckt. Der Besitzer ist ein gewisser Norman, ein ehemaliger Trapper.

Im Gespräch mit dem Team fängt Norman offenbar Feuer, und wenig später vertraut mir Bruce an, daß Norman an dem Abenteuer gern teilnehmen würde. Einen Mechaniker und erfahrenen Bushman seines Formats können wir gut gebrauchen, und so zögern wir nicht. Sein klarer und aufrechter Blick sagt mir, daß wir uns verstehen werden.

Die zweite gute Nachricht erreicht uns aus Norman Wells. Bruce hat in einer Bar endlich einen Indianer aufgetan, der für ein hübsches Sümmchen bereit ist, Raphaël, Bob und Pierre zu begleiten und uns entgegenzufahren. Er vermietet uns seine Schneemobile und ein Raupenfahrzeug mit Allradantrieb, das angeblich überall durchkommt! Ich bin da skeptisch. Der »Panzer« erscheint mir ungeeignet. Meines Erachtens ist er zu schwer und nicht schnell und wendig genug. Doch der Indianer wird schon wissen, was er tut.

Das Thermometer fällt im Lauf der Nacht auf –45 °C. Eine so extreme Kälte schon Mitte Dezember läßt einen strengen Winter ahnen.

Norman ist nicht optimistisch:

»Wenn du bei der Kälte fährst, schrottest du die Schneemobile.«

»Aber im Gebirge wird es zwangsläufig extrem kalt.«

Norman sieht meine zerknirschte Miene und bricht in Lachen aus.

»Im Gebirge werden wir unsere liebe Mühe haben.«

Ich drücke ihm die Hand.

»Ich freue mich, daß du mitkommst.«

»Wenn dein Team so stark ist wie deine Hunde, stehen unsere Chancen eins zu zehn, daß wir das Unmögliche schaffen. Das ist einen Versuch wert...«

»Wir kommen rüber, Norman.«

Die schlechte Nachricht trifft am nächsten Morgen ein, wenige Stunden vor der geplanten Abfahrt um 13 Uhr. Das Flugzeug, das Bruce zurückbringen soll, sitzt in Norman Wells fest. Wegen eines heftigen Schneesturms kann es heute nicht starten.

Nun gut, die 230 Kilometer bis zum Mac-Millan-Paß werden wir zur Not auch ohne seine Fähigkeiten als Pistenmacher schaffen. Wir beschließen, ohne ihn aufzubrechen. Norman wird auf ihn warten und dann rasch mit ihm nachkommen.

Wir haben im Dorf einen katholischen Missionar kennengelernt, einen Franzosen, der seit 40 Jahren im hohen Norden lebt und Hundeschlitten als Fortbewegungsmittel benützt. Wir haben ihn besucht, und dabei hat er uns erzählt, daß er sich hier seine Jugendträume erfüllt hat. Er ist Jäger und Angler, reist viel herum und durchstreift mit seinen Hunden die weißen Weiten. Seine Geschichten hätten Jack London inspiriert haben können.

Heute haben wir uns vor der großen Holzkirche von Ross River versammelt und bilden mit den Hunden und unseren sechs Schneemobilen einen Kreis um den Priester. Zum erstenmal, seit er im hohen Norden lebt, hat er heute Gelegenheit, in seiner Muttersprache eine Segnung vorzunehmen, und nicht irgendeine. Er weiß um die Schwierigkeiten und Gefahren unseres Unternehmens, und mit bewegter Stimme verliest er, was er für uns vorbereitet hat:

Unser Vater im Himmel,

weise diesen Reisenden den Weg, die sich auf eine lange und beschwerliche Reise durch den hohen Norden begeben.

Behüte sie bei der Durchquerung seiner unermeßlichen Weiten. Segne sie wie auch ihre Fortbewegungsmittel, Hundeschlitten und Schneemobile. Gewähre ihnen günstiges Wetter. Damit dies Unternehmen Dir zur Ehre gereiche und zum Wohl aller sei, die an ihm teilnehmen. Damit sie bei dieser Reise durch das Felsengebirge der Wunder Deiner Schöpfung teilhaftig werden. Liebe Reisende, mögen eure Schutzengel euch geleiten und über euch wachen.

Ich betrachte die ernsten Gesichter und bin tief ergriffen. Diese Männer, die doch an nichts anderes glauben als an ihren guten Stern, lauschen andächtig den Worten des Geistlichen und nehmen sie in sich auf. Auf den Segen folgt eine feierliche Stille, die fast mit Händen zu greifen ist und die niemand zu brechen wagt. Selbst die Hunde sitzen lammfromm da, wie berührt von der Gnade des Augenblicks.

»Danke, Pater, haben Sie vielen Dank.«

»Möge der Herr mit euch sein, meine Kinder …«

Ich drücke Hände und mache mich schleunigst davon, denn ich spüre, daß ich feuchte Augen bekomme.

Wenige Sekunden später lassen wir das Dorf hinter uns und biegen rechts in die Canal Road ein, in deren Mitte eine schöne Piste den Schnee teilt.

Vor der Abfahrt fragte mich der Priester noch, wie viele Kilometer ich heute zurückzulegen gedächte.

»In Anbetracht der vorgerückten Stunde werdet ihr wohl nicht mehr weit laufen?«

»Rund 100 Kilometer, vielleicht etwas mehr.«

Der verdutzte Missionar glaubte offensichtlich an einen Scherz, doch als Norman zu uns trat und ihm versicherte, daß wir die Etappe vom Quiet Lake hierher an einem einzigen Tag bewältigt hätten, gab er eine bemerkenswerte Antwort:

»Himmel, Arsch und Zwirn!«

Das Thermometer ist wieder etwas gestiegen, aber solange die Quecksilbersäule nicht unter −45 °C fällt, stört mich die Kälte nicht, im Gegenteil, ich liebe es, wenn sie meine Hunde mit Rauhreif überzieht und in eine weiße Wolke hüllt.

Bis zum Mac-Millan-Paß geht es flußaufwärts durch ein riesiges Tal. Mehrmals überquert die Canal Road das Flußbett und sucht sich auf der einen oder anderen Seite einen besseren Weg. Von einer leichteren und schöneren Piste kann man nur träumen. Ich lasse die Hunde in ihrem Rhythmus laufen und bewundere versonnen das majestätische Panorama der Berge, das wie in Zeitlupe an mir vorbeizieht. In der Ferne erheben sich die majestätischen Gipfel der hohen Berge und wetteifern um den kristallblauen Himmel. Doch gegen 16 Uhr kommt wieder die Nacht und senkt ihren Vorhang. Ich halte kurz an, streife den Hunden, die gereizte Ballen haben, Booties über, verteile Snacks und setze meine Kopflampe auf. Sie verfügt über eine helle Halogenbirne und wird aus leistungsstarken Lithiumbatterien gespeist.

Um 17 Uhr beginne ich zu nörgeln, denn so gut die Piste auf den ersten 50 Kilometern auch war, jetzt bedecken 20 Zentimeter Neuschnee die alten Spuren. Alain hatte versprochen, das Dorf eine Stunde nach mir zu verlassen, um mich einzuholen und, falls nötig, die Piste wieder festzufahren. Wie es aussieht, ist er zum wiederholten Mal nicht pünktlich aufgebrochen.

»Jetzt hab ich aber die Nase voll!«

Es tut mir weh, wenn ich sehe, wie die Hunde darunter zu leiden haben. Sie müssen sich durch den Schnee quälen, obwohl wir jetzt eigentlich mühelos dahinrasen sollten. Mein Ärger steigt im Lauf der Stunden, verfliegt aber augenblicklich, als ich Motorenlärm höre.

Alain ist da.

»Wir sind aufgehalten worden. Wir mußten in letzter Sekunde einen defekten Schlitten austauschen. Und dann hat Pierre wegen der Sache mit dem Flugzeug mit Bruce telefoniert. Kurzum, eins kam zum andern ...«

Er fährt voraus und macht die Piste frei. Bald überholt mich auch Didier, dann das Tandem Thomas und Emmanuel, die zusammen auf einer VK sitzen, und schließlich Alvaro, der Fotograf der Expedition.

Sie verschwinden in der Nacht und rasen der Hütte entgegen, die sich laut Norman bei Kilometer 110 am Ufer des Caribou-Flusses befindet.

Gegen Mitternacht lasse ich den fraglichen Fluß hinter mir. Ich bemerke Schneemobilspuren im Schnee, die in alle Himmelsrichtungen führen. Ein paar Kilometer weiter stoße ich überraschend auf unser Lager, ein erbärmliches Lager, das sie auf einer Terrasse aufgeschlagen haben.

»Wir haben eine geschlagene Stunde nach seiner beschissenen Hütte gesucht, aber nichts gefunden!«

Alain hat sogar zum Satellitentelefon gegriffen und versucht, Norman zu erreichen. Da er seine Nummer nicht hatte, rief er Pierre Parés Frau in Whitehorse an, die, nachts um elf aus dem Schlaf geklingelt, an einen dummen Scherz glaubte.

»Aber ich schwöre dir, ich bin nicht betrunken. Ich bin im Gebirge, wir haben 40 Grad unter Null, es ist stockdunkel, und wir haben uns verfahren. Du mußt die Nummer eines gewissen Norman in Ross River herausbekommen und dir von ihm beschreiben lassen, wo die Hütte liegt. Sag ihm, daß wir sie nicht gefunden haben, und ruf dann zurück.«

Und dabei hielt er sich die ganze Zeit die Antenne über

den Kopf, weil nur in dieser Stellung eine Satellitenverbindung zustande kam. Der Anblick war so komisch, daß sich alle vor Lachen bogen. Die Antenne fiel ihm auf den Kopf, und die Verbindung brach ab.

»Auf jeden Fall hat Pierres Frau Norman nicht erreicht«, erklärt mir Thomas. »Wir haben sie später noch mal angerufen.«

Also haben sie zwischen zwei Bäumen das Zelt aufgebaut, und auf dem Ofen köchelt eine verlockend duftende Suppe. Wir schlafen gegen 2 Uhr ein, während Alain und Marc sich schon wieder auf den Weg machen, um die Piste mit einigen Stunden Vorsprung festzufahren. Aber das wird nicht genügen, zumal das Thermometer auf −25 °C klettert.

Ich bin verärgert. So kommen wir nie ans Ziel!

Es ist kurz nach 6 Uhr.

Die Hunde traben mühsam mit 8 km/h, und dabei könnten wir auf einem so guten Weg leicht 12 km/h im Schnitt machen, in acht Stunden also hundert Kilometer zurücklegen. Der Unterschied mag lächerlich erscheinen, doch er hat zur Folge, daß wir nur zehn statt sechzehn Stunden am Tag ruhen können!

Die Hunde finden in dem weichen Schnee keinen Halt, und nach 30 Kilometern stecke ich sie mit meiner Niedergeschlagenheit an. Amarok bellt, weil er eine Sehnenentzündung bekommt, und dann fängt auch noch Oumiak an. Ich verfrachte sie sofort auf den Schlitten und räume die Ladung um, damit sie genug Platz haben. Und als ich Minuten später eine Hütte entdecke, die zwar klein und klapprig, aber mit einem Ofen ausgestattet ist, zögere ich keine Sekunde. Jetzt wird Rast gemacht. Die Hunde und ich treten in den Streik.

KAPITEL 10

Mac-Millan-Paß

–36 °C, 800 km

ES WAR EINE KLUGE ENTSCHEIDUNG. TROTZDEM HATTE ich gestern nachmittag ein schlechtes Gewissen wie ein Kind, das seine Hausaufgaben nicht gemacht hat – 35 Kilometer statt 100. Ich habe mich lange mit dem Gespann beschäftigt. Allgemeine Inspektion. Ich habe mir zehn bis fünfzehn Minuten für jeden Hund genommen und alles, was mir auffiel, vor allem an den Pfoten, in ein kleines Notizbuch eingetragen, damit mir beim Anziehen der Booties keine Fehler unterlaufen. Sich 40 Pfoten zu merken ist viel. Aber im großen und ganzen war ich zufrieden, denn die kleinen Verletzungen, Schnittwunden und Abschürfungen, die sich zu Beginn der Expedition auf den Straßen häuften und wegen des Streusalzes im Schnee schlecht verheilten, sind mittlerweile auf dem Weg der Besserung. Ich habe die Hunde massiert, eingesalbt und gestreichelt, und diese zärtlichen Minuten haben ihnen die Energie gegeben, die sie jetzt an den Tag legen. Die Piste ist gut und hart, auch wenn der Wind sie stellenweise mit einem Schneefilm überzogen hat. Ich bin gegen 4 Uhr morgens gestartet, und als der Tag heraufzieht, haben wir bereits 70 Kilometer heruntergespult. Mein Kilometerzähler ist das Tempo der Hunde, und auf ihn ist Verlaß. Ich weiß immer genau, wie schnell sie laufen. Wir sind seit 6 Stunden unterwegs, abzüglich mehrerer kurzer Stopps, in denen ich Snacks verteilte, Booties ersetzte, Buck rüffelte (den es wurmte, daß ich ihn hinten neben Torok gestellt hatte) und die Birne meiner Kopflampe wechselte, nicht zu vergessen eine Pinkel- und eine Kaffeepause – insgesamt 40 Minuten. Bleiben also 5:20 Stunden. Davon sind wir 2 Stunden mit 12–13 km/h und 3:20 Stunden mit 12 km/h gelaufen, das ergibt unterm Strich rund 70 Kilometer. Es kommt selten vor, daß ich mich bei einer Etappe von 100 Kilometern Länge um mehr als 5 bis 6 Kilometer verschätze.

Ich liebe die zweistündigen Pausen, denn zur Befriedigung über die getane Pflicht – zwei Drittel der Strecke sind bereits zurückgelegt – kommt die Vorfreude auf eine kurze Etappe, an deren Ende uns die lange achtstündige Pause erwartet. Ich entzünde ein schönes Feuer, sehe beim Essen den Hunden zu, die wohlig seufzend ihre Muskeln dehnen, und bewundere die Landschaft. Oft suche ich die Berge minutenlang mit dem Fernglas nach Wild ab, und heute nachmittag empfinde ich eine tiefe Befriedigung, als ich ein Rudel Schneeziegen entdecke, mehrere Geißen mit ihren Jungen, die aussehen wie weiße Plüschtiere. Ich wärme mich am Feuer, besonders meine Hände. Ich halte sie so nahe wie möglich an die Flammen, als könnte ich die Hitze für später speichern. Ich fühle mich gut, bin aber doch etwas unruhig. Bruce und Norman sind noch immer nicht zu uns gestoßen. Doch als ich zum Aufbruch rüste, höre ich ein Schneemobil.

»Bruce!«

Zuerst dachte ich, es sei das Filmteam, das mich im Laufe des Tages einholen soll. Ich frage Bruce, wo er Norman gelassen hat.

»Er ist zurückgeblieben. Ihr seid am ersten Benzindepot vorbeigefahren. Er lädt die Kanister auf und kommt nach.«

Bruce erzählt mir von seinem Ärger. Er mußte 48 Stunden warten, ehe sein Flugzeug endlich starten konnte. Sie kamen auch gut über die Rockys, aber dann konnten sie in Ross River nicht landen, weil mittlerweile dort ein Schneesturm wütete. Also flogen sie weiter nach Whitehorse, wo sie praktisch mit dem letzten Tropfen Sprit ankamen.

»Ich habe mich in Whitehorse sofort ins Auto gesetzt und bin um 4 Uhr heute morgen angekommen, habe alles vorbereitet und bin um 7 Uhr wieder aufgebrochen. Seit zwei Tagen habe ich kein Auge zugetan.«

Ich spreche mit Bruce über meine Bedenken. In ein paar Tagen wird es ernst. Wir stoßen ins Herz der Rocky Mountains vor, wo an einigen schwierigen Passagen ein stundenlanger Kampf erforderlich sein wird, um ein paar Kilometer Piste zu spuren. Die Pistenmacher müssen einen deutlichen Vorsprung haben, sonst klebe ich ständig an ihren Fersen.

»Hör zu, Nicolas, 50 Kilometer von hier ist eine Hütte, in der wir schlafen können. Ich schlage vor, wir treffen uns dort alle und reden darüber, wie wir die nächsten Wochen organisieren.«

Ich weiß, daß eine solche Besprechung unerläßlich ist, aber sie bringt die Pistenmacher auch um die Chance, 100 Kilometer Vorsprung gegenüber den Hunden herauszuarbeiten. In zwei Schneemobilstunden könnten drei oder vier Leute vorausfahren, endlich vorausfahren!

Doch bei dieser Art von Expedition muß die Vernunft immer Vorrang vor allem anderen haben.

»Und morgen«, verspricht Bruce, »werden wir einen großen Vorsprung herausfahren.«

Morgen, immer wieder morgen …

Gegen 16 Uhr, als es dunkel wird, springt der Wind plötzlich um, und es wird kalt. Eis verklebt mir Bart, Wimpern und Brauen und überzieht mich mit einer Kruste, so daß ich den Kopf nicht mehr drehen kann.

Und so kommt es, daß ich wie ein Schneemann auf der

Lichtung eintreffe, an deren Ende eine schöne Blockhütte thront, deren erleuchtete Fenster wie Augen in der Dunkelheit strahlen.

Im nächsten Augenblick geht die Tür auf, und der Trapper, ein wahrer David Crockett, tritt aus der Hütte, begleitet von Marc und Alain.

»Ich möchte dir Richard vorstellen. Er hat uns gestern abend bei sich aufgenommen.«

Richard zeigt mir 300 Meter von der Hütte entfernt einen ruhigen Platz, wo ich meine Kette spannen und die Hunde unterbringen kann. Alain und Marc helfen mir beim Ausschirren und erzählen mir dabei von ihrem Tag.

»Wir sind mindestens 50 Mal im Tiefschnee steckengeblieben, es war grausam. Am Anfang ging's ja noch, aber nach zwölf Stunden auf dem Schneemobil konnten wir nicht mehr. Wir hatten keine Kraft mehr in den Armen. Und dann kam Wind auf, Schnee wirbelte umher, und wir sahen nichts mehr ...«

Marc erinnert sich.

»Du hättest den Dicken (Alain) sehen sollen. Er hat über jeden hergezogen, dich, mich, und wollte die verfluchten Schneemobile in Brand stecken. Als er den schlimmsten Tobsuchtsanfall bekam, habe ich angefangen zu singen, das hat ihn beruhigt. Wir haben geblödelt und sind weitergefahren. Aber frag nicht, in welchem Zustand wir hier angekommen sind ...«

Er deutet auf Richard.

»Er hat uns ausgezogen, wir waren tiefgefroren. Wir konnten uns nicht mehr auf den Beinen halten. Es war ein genialer Abend. Während wir aufgetaut sind, hat er uns Geschichten erzählt.«

Richard ist wirklich ein faszinierender Typ. Seit 13 Jahren lebt er hier acht Monate im Jahr in völliger Abgeschiedenheit. Mit einem gewissen inneren Abstand schildert er uns, wie sich sein Metier verändert hat, und an seinen

Argumenten ist viel Wahres dran. Einem Mann wie ihm sollten die Schreibtischökologen aufmerksam zuhören, ehe sie groß angelegte Kampagnen gegen den Pelzhandel starten.

Wir verbringen einen netten Abend. Die Chemie zwischen Norman, Bruce und dem Rest des Teams stimmt. Alle sind hochmotiviert und sprühen vor Tatendrang. Ohne uns entmutigen zu wollen, beschreibt uns Richard den Teil der Strecke, den er kennt, nämlich die ersten 50 Kilometer hinter dem Mac-Millan-Paß.

»Gefährliche Gletscher bedecken die Straßenabschnitte, die an der Bergflanke vor dem Paß noch existieren. Es gibt dort eine Menge Felsblöcke und Geröllhalden, aber die könnt ihr umfahren, es sei denn, ein Sturm hat den Schnee weggeweht. Vorsicht auf den Pässen. Ihr müßt höllisch aufpassen, daß ihr nachts nicht in einen Sturm geratet und liegenbleibt, das kann da oben verdammt ungemütlich werden.«

Bruce lauscht aufmerksam und macht sich Notizen in dem kleinen Buch, das er ständig bei sich trägt.

Die schlechte Nachricht bekommen wir von Norman, der uns nach einer kurzen Inspektion mitteilt, daß er den ganzen morgigen Tag braucht, um den Anlasser einer der beiden Bravos zu reparieren und die Gleisketten der VK einzustellen. Doch offenbar sind alle froh über die unverhoffte Pause, die ihnen Gelegenheit zu letzten Vorbereitungen vor dem großen Sprung gibt, und so tröste ich mich mit dem Gedanken, daß uns nun nichts mehr dazwischen kommt und unsere Anlaufschwierigkeiten endgültig ein Ende haben.

»Mac-Millan-Paß« steht in roten Lettern auf einem kleinen verrosteten Blechschild, das an einen abgesägten Telegrafenmasten genagelt ist. Es klappert im Wind, wie um uns im Vorüberfahren zu applaudieren, und das darf es auch, denn die Hunde sind in Hochform. In knapp drei Stunden haben sie 45 Kilometer zurückgelegt und dabei 700 Höhenmeter überwunden.

Heute morgen sind alle voller guter Vorsätze. Bruce, Marc und Alain sind in der festen Absicht vorausgefahren, eine so große Strecke freizuräumen, daß eine »Pufferzone« zwischen uns entsteht. Didier begleitet das Filmteam, das von Alvaro unterstützt wird, und Norman bildet die Nachhut, um Pannenhilfe zu leisten, falls eine Maschine liegenbleibt. Alle fünf sind ausreichend verproviantiert und mit dem Nötigsten ausgerüstet: Zelt, Kochgeschirr, Werkzeugkasten, Ersatzteile. Sie werden auf der gespurten Piste zwischen den Pistenmachern und mir reisen. Bei unserer großen und, wie ich hoffe, letzten Einsatzbesprechung gestern haben wir uns auf diese Verteilung der Aufgaben, Fahrzeuge und Ausrüstung geeinigt.

Der Tag zieht herauf und ich trete auf die Bremse, um das Tempo des Gespanns auf der langen Abfahrt zu drosseln, die auf ein weites Plateau unterhalb des Passes führt. Das Panorama ist märchenhaft. Wir befinden uns mitten in einem gigantischen, von hohen Bergen mit ockerfarbenen Felsspitzen umschlossenen Kessel, der sich nach Osten hin öffnet. Dieser Landstrich, weit oberhalb der Baumgrenze gelegen, ist vegetationslos bis auf einige Hektar Zwergerlen, aus denen Elche hervorbrechen, als wir herankommen. Beim Abstieg zähle ich mehr als elf und mindestens noch einmal genauso viele auf dem Plateau, das die Piste in der Mitte durchschneidet. Hier hat die Canal Road Spuren in der Landschaft hinterlassen: Schnurgerade Wülste lassen noch heute ihren Verlauf erahnen. Die Pistenmacher sind der Straße mehr oder weniger gefolgt, haben sie zwischenzeitlich verloren und nach mehreren Kilometern wiedergefunden. Einige mit gelben Bändern markierte Pisten verraten, daß sie auf der

Suche nach ihr herumgeirrt sind, aber sie ist und bleibt unsere Orientierungslinie.

Bruce hat das nach seinem Erkundungsflug noch einmal bekräftigt. Allem Anschein nach haben die damaligen Geographen in unebenem Gelände stets die besten Passagen gewählt. Sie haben gute Arbeit geleistet, und es wäre lächerlich, das in Frage zu stellen. Deshalb haben wir beschlossen, der alten Straße zu folgen, soweit es ihre Überreste zulassen. Zu diesem Zweck haben wir uns auch Karten in kleinem Maßstab besorgt, auf denen ich bei unserem Erkundungsflug letztes Jahr genaue Vermerke eingetragen habe. Ich kann mir gut vorstellen, welche Hölle die Männer durchgemacht haben, die zu Hunderten im Auftrag der amerikanischen Armee ein Jahr lang die günstigste Trasse gesucht und mit Raupenfahrzeugen, deren Wracks heute den Weg säumen, eine Straße gebohrt und planiert haben.

Letztes Jahr haben wir uns in Norman Wells einen kleinen Schwarzweißfilm angesehen, der bei den Bauarbeiten 1940 gedreht wurde. Es war bewegend, wie die Männer mit ihren Maschinen dem Winter trotzten, dann, von Stechmücken geplagt, im Morast versanken, von Lawinen verschüttet wurden, gegen Geröll, Gletscher oder Hochwasser führende Flüsse kämpften. Eine sinnlose Plackerei! Denn kaum fertiggestellt, wurde die Straße wieder aufgegeben. Ursprünglich sollte sie dem Bau, dann der Wartung einer Pipeline durch die Rocky Mountains dienen, die eine Raffinerie in Whitehorse mit Erdölvorräten aus Norman Wells versorgen sollte. Diese Belieferung der Pazifikküste mit Treibstoff war im Zweiten Weltkrieg aus strategischen Gründen unerläßlich. Doch mit der Unterzeichnung des Waffenstillstands wurde sie überflüssig. So ist das mit Kriegen. Sie bringen genauso viele nutzlose Dinge hervor, wie sie andere zerstören. Doch die Arbeit dieser Männer war wenigstens insofern von Nutzen, als sie durch dieses Labyrinth aus Bergen, Schluchten, Pässen und Kämmen einen Weg gebohrt haben, den jedes Jahr eine Handvoll Abenteurer benutzen. Allerdings im Sommer. Im Winter ist das etwas ganz anderes, eine ganz andere Herausforderung, an deren Schwierigkeiten sich schon viele die Zähne ausgebissen haben. Eine Herausforderung, der wir uns von heute an stellen werden.

KAPITEL 11

Northwest Territories, Rocky Mountains

–46 °C, 900 km

SEIT ÜBER ZWANZIG JAHREN DURCHSTREIFE ICH MIT dem Schlitten den hohen Norden, aber nie zuvor bin ich durch eine so außergewöhnliche Landschaft geglitten. Sie ist so grandios, so überwältigend, so unwirklich, daß mir Tränen in die Augen treten, als könnten sie soviel Reinheit und Vollkommenheit nicht ertragen. So weit das Auge reicht herrliche Berge, Täler und Schluchten, unberührte Schönheit, harmonisch verteilt zwischen schroffen Gipfeln und Gletschern.

Noch nie bin ich von einer Landschaft so tief beeindruckt gewesen und noch nie so hoffnungslos überfordert, sie zu beschreiben. Dreht man sich um die eigene Achse, bieten sich in dieser Weite Tausende von Landschaftskombinationen dem Blick dar, und das in einer so unendlichen Vielfalt, in einer solchen Fülle, daß ein Liebhaber wilder Naturschönheit hier leicht ein ganzes Leben lang Befriedigung finden könnte.

Das ist das Weihnachtsgeschenk der Rocky Mountains. An einem Tag, an dem anderswo der Champagner in Strömen fließt, Gänseleberpastete und Truthähne die Tafeln schmücken und Geschenke ausgepackt werden, überquere ich mit meinen Hunden einen der höchsten Pässe des Felsengebirges. Das schönste Geschenk, das kein Champagner, kein Kaviar ersetzen kann. Der kleinste Windhauch, Nebel oder Schneefall könnten diese Passage in das Kap Hoorn der Rocky Mountains verwandeln. Doch der Himmel, von unglaublicher Klarheit, scheint den Atem anzuhalten. Als ich den Gipfel erreiche, reckt die Sonne, die seit zwei Wochen nicht mehr den Grund der Täler erreicht, da sie nicht mehr hoch genug steigt, ihren goldenen Kopf über einen Kamm und beglückt uns mit ihren sanften Strahlen, die rundherum alle Gipfel entflammen. Ich kann nicht anders, ich muß darin ein göttliches Eingreifen sehen. Am liebsten würde ich den Bergen zurufen:

»Hört auf, das ist zuviel. Das glaube ich nicht!«

Wir verweilen lange auf dem Bergkamm, einer Art Hochplateau, das alle anderen überragt und das von der Piste in der Mitte durchschnitten wird, bevor sie sich eine Bresche sucht, die tief genug ist, um zum Caribou-Fluß hinabzustoßen.

Von einer kleinen Erhebung aus filmen Thomas und Emmanuel, wie der Schlitten das Plateau überquert, hinter dem die märchenhafte Gipfelwelt gegen den Himmel absticht. Schneehühner fliegen zu Hunderten aus Erlensträuchern auf. Sie fressen die Knospen der Zweige, die aus dem Schnee ragen. Bestimmte Sträucher haben sich den kurzen Sommern im hohen Norden erstaunlich gut angepaßt. Sie schlagen im Herbst aus und können so, ohne Zeitverlust, schon an den ersten schönen Tagen blühen. Von dieser Laune der Natur profitieren Feldhuhn, Schneehuhn, Auerhuhn und Haselhuhn, aber auch Hasen und große Säugetiere wie Elche, Dickhornschafe und Schneeziegen, die ganz wild auf das leicht salzig schmekkende »Frostschutzmittel« sind, das die Pflanze produziert, damit die Knospen nicht erfrieren.

Die Sonnenstrahlen können die Luft nicht erwärmen, doch wenigstens vermitteln sie ein Gefühl von Wärme, das sich im Schatten allerdings sofort verflüchtigt.

Die Bresche öffnet sich am Ostrand des Plateaus mit

einer abgeschrägten Kante, als hätte eine riesige Axt sie gehauen, um einen Abstieg zu ermöglichen. Erlen überwuchern die alte Straße und haben sie weitgehend vor Erosion bewahrt. Geröll und Bäche haben sie an einigen Stellen zerstört, doch sie ist noch begehbar. Ich liebe solche Manöver, die viel Fingerspitzengefühl und Augenmaß beim Bremsen und Kantenfahren erfordern, denn der Schlittenlenker muß seine Entscheidungen stets darauf abstimmen, welchen Kurs die Meute einschlägt, insbesondere auf die Bewegungen der Hunde, die unmittelbar vor dem Schlitten laufen. Das Manöver ist um so begeisternder, als ich über einen hochmodernen Schlitten und erfahrene Hunde verfüge, die gewisse Reaktionen von mir vorausahnen und sich auf meine Entscheidungen einstellen. Es amüsiert mich, wenn ich sehe, wie Voulk kurz nach hinten späht, wenn ein Kommando ihn überrascht, und auf Bestätigung wartet, ehe er es ausführt.

Wir gelangen an den Rand einer Schlucht. Nach kurzer Peilung der Lage beschließt Voulk, links hinabzusteigen, ich aber fordere ihn auf, hart nach rechts abzubiegen, wo mehrere Felsblöcke den Weg versperren.

»Djee!«

Voulk, schon auf dem Sprung nach links, hält inne und sieht mich an.

»Ja, Voulk, djee.«

Ohne weiteres Zögern zieht er das Gespann zu der schwierigen Stelle. Er vertraut mir. Er weiß, daß sich meine Entscheidung später als richtig erweisen wird. Ich verlagere mein ganzes Gewicht auf die rechte Kufe, um einem Felsblock auszuweichen, dann auf die linke, um den zweiten zu umkurven, bremse, um den zu weit nach rechts krängenden Bug wieder geradezustellen, und erhalte dabei Unterstützung von Torok und Baikal, die ganz hinten eingespannt sind, während Voulk einen weiten Bogen beschreibt. Er erspäht oberhalb der Schlucht die Passage, die wieder zum Weg führt, und hält von sich aus darauf zu. Einmal mehr hat er meine Entscheidung verstanden und mein Kommando perfekt ausgeführt.

»Gut gemacht, Voulk.«

Er hebt den Kopf, mein Herr des Schnees, und wirft sich stolz in die Brust.

Der hinter ihm laufende Nanook wirft mir einen vielsagenden Blick zu:

»Das hätte ich auch hingekriegt. Ein Kinderspiel.«

»Gut gemacht, Nanook.«

Und so bekommen alle Hunde ihr kleines Lob und bedanken sich, einer nach dem anderen, mit einem zärtlichen Blick.

Wir gleiten talwärts. Wieder verraten große Löcher im Schnee, wo die Pistenmacher steckengeblieben sind und Fußabdrücke, wo sie gezögert haben. Bänder weisen den richtigen Weg. Ich bewundere ihre Spurarbeit. Bruce hat kluge Entscheidungen getroffen, die seine Qualitäten bestätigen. Er hat wirklich ein Gefühl für die Piste.

Ein altes Camp aus mehreren verfallenen Bretterhütten taucht am Weg auf. Eine ist noch einigermaßen gut erhalten und notdürftig repariert worden. Plastiktüten ersetzen die zerbrochenen Scheiben, die Löcher in den Wänden sind mit Brettern geflickt. Die Tür ist aus den rostigen Angeln gehoben, und aus mehreren Lecks im Ofen quillt Rauch. Ich bemerke sofort die Schlitten von Bruce, Marc und Alain, die neben denen der anderen vor der Hütte parken. Die drei sollten eigentlich viel weiter sein …

Sie haben eine Nachricht hinterlassen.

»Sind am 23. Dezember, 19 Uhr, hier angekommen. Mordsschinderei durch den Tiefschnee auf dem Plateau bis hierher. Kommen mit den beladenen Schlitten nicht mehr voran und haben deshalb beschlossen, ohne sie hin- und herzufahren. Fahren so weit wie möglich, damit Nicolas morgen eine gefrorene Piste hat, und brechen am

25. in aller Frühe wieder auf. Verbringen den Heiligabend mit euch.

Herzliche Grüße, Alain, Bruce und Marc.«

Die Nachricht beunruhigt Norman.

»Wenn die so weitermachen, geht uns noch der Sprit aus. Es wird nämlich kalt.«

Er deutet zum strahlend klaren Himmel, der sich im Westen rosa färbt. Ein Anzeichen für Kälte. Das Thermometer ist bereits auf −40 °C gefallen und dürfte in der Nacht noch weiter sinken. Bei extremer Kälte verbrauchen die Schneemobile das Doppelte.

»Sofern sie überhaupt anspringen.«

In den letzten Tagen ist mir klar geworden, daß ich die Schwierigkeiten, mit denen eine Durchquerung Kanadas mit sechs Schneemobilen verbunden ist, gewaltig unterschätzt habe. Ein Abenteuer für sich, das um so schwieriger ist, als es mit meinem koordiniert werden muß. Unser Unvermögen, Zeit und Arbeit richtig einzuteilen, drückt auf die Moral. Aber heute ist Heiligabend, und jeder versucht, es zu vergessen, auch wenn es keinem ganz gelingt. Die erste Hürde der legendären Canal Road haben wir genommen, doch nun türmen sich Berge von Schwierigkeiten vor uns auf, vor denen sich jeder klein und schwach vorkommt. Die Gesichter sind ernst, jedes Lächeln verhalten. Heute ist nicht Heiligabend, sondern der Abend vor der entscheidenden Schlacht.

KAPITEL 12

Rocky Mountains

–44 °C, 980 km

DAS WOLFSRUDEL, DAS DIE HALBE NACHT GEHEULT HAT, verstummt, sowie sich die Karawane der Schneemobile in Bewegung setzt. Ich bin in der Nacht mehrmals aufgestanden und habe nach den Hunden gesehen, denn die Wölfe schienen mir näherzukommen, und ich fürchtete einen Zwischenfall. Wölfe verteidigen ihr Revier und greifen Hunde, die in ihr Territorium eindringen, ohne Zögern an. Zum Glück fürchten sie den Menschen instinktiv, und man braucht sich ihnen nur zu zeigen, um sie von etwaigen ethnischen Säuberungen abzuhalten.

Im Yukon Territory habe ich einmal einen mährischen Missionar kennengelernt, dessen gesamtes Gespann an der Hudson Bay von einem fünfköpfigen Wolfsrudel zerfleischt wurde. Die Hunde schliefen nur 50 Meter von seinem Zelt entfernt, das er unter einer Baumgruppe aufgeschlagen hatte, doch der Wind heulte so laut, daß er nichts hörte. Am frühen Morgen machte er sich auf den Weg ins 80 Kilometer entfernte Dorf Povognituk. Mit Schneeschuhen. Ohne sie wäre er verloren gewesen. Die Wölfe folgten ihm in einigem Abstand und kamen immer näher, je mehr seine Kräfte schwanden. Am Nachmittag des zweiten Tages entdeckte ihn ein Pilot vom Flugzeug aus, und Inuit retteten ihn noch am selben Abend mit Schneemobilen. Er hatte noch mal Glück gehabt. Die Wölfe hätten gewartet, bis er zusammenbrach, dann wären sie über ihn hergefallen und hätten ihn gefressen. Vielleicht hätte man später seinen Schlitten entdeckt, doch von ihm selbst, den Hunden oder gar den Wölfen hätte man nicht die geringste Spur gefunden. Längst hätte der Wind sie verweht, und sein mysteriöses Verschwinden wäre nie aufgeklärt worden. Wie das so vieler Abenteurer im hohen Norden.

Im Jahr 1984 wurde ich selbst zwei Tage lang von Wölfen verfolgt. Am Tag hielten sie respektvoll Abstand, doch in der Nacht näherten sie sich bis auf wenige Dutzend Meter, während ich allein mit Schneeschuhen durch eine abgelegene Gegend in Richtung Yukon stapfte. Seitdem kenne ich die Angst vor wilden Tieren. Wenn ich mitten in der Nacht aus dem Schlaf hochfuhr und im Schein meiner Kopflampe in gelbe, mandelförmige Augen blickte, packte mich das Grausen, und dieser Alptraum verfolgt mich bis heute. Er war es auch, der mich in dieser Nacht wachgehalten hat, als die Wölfe in den Bergen ihre melodische, schwermütige Klage anstimmten. Trotzdem liebe ich sie, und ihre Gegenwart fasziniert mich und erfüllt mich mit Freude. Der Wolf verkörpert für mich die ungezähmte Natur in ihrer edelsten und reinsten Form. Im übrigen ist es kein Zufall, daß das Rudel hier lebt. Schließlich haben wir soeben die Grenze überschritten, welche die Welt der Menschen von der noch verbliebenen Welt der Wildnis trennt, die ich ebenso suche wie die Wölfe. Ich verstehe ihren Gesang als Willkommensgruß. Willkommen im Niemandsland!

Gestern abend sind Alain und Marc mit leuchtenden Augen von ihrer Erkundungsfahrt zurückgekehrt, bewegt und voller unvergeßlicher Erinnerungen.

»Wir sind durch paradiesische Täler gekommen. Nicht eine menschliche Spur im Schnee. Überall Tiere, die noch nie einen Menschen gesehen haben. Wenn wir näherkamen, richteten sie sich auf und trollten sich, aber gemächlich, Elche, Karibus, Wölfe, und das alles in einer malerischen Bergwelt…«

Ich beneide sie ein wenig. Wenn ich diese Landschaft durchquere, wird sie nicht mehr dieselbe sein. Es werden nicht mehr dieselben Täler sein, denn eine Spur wird sie durchziehen. Seit 20 Jahren durchstreife ich eisige Regionen, doch nie habe ich meinen Platz als Pistenmacher an einen Gefährten abgetreten, selbst wenn ich mich stundenlang mit Schneeschuhen durch tiefen Schnee quälen mußte, denn um diese Landschaft zu sehen, bin ich hier, und die andere, die ich erblicke, wenn ich mich umwende, interessiert mich schon nicht mehr. Die Liebe zum Unberührten, die Freude am Entdecken. Der animalische Wunsch, seine eigene Spur zu ziehen, die Befriedigung darüber, sein Schicksal selbst zu lenken, das herrliche Gefühl, am Rand der Welt zu stehen und mit jedem Schritt Neuland zu betreten. Daß die Freude darüber, in die ersten jungfräulichen Gegenden vorzustoßen, von Marc und Alain auch empfunden wird, tröstet mich. So wird nichts vergeudet.

Der Lärm der Motoren verklingt in der Nacht und weicht der großen Stille, die nur gelegentlich durch die Rufe von Schneehühnern durchbrochen wird.

Ich verlasse das Camp gegen 6 Uhr, eine Stunde nach den Schneemobilisten, die rasch zum Ende der 50 Kilometer langen Piste fahren sollen, die sie gestern gespurt haben. Das Geläuf ist hart, und die Hunde, erregt durch die vielen frischen Wildfährten, legen ein gutes Tempo vor.

Ich denke an Pierre, Raphaël und Bob, die auf der anderen Seite der Rockys sicherlich zu kämpfen haben, um eine Piste in unsere Richtung anzulegen. Von ihrem Erfolg hängt das Gelingen unseres Unternehmens ab, denn ich fürchte, wir haben nicht genug Sprit, Proviant und vielleicht auch etwas zu wenig Kraft, um bis zum Ende durchzuhalten. Gestern haben wir versucht, sie telefonisch zu erreichen, doch wieder vergebens. Zwischen den hohen Bergen konnten wir keine Verbindung zum Satelliten herstellen.

Ich habe meinen Aufbruch eine Stunde hinausgezögert und gewartet, bis der Tag graut. Ich wollte mir das Schauspiel nicht entgehen lassen. Und ich habe es nicht bereut. Wir befinden uns in einer der majestätischsten Kulissen aus Bergen, Tälern und Hochplateaus, die man sich vorstellen kann. Eine Art Apotheose für einen Musher. Auch wenn die Gipfel sehr hoch emporragen und durch ihre Masse etwas erdrückend wirken, sind die Täler doch so breit und weit, daß man sich in dieser unermeßlichen Größe nicht wie ein Gefangener vorkommt. Die Piste folgt einem Wildbach, der an manchen Stellen nicht zugefroren ist. An seinen Ufern entspringen große Erlen- und Weidengehölze, in denen ich mehrere Elche entdecke, darunter ein prachtvolles männliches Tier, annähernd drei Meter lang, mit mächtigem Geweih. Schneehühner fliegen schimpfend aus den Erlen auf, doch die Hunde schenken ihnen nur wenig Beachtung. Sie fallen nur in Galopp, wenn das Hühnervolk sich nicht schleunigst in die Lüfte schwingt und sie eine kleine Chance wittern, einen Vogel zu fangen, was selten vorkommt. Trotzdem hat Voulk heute morgen einen erwischt und etwas später auch Nanook. Voulks Opfer hatte keine Zeit zu reagieren und mußte nicht leiden. Er bekam ihn am Rumpf zu fassen. Ein Biß genügte, und der Vogel war tot. Voulk verschlang ihn ganz und spuckte später beim Laufen ein paar Federn aus. Dagegen kugelte ich mich vor Lachen und mußte, um nicht umzukippen, den Schlitten stoppen, als Nanook einen Satz zur Seite machte und den Flügel, nur einen, eines Schneehuhns erwischte, das nicht schnell genug abhob. Der Vogel, ein großes kräftiges Männchen, wehrte sich nach Kräften, schlug mit den Flügeln und verabreichte dem armen Nanook eine gehörige Tracht Prügel. Nanook kniff die Augen zusammen und steckte die Hiebe ein, ließ die Beute aber nicht fahren. Der neben ihm laufende Baikal sah, daß er in Nöten war, und ließ sich die günstige Gelegenheit nicht entgehen. Er schnappte nach dem freien Flügel, was Nanook anscheinend begrüßte, denn langsam zermürbte ihn der Watschenhagel. Und so liefen die beiden Hunde, durch das gestreckte Schneehuhn verbunden, weiter und versuchten, sich dem Tempo der anderen anzupassen, die hinter ihnen in Galopp fielen, um zu ihnen aufzuschließen und an dem Festschmaus teilzunehmen, während die vorn laufenden Voulk und Oukiok, nicht weniger interessiert, ihre Schritte drosselten. Eine trickfilmreife Szene, die ein gerechtes Ende fand, als Nanook den Körper fraß und für Baikal nur ein Flügel abfiel.

Etwas später haben die Wölfe ihren Auftritt. Es sind fünf, drei schwarze, leicht silberglänzend, und zwei dunkelgraue. Sie trotten auf der Bergflanke neben uns her, rund 500 Meter entfernt. Die Hunde tun so, als hätten sie sie nicht bemerkt, doch zahlreiche Kleinigkeiten in ihrem Verhalten und sogar ihr Laufstil – gesenkter Schwanz, gestreckter Hals – verraten ihr Unbehagen und ihre Verunsicherung. Hunde können Wölfe nicht ausstehen und fürchten sie. Auch wenn sie noch nie mit einem in Berührung gekommen oder aneinandergeraten sind, erkennen sie ihre Überlegenheit an. Meine Halbstarken drehen sich immer wieder kleinlaut nach mir um, wie um sich zu vergewissern, daß sie im Fall des Falles auf mein Eingreifen zählen können. Doch die Wölfe begnügen sich damit, uns bis zur Grenze ihres Reviers zu begleiten. Sie bleiben zurück, als wir in ein neues Tal einschwenken, eine Art riesigen Kessel aus Moorland, das Erlen überwuchern und felsgesprenkelte Hügel umschließen. Ich halte den Schlitten an und beobachte die Wölfe, die nebeneinander auf einer Anhöhe posieren, stolz und würdevoll wie Herrscher, die sich ihrer Rechte und Macht gewiß sind. Ich heule, und sie antworten mir. Unser Zwiegespräch versetzt die Hunde in Angst und Schrecken. Ob sie glauben, daß ich mit dem Feind paktiere, wenn ich ein Gespräch mit ihm anknüpfe? Ob sie den Sinn des Geheuls verstehen, das ihrem ziemlich ähnlich ist?

Jedenfalls werfen sie sich, als ich das Zeichen zur Weiterfahrt gebe, geschlossen ins Geschirr und suchen schleunigst das Weite. Doch ihre Erleichterung dauert nicht länger als eine halbe Stunde. Ein paar Kilometer weiter kreuzen wir die frische Fährte eines großen Wolfpaars, das hier vermutlich sein Revier hat.

Nach einer Fahrt kreuz und quer durch das Moorland, wo die Überreste der Straße unter wuchernden Pflanzen und Bächen verschwinden, führt die Piste zwischen Felsen hindurch zum Rand des Kessels hinauf und schlängelt sich durch Geröllhalden. Vorstehende Steine beschädigen die Kufen, obwohl ich mich bemühe, den Schlitten auf die Kante zu legen. Dann lassen wir das Geröll hinter uns und durchqueren mehrere Schluchten, jagen abschüssige Hänge hinab und nehmen schwierige Steigungen, die das Gespann viel leichter bewältigt als die Schneemobile, deren Lastschlitten mit 200 Kilo Benzin und Ausrüstung überladen sind. In dem Tempo werde ich sie bald einholen, zumal die Piste nicht besser wird, ganz im Gegenteil. Nach den Geröllhalden, Schluchten und Steinen verdichtet sich der Erlenbewuchs zu einem wahren Dickicht von mehreren Kilometern Länge. Erst als wir am Ausgang des Tals erneut einen recht hohen Paß erklimmen, wird die Strecke wieder frei. Von der Straße ist nichts mehr zu sehen. Zweifellos wurde sie von den Lawinen fortgerissen, deren Narben die Berge zeichnen, doch nach einiger

Zeit stoßen wir weiter oben wieder auf sie. Über die Bergflanke geht es auf ein Plateau. Oben erwarten uns der Wind und die beiden Wölfe, ein kräftiger Rüde und ein etwas mageres, schneeweißes Weibchen. Der Wind bürstet ihnen das Fell. Sie verschwinden rasch in einer Senke.

Immer wieder schrappen wir über Flechten und Steine, denn der Wind hat den Schnee fortgeweht, hier und da zu Haufen aufgetürmt oder Löcher damit aufgefüllt. In der Ferne taucht eine kleine Hütte auf. Sie steht mitten auf dem kahlen Plateau und ist schutzlos dem Wind ausgesetzt. Thomas und Emmanuel haben dort Quartier bezogen. Bruce hat sie gebeten, hier auf Norman zu warten, der zurückgefahren ist, um das Benzin zu holen, das wir im Depot hinter dem Mac-Millan-Paß zurückgelassen haben. Die Steine haben meine Kufenbeläge abgeschliffen, deshalb beschließe ich, ebenfalls anzuhalten und mein Gefährt zu reparieren. Zumal ich von Thomas erfahre, daß die Pistenmacher durch Overflows, Geröll und Erlen aufgehalten worden sind und nur einen knappen Vorsprung haben …

»Sie kommen nur langsam voran«, vertraut mir Emmanuel an. »Bruce hat gemeint, daß sie, wenn das so weitergeht, nie und nimmer bis heute abend den Goldin Lake erreichen.«

Besser also ich warte, bis mindestens 50 Kilometer gespurt und hart gefroren sind, bevor wir weiterjagen. So bewältigen die Hunde die Strecke in zwei statt in vier Stunden und können sich doppelt so lange ausruhen. Aus Angst vor einem Angriff der Wölfe kette ich sie rings um die Hütte an und mache mich daran, ihre Pfoten zu untersuchen. Trotz der Booties haben sie sich an den Steinen viele kleine Schnittwunden wieder aufgerissen.

Der Wind frischt kräftig auf und manche Böen lassen die Hütte erzittern. Die Wände sind so undicht, daß die Temperatur im Innern nicht über Null steigt. Ich gehe mehrmals nach draußen und stelle fest, daß die Piste sich mit Schnee füllt und rasch zugeweht wird. Gegen 16 Uhr kehrt Norman zurück. Sofort brechen Thomas und Emmanuel auf und folgen dem Team der Pistenmacher. Für den Notfall sind sie mit allem Nötigen ausgestattet, einem kleinen Zelt, Proviant, Schlafsack. Das Thermometer fällt, und bei dem Wind kann eine Nachtfahrt leicht zum Alptraum werden.

»Bis zum Goldin Lake sind es nur 60 Kilometer. Wir müßten sie schnell einholen.«

»Seid vorsichtig.«

Sie verschwinden in Nacht und Sturm. Norman bleibt. Er soll morgen vor mir herfahren und die Teile der Piste (oder die ganze?) freimachen, die der Wind zugeweht haben wird. Da wir kein anderes Brennholz haben, zersägen wir Balken einer eingestürzten Brücke, dann erzählt mir Norman beim Schein einer kleinen Kerze von seinem Leben als Bushman. Er hat das ganze Jahr über in einem Zelt in seinem Revier gehaust und, je nach Saison, Elche, Karibus, Dickhornschafe und Wölfe gejagt. Ich lausche begeistert und vergesse darüber die Zeit. Wieviel Stunden verbringen wir damit, Erinnerungen auszutauschen? Es ist mir schnuppe, denn das sind die Stunden, die zählen.

KAPITEL 13

Ekwi River

–40 °C, 1040 km

NORMAN KANN DEN SCHNEE LESEN UND ANHAND verschiedener, für den Laien unsichtbarer Zeichen die Piste erahnen. Auf dem Plateau ist sie völlig verweht, doch wir finden sie auf Anhieb wieder, als wir in den windgeschützten Wald zurückkehren.

Das Thermometer zeigt –40 °C, und heute morgen hat Norman den Vergaser und andere Teile seines Schneemobils ausbauen und am Ofen auftauen müssen, ehe er losfahren konnte. Zum Glück sind wir um 4 Uhr aufgestanden. Die Hunde hingegen haben keine Startschwierigkeiten.

Norman muß auf der hindernisreichen Strecke sein ganzes fahrerisches Können aufbieten, um bei den Ausweichmanövern nicht allzuoft seinen Schlitten umzuwerfen, der mit 100 Litern Sprit überladen ist. Er kommt langsamer voran als ich, und ich hole ihn des öfteren ein, wenn er wieder mal liegengeblieben ist. Ich halte dann die Hunde an, setze den Anker und helfe ihm, den Schlitten zu schieben, zu ziehen oder umzudrehen, die zwischen Sträuchern oder Steinen verklemmten Kufen freizustemmen, zwischen denen die Pistenmacher recht und schlecht eine Passage gefunden haben. Häufig gehen rechts und links falsche Pisten ab. Diese ständigen Unterbrechungen behagen den Hunden überhaupt nicht, doch ich kann Norman nicht allein lassen, zumal ich es gar nicht eilig habe. Die Erfahrung der letzten beiden Tage hat gezeigt, daß ich für einen Streckenabschnitt höchstens die Hälfte der Zeit brauche, die unsere Schneemobile zum Spuren der Piste benötigen. Es bringt nichts, wenn ich sie einhole und an ihnen klebe. Die Hunde müßten sich durch weichen Schnee quälen.

Nach fünf Stunden Fahrt, die zwar beschwerlich ist, aber immer noch durch eine grandiose Landschaft führt, gelangen wir zum Goldin Lake. Um Ufer stehen mehrere Hütten, die ein Jagdführer, der im Sommer mit Touristen hierher kommt, in Schuß hält. Er landet mit einem Wasserflugzeug auf dem See und jagt vor allem Dickhornschafe, von denen die Berge in der Umgebung wimmeln. Hier sollte ein mit Skiern ausgestattetes Wasserflugzeug ein Depot mit Benzin, Lebensmitteln und Hundefutter anlegen, aber Fehlanzeige, es ist nichts da! Das ist die schlechteste, ärgerlichste Nachricht des Tages.

»Soll das ein Witz sein?«

Doch Didier ist nicht zum Scherzen aufgelegt. Am liebsten würde er dem Piloten, der das Depot anlegen sollte, die Fresse polieren.

»Die anderen sind ans Seeufer gegangen und telefonieren. Hier kriegt man keine Verbindung.«

Zum wiederholten Male sitzen wir fest. Das macht mich rasend. Wir geraten immer mehr in Verzug, und jeder Tag, der ungenutzt verstreicht, ist ein Tag, den wir später wieder aufholen müssen. Das kann uns noch teuer zu stehen kommen.

Ich versorge und füttere die Hunde, dann schwinge ich mich auf ein Schneemobil und flitze zu unseren Kommunikationsexperten, die bei –45 °C – das Thermometer fällt weiter – versuchen, eine Verbindung mit Norman Wells herzustellen. Die Gefährten drängen sich schlotternd um ein Feuer, und ich lese in den Gesichtern eine gewisse Nervosität, die der Verzweiflung nahekommt.

»Dieser Pilot ist vielleicht ein Arschloch, Abschaum übelster Sorte.«

Bruce ist außer sich. Er hat den Typ inzwischen erreicht und von ihm erfahren, daß er das Depot wegen des schlechten Wetters nicht habe anlegen können. Dabei hat er bereits den vollen Lohn kassiert.

»Jedenfalls«, versetzte der Pilot, »haben wir euch gleich gesagt, daß ihr nicht durchkommt. Ihr müßt umkehren. Trout Creek ist unpassierbar, Geröll und Felsbrocken versperren den Weg, und der Abstieg zu den Abraham-Ebenen ein Stück dahinter ist wegen Schneemangels ebenfalls unmöglich. Da ist ein 20 Kilometer langes Geröllfeld mit häusergroßen Felsbrocken. Und noch ein Stück weiter gibt es schlimme Overflows, und im Wald ist die Straße total verschwunden...«

»Das ist ganz allein unser Problem.«

»Es könnte unseres werden, wenn wir euch rausholen müssen.«

Da liegt der Hase im Pfeffer! Ich wittere eine Art Verschwörung der Bewohner von Norman Wells. Sie sind beleidigt, weil wir ihre Warnungen in den Wind geschlagen haben.

Der Pilot war aber noch nicht fertig. Das Schlimmste, den Todesstoß sozusagen, hatte er sich für den Schluß aufgehoben.

»Übrigens, euer Team auf dieser Seite ist nach etwa 30 Kilometern umgekehrt. Bei −50 °C und Windgeschwindigkeiten von über 150 Stundenkilometern haben sie im Dodo Canyon aufgegeben. Das Wasser stand zwei Meter hoch auf dem Eis. Sie sind steckengeblieben und wären fast dabei draufgegangen. Jetzt wißt ihr, was euch erwartet.«

Die Verbindung ist abgerissen und kommt erst nach

einer Stunde wieder zustande, als wir Fußwärmer benutzen, um die Flüssigkristalle zu schützen, die es ermöglichen, die Anzeige auf dem Display des Telefons zu lesen.

Endlich erreichen wir Pierre. Und alles erscheint wieder so einfach.

»Ich kümmere mich drum, morgen habt ihr alles.«

Tatsächlich hören wir tags darauf am frühen Nachmittag einen Helikopter. Pierre hat einen erstklassigen Piloten aufgetrieben, der im Auftrag einer privaten Fluggesellschaft für Ölfirmen fliegt und sich trotz der extremen Kälte – heute morgen – 50 °C – bereit erklärt hat, den Flug zu wagen.

In wenigen Worten setzt uns Pierre ins Bild. Es stimmt alles. Sie mußten tatsächlich umkehren und sind heilfroh, daß sie der Hölle lebend entronnen sind. Im Moment bereitet Pierre einen zweiten Versuch vor, denn das Wasser, das den Dodo Canyon unpassierbar gemacht hat, ist mittlerweile gefroren.

Der Pilot drängt zur Eile, denn es wird schnell dunkel und sie müssen vor 16 Uhr aus den Bergen heraus sein. Wir haben kaum Zeit, das Weitere zu besprechen, wichtige Fragen zu stellen und entsprechende Antworten zu bekommen, und schon fliegt der Hubschrauber wieder ab. Pierre hat mir noch den mehrseitigen Bericht in die Hand gedrückt, den Raphaël über ihr Abenteuer geschrieben und für diejenigen, die unser Unternehmen auf der Internet-Seite von *Paris Match* verfolgen, nach Frankreich geschickt hat. Wir lesen ihn sofort, denn wir sind gespannt zu erfahren, was ihnen widerfahren ist. Vor allem wollen wir wissen, was uns da unten erwartet.

Norman Wells, den 27. 12. 1998.
Temperatur: – 42 °C.
Wetter: wechselhaft, zeitweise stürmisch, bewölkt.

Carmack, einer der
vierzehn außergewöhnlichen
Schlittenhunde, mit denen
ich die verrückte Wette gewann:
8600 Kilometer in 99 Tagen.

Das Training im Sommer und Herbst vor dem Start: die Hunde laufen täglich 40 bis 60 Kilometer, im Schlepp ein 400 Kilo schweres Autowrack.

Unten links: Torok und Voulk im Alter von zwei Monaten. Alle meine Hunde gehen aus der Kreuzung eines sibirischen Laika (Otchum) mit einer Grönlandhündin (Ska) hervor.

Unten rechts: In den Büros, in denen sonst für die Formel 1 geplant wird, entwerfen Ingenieure von Renault Sport den Schlitten.

Folgende Seite: Auf dem Yukon bei Whitehorse, dahinter die märchenhafte Landschaft der Rocky Mountains. Hier treffen wir uns zu den letzten Vorbereitungen.

Der »Formel-1-Bolide des Schnees« bei der Erprobung auf den Gletschern von Tignes.

Von links nach rechts: Thierry, Thomas, Emmanuel, Marc und Norman. Gemeinsam mit Bruce und Alain spuren sie mit Schneemobilen die Piste, wie auf dem unteren Bild zu sehen, wo sie gerade die Wasserscheide zwischen Atlantik und Pazifik überqueren.

Skagway gestern und heute: das legendäre Hafenstädtchen ist Ausgangspunkt unserer Expedition. Hier landete Jack London mit den anderen Goldsuchern, die 1897 zu Tausenden nach Alaska strömten.

Das alte Zelt, in dem unser motorisiertes Team schläft.

Unten links: Ein besonderer Augenblick: Bei jedem Halt werden die Pfoten untersucht und verarztet, pro Hund fünf Minuten lang.

Unten rechts: Die »elastischen« Zugleinen werden geordnet. Jeder Hund hat eine. Sie vermindert die Spannung, die abrupte Bewegungen des Schlittens erzeugen.

Eine Mütze voll Schlaf hier und da, am liebsten in den wärmsten Stunden des Tages.

Alvaro Canovas,
Fotograf der Expedition,
bahnt sich einen
Weg durch die Erlen.

Nichts Schlimmeres für Schneemobilfahrer als dieses Felsengewirr in einem Canyon.

Jedes Schneemobil zieht einen mit Benzin, Proviant, Zelt und anderem Gerät beladenen Schlitten. In schwierigen Passagen macht er das Fortkommen zur Plackerei.

Folgende Seite: Auf dem Athabascasee.

Kriegsrat im »Todeslager«: In den Rocky Mountains, noch dazu bei -55° C, kommen die Motorschlitten nicht mehr schnell genug voran. Tags darauf fahre ich mit zwei Kameraden voraus und hänge das restliche Team mit den beiden schwersten Schneemobilen ab.

Die Felsen werden zum Härtetest für die Schlittenkufen, und ich verliere Zeit mit Reparaturen.

Machtkampf zwischen Torok und Voulk.

Wenn die Erschöpfung am Gesicht abzulesen ist ...

»Wir hatten beschlossen, das Team in zwei Gruppen aufzuteilen, die jeweils auf ihrer Seite die Piste spuren und sich mitten in den Rocky Mountains treffen sollten. Auf diese Weise hofften wir in diesem, wie wir wußten, extrem schwierigen Streckenabschnitt eine Menge Zeit gutzumachen.

Zunächst einmal galt es, einen Führer zu finden, der bereit war, zusammen mit uns Nicolas entgegenzufahren. Am Tag nach unserer Ankunft in Norman Wells machten wir zufällig die Bekanntschaft eines Indianers, der uns gegen Bezahlung seine Hilfe anbot. Seine einzige Bedingung: Wir sollten für den Schaden aufkommen, der unter Umständen an seiner Ausrüstung entstand. »Ich bin gern bereit, euch in die Hölle zu führen, aber auf eure Kosten!«, sagte er lächelnd zu uns. Er sollte uns zwei Schneemobile und ein Raupenfahrzeug zur Verfügung stellen, das vorn mit einem Baggerlöffel ausgestattet ist. Wir versprachen uns von diesem Fahrzeug einen großen Nutzen, insbesondere in der Abraham-Ebene, dieser Passage durch die Rockys, die uns am meisten Sorgen bereitete (wie sich später zeigte, fingen die Probleme schon früher an): Über diese in 3500 Meter Höhe gelegenen und rund 30 Kilometer langen Hochplateaus fegen so heftige Winde hinweg, daß dort kein Leben existieren kann. Uns war klar, daß wir sie nur bei sehr milder Witterung überqueren konnten.

Wir wollten so bald wie möglich aufbrechen. Die Abfahrt wurde auf Dienstag, den 22. Dezember, festgesetzt. In unserer Begeisterung hätten wir uns nie vorgestellt, was uns bevorstand. Pierre und Bob fuhren mit dem Argo (unserem Raupenfahrzeug) voraus, der viel langsamer ist als die Schneemobile. Wir mußten der Canal Road folgen, die gleich hinter dem Mackenzie-Fluß beginnt, der in dieser Jahreszeit vollständig zugefroren ist. Nach vier Stunden Fahrt auf dieser Piste, die nur auf der Karte existiert, hatten Pierre und Bob mit dem Argo erst 20 Kilometer zurückgelegt und sich mühsam einen Weg durch den Wald gebahnt. Nach 45 Minuten holte ich sie mit meinem Schneemobil ein. Wir hatten erwar-

tet, Meile 25[1] in der Hälfte der Zeit zu erreichen und erst ab Meile 50 auf ernste Schwierigkeiten zu stoßen. Wir hatten bereits Zeit verloren und gelangten allmählich zu der Einsicht, daß der Argo uns keine Hilfe war, sondern eher aufhielt. Am Dienstagabend schlugen wir bei Meile 15 unser Lager auf, da es uns nicht mehr gelang, die Fortsetzung der Piste zu finden. John, unser Führer, der wegen letzter Vorbereitungen in der Stadt geblieben war, sollte am nächsten Morgen in aller Frühe zu uns stoßen. Da er nicht auftauchte, fuhr ihm Bob in Richtung Norman Wells entgegen. Gegen 15 Uhr am Mittwoch war John endlich da, aber wir hatten kostbare Zeit verloren. Hier geht die Sonne um 10.30 Uhr auf und um 16 Uhr wieder unter, folglich war es fast schon dunkel, als wir endlich losfuhren. Wir brauchten acht Stunden bis Meile 25. Das unwegsame Gelände und der annähernd ein Meter tiefe Schnee erschwerten das Fortkommen erheblich. Überdies hatte Johns Schneemobil einen weit überladenen Schlitten im Schlepp. Er mußte ihn auf der Piste zurücklassen und in der Nacht holen. Um 6 Uhr morgens war er zurück! Ein Zeitverlust zog den anderen nach sich, und so machten wir uns erst gegen 15 Uhr am 24. Dezember auf den Weg zu Camp 36. Der reine Wahnsinn! Wir würden erst bei Dunkelheit den Dodo Canyon erreichen. Der Argo machte nur 5 Kilometer pro Stunde. Im Dunkeln war es unmöglich, die Piste zu erkennen. Unser Führer versuchte, den unter der hohen Schneedecke verborgenen Felsblöcken auszuweichen und die Stellen zu umfahren, wo sich ein Overflow bildete. Damit begann die eigentliche Schinderei.

John blieb ein erstes Mal stecken und mußte seinen Schlitten zurücklassen. Mit Hilfe des Argo gelang es uns, ihn herauszuziehen. Fast eine Stunde Arbeit! Es dürfte 22 Uhr gewesen

[1] Die Hütten und Wasserläufe entlang der Canal Road sind in Form von Meilen gekennzeichnet (eine Meile entspricht 1,6 Kilometern). Meile 25 oder Camp 25 entspricht einem Punkt, der 25 Meilen von Norman Wells entfernt liegt.

sein, als wir endlich weiterfuhren. John beschloß, vorauszufahren und so schnell wie möglich Camp 36 zu erreichen. Zwei Meilen vor dem Camp gab es kein Durchkommen mehr, und so beschlossen wir, zum Camp 25 zurückzukehren. Auf der Rückfahrt blieb dann ich im Overflow stecken. Bei dem Versuch, mein Schneemobil herauszuziehen, fiel ich hin. Meine Füße begannen in den nassen Stiefeln zu gefrieren. Unterdessen hatte der Argo einen Felsen gerammt und dabei war eine Kette gerissen. Die Reparatur dauerte anderthalb Stunden! Nach 20 Stunden Fahrt blieb schließlich der Argo stecken. Wir brauchten zwei Stunden, um ihn flottzumachen. Und als wir wieder losfahren wollten, hatte sich das Terrain völlig verändert: Wir waren vollkommen von Wasser und Slutch eingeschlossen. Wir kamen nicht mehr weg. Wir erreichten glücklich eine Art Insel mitten im Fluß, 20 Quadratmeter groß. Der Kampf ums Überleben begann. Es war mittlerweile 3 Uhr morgens. Die Temperatur war auf –40 °C gefallen, Wind kam auf. Da wir kein Zelt aufbauen konnten, beschlossen wir, aneinander geschmiegt im Schnee zu schlafen. Wir hofften, der Fluß würde bei der Kälte so zufrieren, daß wir wieder freikamen. Im Lauf der Nacht blies der Wind immer stärker, und beim Aufwachen wurden wir uns der ganzen Tragik unserer Lage bewußt. Es gab kein Entrinnen, wir saßen in der Falle. Wie viele Tage würden wir warten müssen? Wir hatten Proviant für zehn Tage, aber kaum Holz für ein Feuer, das uns vor der Kälte schützte. Den ganzen Tag hockten wir zusammengepfercht im Argo. Zwei Quadratmeter für fünf Personen! Es ist unfaßbar, wie lange eine Stunde sein kann. Die folgende Nacht wurde zu einem wahren Martyrium. Der Blizzard hatte die Temperatur auf annähernd –50 °C gedrückt. Die Kälte schnitt uns wie Rasierklingen ins Fleisch. Und doch wußten wir, daß nur extreme Kälte unser Problem lösen konnte. Wie paradox! Von Kopf bis Fuß durchnäßt, kämpfte ich die ganze Nacht gegen den Frost an. Ich hätte nicht gedacht, daß die Hölle aus Eis bestehen könnte. In solchen Augenblicken wird dein Wertesystem völlig auf den Kopf gestellt. Als wir aufwachten, völlig durch-

gefroren in unseren aufgeweichten Schlafsäcken, waren wir von Eis umringt. Die Landschaft hatte sich verändert. Die hohe Schneedecke vom Vortag war verschwunden, weggefegt vom Sturm, der mit über 150 Stundenkilometern geblasen hatte. Nur noch Eis und Felsen bedeckten den Grund des Canyons. Was für ein herrlicher Anblick! Wir verlebten fröhliche Weihnachten. *Raphaël*

Der Bericht wird mit lauter Stimme vorgelesen, damit das ganze Team ihn hören kann. Nervöses Gelächter und bedenkliche Mienen wechseln sich ab. Jeder stellt sich in seinem Innern die Szene vor. Der Canyon ist die einzige Passage, die aus dem Hochgebirge hinaus zum Mackenzie-Fluß führt.

Letztes Jahr, als wir die Gegend überflogen, erkannten wir sofort, welche Bedrohung er darstellt. Er wird unablässig von unterirdischen Flüssen mit Wasser gespeist, und so bildet sich ständig Overflow, der dann auf der endlos wachsenden Eisdecke gefriert. Die Canal Road, die einst auf einem mit Steinen und Kies aufgeschütteten Damm verlief, ist verschwunden. Der Fluß hat sie verschlungen. Je nach Wind, Temperatur und anderen, ebenso vielfältigen wie rätselhaften Faktoren überflutet das Wasser im Winter den Grund des Canyons teilweise oder ganz und macht ihn häufig unpassierbar und unberechenbar. Das ist um so unangenehmer, als der Canyon das letzte Hindernis ist, das wir nicht umgehen können. Wir müssen ihn durchqueren, wenn wir nicht wenige Kilometer vor dem Ziel umkehren wollen!

»Gehen wir runter!«

»Ja, aber alles zu seiner Zeit.«

Bruce und Norman tuscheln mit ernsten Mienen in einer Ecke der Hütte.

»Die Kälte macht uns Sorgen. Die Schneemobile werden streiken, Teile werden kaputt gehen, soviel ist sicher.«

Bruce pflichtet ihm bei, und Norman fährt fort:

»Wir sollten warten. Bei 50 Grad Kälte losfahren, das ist Wahnsinn.«

Ich denke laut nach.

»Die Temperaturen sind bei zunehmendem Mond gefallen, deshalb ist die Wahrscheinlichkeit groß, daß es bis Vollmond so bleibt, also noch eine gute Woche. So lange können wir nicht warten. Wir haben nicht genug Proviant, weder für uns noch für die Hunde. Außerdem drehen wir alle durch, wenn wir hier untätig herumsitzen… Wir sollten es lieber versuchen. Ich nehme es auf meine Kappe, wenn wir Mist bauen.«

»Das wird hart bei –50 °C, sehr hart und gefährlich.«

»Das Team ist stark.«

»Das wird sich bald zeigen«, sagt Bruce.

Er hat recht.

KAPITEL 14

Goldin Lake

–51 °C, 1080 km

5 UHR MORGENS, 27. DEZEMBER, –51 ° GRAD.

Bruce, Marc und Alain basteln an ihren Schneemobilen herum. Sie haben einen Fön an das Stromaggregat angeschlossen, mit dem das Filmteam die Batterien der Kamera auflädt, und versuchen nun, den Vergaser aufzutauen, der trotz Gefrierschutzmittel eingefroren ist. Jeder Atemhauch bildet eine Eiswolke, die im Schein der Stirnlampen glitzert und über alles ein weißes Leichtuch breitet. Ein unwirkliches Schauspiel. Mit ihren vermummten Gesichtern sehen die Männer aus wie Taucher, die gleich in die Tiefen des Meeres hinabsteigen, und so abwegig ist der Vergleich nicht.

Bei diesen Temperaturen taucht man in eine andere Welt ein. Nicht in die des Wassers, sondern in die der Kälte, die ebenso fremd und geheimnisvoll ist. Geräusche, Farben, Landschaft, alles hat sich verändert. Selbst die Stille ist tiefer, bedrohlicher, feierlicher. Der Mensch hat hier keinen Platz mehr. Alle anderen Lebewesen sind im übrigen verschwunden, haben sich in schützende Schneenischen verkrochen. Nichts rührt sich. Die extreme Kälte herrscht unumschränkt und durchbohrt uns mit Nadeln.

Zwei Stunden, um drei Schneemobile in Gang zu bringen.

»Ein Wahnsinn!«

Bruce macht aus seinen Bedenken keinen Hehl und verbirgt seine Wut.

Um uns herum versuchen Thomas und Emmanuel, die Dunstwolken und die ernsten, von Tränen durchfurchten Gesichter mit der Kamera festzuhalten. Ihre Finger brennen beim Kontakt mit Stahl und werden innerhalb von Sekunden so steif, daß sie nicht mehr zu gebrauchen sind. Es gehört echter Einsatz dazu, diese Bilder zu drehen!

Die Hunde machen keinen Mucks. Kein Kopf fährt in die Höhe, nicht einmal als die Schneemobile knatternd in der tiefen Stille verschwinden. Zu Kugeln zusammengerollt, die Nase unter dem Schwanz, die Pfoten unter dem Körper, speichern sie die Wärme, die sie produzieren. Sie verbrennen jetzt 20 bis 40% mehr Kalorien als gewöhnlich. Bei der Berechnung der Futterrationen ist das zu berücksichtigen: 1,3 Kilo statt 900 Gramm pro Tag und Hund.

Zwei Stunden nach der Abfahrt der Pistenmacher verlasse ich den Goldin Lake. Norman bildet mit dem Filmteam die Nachhut. Auf den ersten 15 Kilometern ist die Piste, die Marc und Didier gestern abend zweimal befahren haben, hart.

Piste! Ein großes Wort, denn sofern von der Canal Road überhaupt noch etwas zu sehen ist, dann nur ein schnurgerader Wulst, der sich über die Bergflanke zieht. Mit einer Straße hat sie keinerlei Ähnlichkeit mehr, nicht mal mit einem Pfad. Zwei bis drei Meter hohe Weiden, die sich unter ihrer Schneelast teilweise bis zum Boden biegen, haben sie überwuchert. Sie bilden eine regelrechte Mauer aus Zweigen, die wir durchbrechen müssen, und zwar mit dem Kopf voran, den die Windschutzscheibe nur unzureichend schützt.

Wenn die Schneemobile die Weiden im Vorbeifahren streifen, fällt der Schnee herunter, und die Stämme schnellen in die Höhe. Die Leithunde tauchen in den Dschungel ein und umkurven, so gut es geht, im Zickzack die Bäume. Einige Äste werden von der Zugleine oder den Neck-Lines abermals gestreift, richten sich auf, peitschen die Hunde, knallen gegen den Schlitten, zerkratzen mir Hände, Gesicht und Arme, zerfetzen meine Jacke. Ich ducke mich hinter den Schlitten und jage durch den Tunnel, den die Schneemobile ins Dickicht gebohrt haben. In Kopfhöhe versperren immer noch querstehende Äste den Weg und laden über mir dicke Klumpen aus Schnee ab, der mir teilweise in den Kragen fällt. Der Schnee schmilzt auf der Haut, durchnäßt meine Kleidung, die sofort gefriert, und bald bin ich so mit Eis überzogen, daß ich nicht einmal mehr den Kopf drehen kann.

Die Hunde beeindrucken mich. Viele Gespanne hätten sich geweigert, durch so ein Dickicht zu laufen, und sich von den Peitschenhieben der Zweige entmutigen lassen. Meine Hunde stellen sich beherzt der Herausforderung und behalten ihr Tempo bei. Das Eis verklebt mir die Wimpern, und ich muß häufig Zwischenstopps einlegen, um sie zu trennen, denn ich kann den Schlitten unmöglich loslassen, nicht einmal mit einer Hand. Manchmal geht es aus dem Dschungel hinaus und über einen Bach, doch gleich darauf sind wir wieder mittendrin. Die Hölle dauert drei Stunden, dann taucht ein Tal vor uns auf, das die Canal Road durchquert, um dann über die Bergflanke einen weiteren Paß zu erklimmen. Im bewaldeten Talgrund mache ich einen ziemlich breiten Fluß aus.

Als die Hunde um die Kurve biegen und auf das Eis geraten, ist es bereits zu spät. Ich kann den Schlitten nicht mehr stoppen. Der Hang, den er hinunterrutschen wird, führt schnurstracks auf einen offenen Wasserfall zu, der weiter unten wie eine Sichel den Zugang zum Fluß versperrt. Selbst bei diesen extremen Kältegraden hat der Frost keine Gewalt über dieses unablässig brodelnde Wasser, das sich, überall sonst eingesperrt und in den Klauen des Winters, mit bedrohlichem Tosen zur Wehr setzt. Mit einer wütenden Bewegung reiße ich mir die Eisklumpen von den Augen, die mir die Sicht rauben, umklammere fest den Schlitten und versuche, mit den Füßen die Rutschpartie zu lenken und die Hunde bei ihren Bemühungen zu unterstützen, sich auf den Beinen zu halten.

Plötzlich rammt der Schlitten einen Felsen, schrappt an ihm entlang und kippt um. Ich schlage auf das betonharte Eis und werde zurückgeworfen, stoße einen wütenden Fluch aus und schreie vor Schmerz auf, als ich mit der Hüfte über eine scharfe Eiskante schramme. Voulk und Nanook haben eine Art Insel erreicht, auf der Grashalme aus dem Eis ragen. Sie finden Halt, doch der Schlitten und der Rest des Gespanns sind so schwer, daß sie sich nicht halten können. Der Boden wird ihnen unter den Pfoten weggezogen, sie werden wie die anderen in die Tiefe gerissen. Der Wasserfall kommt näher. Und mit ihm der Tod. Es ist noch dunkel, und auf dem Bauch übers Eis rutschend, eine Hand noch am Schlitten, halte ich nach einem Hindernis Ausschau, einem Eisbuckel, nach irgendetwas, woran ich mich festhalten kann, aber alles geht viel zu schnell, obwohl mir die Sekunden wie Minuten vorkommen. Es wäre mir lieber gewesen, der Zufall hätte unser Ende besiegelt, eine Lawine, die plötzlich abgeht, eine Eisbrücke, die unter uns nachgibt. Aber in diese Falle hätte ich nicht geraten dürfen...

Der Zufall rettet uns. Ein paar Steine, die aus dem seichten Wasser vor dem Wasserfall herausschauen, bremsen unsere Fahrt, geben mir Gelegenheit, den Schlitten wieder aufzurichten und in die Laufrichtung der Hunde zu bringen, die wieder etwas Halt gefunden haben. Wir geraten auf dünnes Eis. Der Schlitten drückt es ein, taucht ins Wasser, doch ein Teil der Hunde erreicht die Böschung und zieht uns heraus, bevor wir versinken.

Der Zwischenfall hat nicht länger als zehn Sekunden

gedauert, doch wir sind über 30 Meter weit geschlittert. Als ich die Böschung erklimme und auf die Piste zurückkehre, bemerke ich die Furchen, die unsere Schneemobile an derselben Stelle beim Rutschen gezogen haben. Sie sind weiter oben zum Stehen gekommen als wir, aber in dieselbe Falle geraten.

Mit zunehmender Höhe verschwinden die Weiden. Der alte Weg ist relativ gut, nur dort, wo er über Bäche führt, hat die Erosion ihn völlig zerstört. Einige Passagen an der Bergflanke – links die Wand, rechts der Abgrund – sind ziemlich heikel, und es bedarf der ganzen Erfahrung der Hunde, sie zu bewältigen. Der kleinste Fehltritt, und wir stürzen ab. Aber ich finde diese Passagen weder lästig noch stressig. Sie machen mir Spaß, denn sie geben mir Gelegenheit, die Fähigkeiten meiner Leithunde zu nutzen, die sich in solchen Momenten der Gefahr voll bewußt sind und meine Kommandos mit der notwendigen Umsicht befolgen. Solche gefährlichen Breschen sind mir weit lieber als die Weiden, und den Hunden auch. Einmal mehr offenbaren die Spuren der Schneemobile, wie schwierig es gewesen ist, sie hinaufzuziehen. Schrammen an den Bäumen zeigen, daß sie Flaschenzüge benutzt haben. Ein Stück weiter decken quer über die Piste gefällte Bäume ein Loch ab. Je höher wir kommen, desto häufiger verschwindet der Weg unter Lawinen und Geröll. Wir müssen sie umfahren oder uns einen Weg zwischen den Gesteinsbrocken suchen. Es geht nur sehr langsam und äußerst mühsam voran.

Didier, Norman sowie Thomas und Emmanuel schließen kurz nach Tagesanbruch zu mir auf, und wir fahren eine Weile zusammen weiter. Die Maschinen sind zwischen den Hindernissen etwas schneller, brauchen aber viel länger, um sie zu überwinden. Selbst in so unwegsamem Gelände ist die Fahrt des Schlittens ziemlich gleichmäßig und verträgt sich schlecht mit dem Stop-and-go der Schneemobile. Deshalb trennen wir uns wieder.

Zweimal überholen sie mich im Lauf des Nachmittags, und zweimal bleiben sie an Steilpassagen hängen und sind gezwungen, die Maschinen mit Flaschenzügen nach oben zu wuchten. Ich überhole sie, nachdem ich ihnen beim Schieben und Ziehen geholfen habe.

»Schlimmer geht's nimmer«, stellt Didier fest. »Wir schaffen nicht mal einen Kilometer in der Stunde.«

Mit dem vermummten Gesicht, der steifgefrorenen Kapuze und den rauhreifgeschminkten Augen hat Didier kaum noch Ähnlichkeit mit dem Mann, den ich in Frankreich kennengelernt habe. Fern die Sommernächte in La Baule, als wir in feucht-heißen Nachtlokalen bis zum frühen Morgen auf den Tischen getanzt haben. Ich bereue es nicht, daß ich Didier zu dem Abenteuer eingeladen habe, denn er ist ein harter Bursche, hat Organisationstalent und bewahrt in jeder Situation einen kühlen Kopf. Er spricht wenig, zeigt noch weniger seine Gefühle, doch aus seinen Augen sprüht Feuer, und er ist immer da, wenn er gebraucht wird, handelt überlegt und mit einer Zuversicht, die Vertrauen einflößt.

Thomas und Emmanuel beweisen heute an seiner Seite einen unglaublichen Einsatz. Obwohl die Bedienung der Geräte bei der Kälte riskant ist und es obendrein äußerst schwierig ist, das Schneemobil mit dem überladenen Schlitten durch das unwegsame Terrain zu steuern, filmen sie weiter. Um Mikrofone, Tonbandgerät, Mischer und Akku zu schützen, trägt Emmanuel sie unter den Kleidern auf der Brust. Man kann sich vorstellen, wie sehr ihn das sperrige und wertvolle Gepäck behindert, doch er klagt niemals, und so, wie ich ihn kenne, bezweifle ich, daß er das auch nur einmal in den vier Monaten tut. Ich sagte am Anfang, daß die weiße Odyssee aus zwei Abenteuern besteht: dem, das ich mit den Hunden erlebe, und dem der Pistenmacher. Aber es gehört noch ein drittes dazu, das Abenteuer des Teams, das die Aufgabe hat, unter den denkbar widrigsten Bedingungen für diese Art von Arbeit einen Film zu drehen.

Das Thermometer, vorübergehend leicht gestiegen, fällt bis 18 Uhr wieder auf abgrundtiefe – 48 °C. Ich streife eine Fleecejacke über die anderen, die ich bereits unter meinem weiten Parka trage. Das unwegsame Gelände bremst unsere Fahrt erheblich. Wir kommen nur noch hundertmeterweise voran. Kaum haben wir ein Hindernis überwunden, taucht schon das nächste auf. Um einem Canyon mit senkrechten Felswänden auszuweichen, schmiegt sich die Straße, oder vielmehr das, was von ihr übrig ist, an die Flanke eines steilen Berges, die mal mit Wald bedeckt, mal mit Felsbrocken übersät ist, die Lawinen in den Schneisen angehäuft haben, die wir queren müssen. Als die Nacht anbricht, klar und eisig, bin ich den Schneemobilen weit voraus und suche verzweifelt einen Lagerplatz. Ich verirre mich mehrmals, weil die Hunde in falsche Pisten einbiegen, die ich aufgrund meines stark eingeschränkten Blickfeldes nicht identifiziert habe. Wegen der Kälte habe ich mir nur einen schmalen Schlitz freigelassen, eine Art Schlauch aus Stoff, Eis und Fell, durch den ich, zwischen den Stalaktiten meiner Wimpern und den Rauhreifwolken meines Atems, nur das sehe, was meine Lampe anstrahlt: ein paar Hunde, alle in eigene Rauhreifwolken gehüllt, die zusammen einen undurchdringlichen Nebel bilden und es mir so unmöglich machen, irgendein Hindernis zu erkennen, geschweige denn ein Manöver zu planen, um ihm rechtzeitig auszuweichen. Unter solchen Bedingungen und bei einer solchen Kälte nachts einen Schlitten zu lenken mag auf einer perfekten, ebenen, unproblematischen Piste noch angehen. Hier ist es Wahnsinn.

Ich nehme gerade eine schwierige, abschüssige Kurve, die über scharfkantige Felsen führt, da beschleunigen die

Hunde plötzlich. Zuerst glaube ich, sie hätten irgendein Wild gewittert. Doch dann bemerke ich einen matten Lichtschein, der durch eine Wand von Bäumen fällt. Das Team der Pistenmacher, das mir eigentlich einen Tagesmarsch voraus sein sollte!

Ihr Lager, notdürftig auf einer der wenigen Terrassen errichtet, die auf dem Berghang im Umkreis von Kilometern zu finden sind, macht einen ziemlich mitleiderregenden Eindruck, genau wie ihre Gesichter. Vom Schlafmangel gezeichnet, die Wangen und Nasen von der Kälte geätzt, dunkle Ringe unter den Augen, die tief in den Höhlen liegen, erinnern Alain, Bruce und Marc an Sträflinge in ihrem Gefängnis aus Bergen und Kälte.

»Wir haben dich nicht so früh erwartet.«

»Ich habe nicht damit gerechnet, euch einzuholen.«

»Es war die Hölle. Um 2 Uhr nachts haben wir Schluß gemacht. Wir haben uns heute zehn Stunden lang geschunden, für fünf Kilometer. Für fünf Kilometer, verstehst du!«

Marc wiederholt es noch einmal, als könne er es selbst nicht fassen.

»Zehn Stunden für fünf Kilometer!«

Alain sagt nichts. Er spaltet Holz und stapelt es säuberlich vor sich auf. Bruce ist sichtlich erleichtert, mich zu sehen. Er hat ein wenig von seiner Souveränität eingebüßt. Seine Moral scheint mir angeknackst, auch wenn er es zu verbergen versucht.

»Wir haben den halben Tag vergeblich einen Weg gesucht. Gestern haben wir es am Fluß probiert. Doch im Canyon gab es kein Durchkommen. Wir mußten umkehren.«

»Ich habe von oben eure Spuren gesehen.«

Wir sprechen über bestimmte Passagen, Geröllfelder, Wälder, Eisplatten.

»Und wie bist du in dem schrägen Geröllfeld zurechtgekommen? Dort, wo quer über der Piste die Fichte lag, die wir mit einem Band gekennzeichnet haben?«

»Abwärts ging's einigermaßen, aber beim Aufstieg hat sich der Schlitten zwischen dem großen Felsbrocken und dem Eis verklemmt. Ich mußte die Hunde loshaken, um ihn rauszuziehen.«

»Ich weiß, der Schlitten von Bruce hat sich dort auch verkeilt.«

Es wirkt wie eine Therapie, wenn wir uns gegenseitig von unseren Schwierigkeiten erzählen und unsere Schwächen eingestehen, und die Gesichter lächeln wieder.

Eine Stunde später, mitten in der Nacht, treffen Didier, Thomas, Emmanuel sowie Alvaro und Norman ein, erschöpft, mit den Kräften völlig am Ende.

Auch ohne uns zu beraten, wissen wir alle, daß wir morgen nicht weiterfahren werden, und um die anderen von einer zusätzlichen Ungewißheit zu erlösen, spreche ich es so schnell wie möglich aus.

»Morgen bleiben wir hier. Hoffen wir, daß die Temperatur wieder etwas steigt.«

Ein paar Stunden später quäle ich mich aus meinem Schlafsack und trete, wie es meine Gewohnheit ist, ins Freie, sauge die Nacht ein, sehe nach den schlafenden Hunden und lausche den Bergen.

Es herrschen −55 °C und selbst die Wölfe schweigen. Zum ersten Mal seit Beginn der Expedition halte ich es für möglich, daß wir scheitern. Ich bleibe einige Minuten draußen, dann schlüpfe ich zurück in das Zelt, in dem Thomas tief und fest schläft. Ich bleibe bis zum frühen Morgen wach, lege alle halbe Stunde Holz in dem kleinen Ofen nach, um uns vor der Kälte zu schützen, und denke mit offenen Augen nach. Ich darf nicht schlafen. Die Entscheidung, die ich zu treffen habe, ist zu wichtig und zu folgenschwer.

KAPITEL 15

Twitya-Fluß

–55 °C, 1100 km

WIR HABEN ES »DAS TODESLAGER« GETAUFT, DENN ES ähnelt einem Gulag. In Sibirien sind wir an mehreren solchen Lagern vorbeigekommen. Sie hatten weder Mauern noch Stacheldrahtzäune, denn wer von dort flüchtete und in der Kälte durch die Berge irrte, war dem Tod geweiht. Doch genau das habe ich vor. Ich werde allein von hier flüchten, allerdings mit den Hunden, und alles auf eine Karte setzen, denn wir sind an einem Punkt angelangt, von dem es kein Zurück mehr gibt. Bruce und Norman, die von meinem Vorhaben noch nichts wissen, haben das begriffen. Sie schlagen vor, eine letzte Erkundungsfahrt zu Twitya-Fluß zu machen und dann zurückzukehren.

»Wenn der Overflow da unten wirklich so schlimm ist, wie der Pilot behauptet, müssen wir nach Ross River zurückkehren. Die Witterungsbedingungen lassen uns keine andere Wahl. Wir haben zu wenig Benzin. Wenn wir erst mal auf den Plateaus sind, können wir nicht mehr umkehren. Wir haben in den letzten zwei Tagen zuviel Sprit verbraucht.«

Norman pflichtet ihm bei.

»Wir können von Glück sagen, daß die Maschinen bei den Temperaturen so lange durchgehalten haben.«

Der Erfolg unseres Abenteuers hängt nicht mehr nur von den Menschen, ihrer Willenskraft und ihrem Mut ab, sondern von den Maschinen, ohne die nichts mehr geht.

Aber mit sieben Schneemobilen und neun Personen werden wir niemals durchkommen, nicht bei dieser Kälte. Mit den Hunden dagegen komme ich überall durch, fast überall …

Ich teile Alain meine Entscheidung mit. Er zögert keine Sekunde:

»Ich komme mit!«

Ich berufe sofort eine Vollversammlung ein. Sie findet in dem großen »prospector«-Leinwandzelt statt, wie es Trapper und Indianer bis in unsere Tage benützen, wenn sie in den Wald gehen.

»Also, ich glaube, jedem von euch ist klar, daß es kein Zurück mehr gibt, wenn wir weiterfahren, denn der Sprit reicht nicht. Und da immer noch schwierige Hindernisse vor uns liegen, die wir bei dieser Kälte überwinden müssen, werden die Risiken enorm hoch. Wenn wir also umkehren, dann hier.«

Die Gesichter sind ernst.

»Es gibt zwei Expeditionen. Eure und meine. Meine ist hier leichter. Mit Schneeschuhen kann ich 25 Kilometer pro Tag schaffen. Wenn ich in einigen Passagen auf den Flüssen und im Canyon nicht vor den Hunden hergehen muß, was ich hoffe, kann ich in zwei Wochen in Norman Wells sein. Ich habe beschlossen, es auf jeden Fall zu versuchen. Alain möchte mich begleiten, vorausgesetzt, sein Schneemobil spielt mit. Wir wären also zu zweit.«

»Und wenn wir ebenfalls weiterfahren wollen?«

»Die Entscheidung liegt bei euch, bei jedem einzelnen von euch. Aber sie könnte schwerwiegende Folgen haben. Wenn ihr weiterfahrt, gibt es für euch kein Zurück mehr. Dann fällt die Tür endgültig hinter euch zu. Ich bin nicht mehr auf eure Hilfe angewiesen. Ihr könnt also in aller Ruhe darüber nachdenken.«

Die Gesichter wenden sich unwillkürlich Bruce und Norman zu.

»Ich möchte nach Norman Wells«, sagte Bruce. »Daran hat sich nichts geändert. Aber wir können es unmöglich bis dorthin schaffen.«

Er macht eine Pause.

»Jedenfalls nicht so. Wir müssen die Schlitten erheblich leichter machen und vor allem das Spritproblem lösen. Heute morgen habe ich mit Norman ausgerechnet, wieviel wir noch haben. Er reicht nicht mehr bis zum nächsten Depot. Und wenn wir zwei Schneemobile vorausschicken, um den Sprit zu holen, verbrauchen wir auf der Hin- und Rückfahrt so viel, daß es für die Teilstrecke danach nicht mehr reicht.«

»Wenn ich recht verstehe«, fragt mich Didier, »bleibt uns gar keine Wahl. Wir können nicht weiterfahren.«

»Wenn es nur am Sprit liegt, könnten wir heute abend versuchen, Pierre zu erreichen und ihn bitten, hier oder ein Stück weiter mit dem Hubschrauber ein Depot anzulegen. Der Hubschrauber könnte auf dem Rückflug auch gleich den Teil der Ausrüstung mitnehmen, den ihr nicht unbedingt braucht. Aber bevor wir darüber reden, muß sich jeder darüber klar werden, was er persönlich will und was die anderen wollen. Wollt ihr wirklich weiterfahren?«

»Ja, ja, ja.«

Nicht das geringste Zögern. 100 Prozent stimmen mit Ja.

Das freut mich, doch mir ist nicht wohl in meiner Haut. Wäre es nicht meine Aufgabe, ein kleines Team aus zwei oder drei Leuten zusammenzustellen, das nach dem Vorbild von Hochgebirgsexpeditionen versucht, den Gipfel zu besteigen, während der Rest der Mannschaft nach Ross River zurückkehrt? Wir machen weiter, und die anderen fahren mit dem Lastwagen auf der südlichen Umgehungsstraße nach Norman Wells und warten dort auf uns. Zeit genug hätten sie. Diese Lösung wäre die beste, die kostengünstigste und die vernünftigste. Marc, Didier, Thomas, Emmanuel und Alvaro haben mit so extremen Temperaturen und Bedingungen keine Erfahrung. Alvaro leidet bereits unter schweren Frostbeulen und ist entkräftet, bald wird es auch ein anderer sein, und dann geht alles ganz schnell ... Trage ich nicht die Verantwortung, und ist es nicht meine Schuld, wenn etwas passiert? Sollte ich nicht den Mut aufbringen und eine Entscheidung erzwingen, die ganz offensichtlich die bessere ist, während die andere nur Schwierigkeiten mit sich bringt?

Aber noch haben wir eine kleine Chance, das Ziel gemeinsam zu erreichen. Ist das nicht einen Versuch wert?

Ich bin innerlich gespalten, unruhig, ängstlich. Doch die Würfel sind gefallen, und jetzt gilt es, nach vorn zu blicken und die nötigen Vorkehrungen zu treffen.

Wir breiten eine große Plane im Schnee aus, und jeder legt darauf die Ausrüstungsgegenstände, die er nicht unbedingt braucht, von der Zahnpastatube bis zum Angelzeug, von der Unterhose zum Wechseln bis zum Stromaggregat. Wir fällen alle Bäume im Umkreis von mehreren Dutzend Metern, damit der Hubschrauber landen und den Ballast an Bord nehmen kann. Norman richtet neben einem Feuer eine provisorische Werkstatt ein, wo jeder sein Schneemobil reparieren kann. Das Thermometer pendelt den ganzen Tag zwischen −45 und −50 °C.

Am Nachmittag erkunden Didier und Marc zu Fuß die nächsten Kilometer der Straße, und ich suche eine höher gelegene Stelle, die nach Westen hin so offen ist, daß wir eine Satellitenverbindung kriegen. Wir müssen heute abend zwischen acht und halb neun unbedingt Pierre erreichen.

Die Stimmung im »Todeslager« ist bestens. Die Versammlung und die kollektive Entscheidung haben den Geist des Abenteuers verändert. Jetzt trägt jeder einzelne von uns persönlich Verantwortung.

Um 19.30 Uhr klettern wir in der Dunkelheit bangen Herzens auf den Berg, an dessen Flanke wir oberhalb eines kleinen Canyons unser Lager aufgeschlagen haben. Das Thermometer zeigt –55 °C, und wir gehen gemächlich, damit wir nicht außer Atem geraten und zu heftig die eisige Luft einatmen. Bei diesen Extremtemperaturen kann die Kälte Luftröhre und Lungen angreifen und schädigen. Wir wissen, wenn man erst einmal Blut spuckt… Aber jetzt ist es zu spät. Deshalb müssen wir sehr langsam atmen, damit sich die Luft in Mund und Nase erwärmt, ehe wir weitergehen. Wir entzünden ein großes Feuer, stellen daneben das Telefon auf und richten die Satellitenantenne nach Westen aus.

»Gut, Rundumempfang. Ich versuche jetzt, den Satelliten zu kriegen.«

»Hast du ihn?«

»Ja, ich habe ihn.«

Wir wählen die Nummer, die Pierre uns gegeben hat. Keine Antwort.

»Und was machen wir jetzt?«

»Warten. Er versucht bestimmt, uns zu erreichen.«

Übers Feuer gebeugt, den Bart voller Eis, Eiszapfen am Schnurrbart, taut Marc langsam auf, während er mit dem Telefon hantiert.

Einen Augenblick lang bin ich der Welt entrückt, in der sich diese denkwürdige Szene abspielt, und lächele, denn sie ist komisch. Was für ein Bild, wie wir beide mitten in der Nacht bei –55 °C im Mondschein auf diesem Berg telefonieren!

Das plötzliche Klingeln, ein wenig zögerlich, zweifellos wegen der Kälte, dröhnt wie die Detonation einer Bombe.

Ich springe auf und Marc brüllt:

»Warte, warte noch!«

Also lasse ich es noch zweimal klingeln, bevor ich abhebe. Weder er, der mich darum gebeten hat, noch ich, der ich seiner Bitte nachkomme, wissen, wieso wir es zweimal klingeln lassen, ehe wir abheben. Zweifellos aus Angst, aber auch um die Freude über dieses Klingeln zu verlängern, das uns wie ein unsichtbarer Draht mit der Außenwelt verbindet, die uns zu weit entfernt scheint.

»Soll ich jetzt?«

»Ja, aber sachte.«

Denn die Drähte, spröde wie Glas, könnten abbrechen.

»Hallo?«

Keine Antwort.

»Hallo? Hallo?«

Schließlich Pierres Stimme.

»Hörst du mich?«

Er hört mich.

»Pierre! Ich mache schnell, bevor die Verbindung abreißt. Wir brauchen 200 Liter Benzin, Verpflegung, 20 Zündkerzen für die VK und 15 für die Bravo. Hast du verstanden?«

Meine Stimme zittert. Ich bin aufgeregt und Pierre auch. Er wiederholt meine Bestellung und fragt dann, wie es uns geht.

»Wir haben 55 Grad unter Null. Gestern haben wir in 12 Stunden nur ein paar Kilometer geschafft. Es wird hart, sehr hart! Aber wir haben heute morgen gemeinsam beschlossen, weiterzumachen und nicht aufzugeben.«

»Hier, in Norman Wells, hat die Stimmung in den letzten zwei Tagen total umgeschlagen. Wegen der Kälte machen sich die Leute Sorgen um euch, und gleichzeitig sind sie schwer beeindruckt und ziehen den Hut vor eurer bisherigen Leistung. Wenn ihr es schafft, wird ganz Norman Wells euren Erfolg feiern.«

Pierres wohlbedachte Worte rühren das Team, und der Abend im Zelt, der Abend vor der Schlacht, hat etwas Erhebendes. Jeder ist sich bewußt, daß er in den nächsten Tagen etwas Außergewöhnliches erleben wird.

KAPITEL 16

Trout Creek

–53 °C, 1150 km

BRUCE, ALAIN UND ICH HABEN BESCHLOSSEN, DIE PISTE gemeinsam zu spuren. Wir verlassen das Lager gegen 6 Uhr. Wir wissen jetzt, daß die Schneemobile gegenüber den Hunden keinen Vorsprung herausfahren können. Ich gedenke also, mit der Vorhut zu fahren, um ihr meinen Rhythmus aufzuzwingen und bei wichtigen Entscheidungen hinsichtlich der Streckenführung ein Wörtchen mitzureden. Niemand hat soviel Erfahrung mit der Pistenarbeit wie ich, und diese Erfahrung müssen wir uns unbedingt zunutze machen.

Auf den Rhythmus kommt es an und schon am frühen Morgen entscheidet sich, ob wir Stunden verlieren oder gewinnen. Es gehört zu meinen unerfreulichen Pflichten als Expeditionschef, daß ich jeden, der gern noch ein wenig liegenbleiben würde, aus dem Schlafsack scheuchen muß. Heute morgen ist es Bruce, der alles Gold der Welt dafür geben würde, wenn er sich noch etwas im »Bett« rekeln könnte, statt draußen bei –50 °C zu malochen. Er knurrt, schimpft und regt sich auf. Das sei doch Wahnsinn, mault er in einem fort, bei der Kälte weiterzufahren. Erst als ich drohe, allein mit Alain loszufahren, steht er endlich auf.

Zwei Stunden später, nachdem wir so manche Viertelstunde mit Fönen zugebracht haben, fahren wir endlich in Kälte und Dunkelheit hinaus. Bruce und Alain profitieren von der Piste, die Marc und Didier gestern auf den ersten vier Kilometern gespurt haben, und holen sofort einen Vorsprung heraus. Wir folgen so gut es geht der Straße, die über einen Paß führt und dann, von Erlen überwuchert, wieder zum Twitya-Fluß hinabstößt. Die beiden Schneemobile kommen besser voran als an den vorausgegangenen Tagen. Sie sind jetzt leichter und mit Flaschenzügen ausgestattet, die sich schneller anbringen lassen. Ich brauche fünf Stunden, ehe ich sie in einer kleinen Schlucht einhole, in der das Motorengedröhn die Flüche übertönt, die Alain und Bruce ausstoßen. Sie hängen mitten in einem mit Steinen übersäten Abhang fest.

Den lieben langen Tag über quälen wir uns durch Gelände dieser Art, Erlen oder Schluchten, bis wir endlich den Twitya-Fluß erreichen, an dessen Ufer wir auf einer Art Halbinsel unser Zelt aufstellen. Tags darauf bringt uns der Hubschrauber die wertvolle Ladung und fliegt dann mit Bruce zum »Todeslager« weiter, um dort den aussortierten Ballast aufzunehmen. Auf dem Rückflug setzt er Bruce wieder bei uns ab, und wir erfahren von ihm, daß die anderen das Lager noch nicht verlassen haben. Norman hat anscheinend den ganzen Tag gebraucht, um den Vergaser und die Kraftstoffzuleitung einer VK zu reparieren.

»Sie haben überlegt, ob sie heute abend noch losfahren sollen, doch ich glaube eher, daß sie bis morgen warten und in aller Frühe nachkommen.«

Als der Hubschrauber abfliegt, bekommt Bruce plötzlich einen Tobsuchtsanfall und wir haben keine Ahnung warum. Er wettert gegen die Organisation, ereifert sich, mäkelt an den getroffenen Entscheidungen herum, widerspricht sich ständig selbst, und als er sich endlich beruhigt, liefern uns die Fragen, die ich ihm stelle, einige Hinweise auf die Gründe seines Frusts.

Bei der Ankunft im Lager, so erzählt er uns, hätten ihn

die anderen regelrecht mit Fragen bestürmt. Wie die Piste sei, wieviel Kilometer wir geschafft hätten, wieviel Bäche zu überqueren seien ... tausend Dinge, so daß er darüber das wichtigste vergessen hat, aber das erfahren wir erst viel später: Norman hatte ihn gebeten, zehn Liter Benzin mitzubringen, die sie benötigten, um zu uns zu stoßen. Von jetzt an sitzen sie fest, und wir sind völlig ahnungslos.

Wir haben gehofft, daß die Strecke mit zunehmender Höhe besser wird und das Fortkommen erleichtert (vom Twitya-Fluß geht es wieder hinauf zu einem Paß), doch am nächsten Tag zeigt sich das Gebirge von seiner häßlichsten Seite und jede Passage ähnelt einer Fratze. Bruce fährt voraus. Er ist hochkonzentriert und beweist große Umsicht. Nur selten straft das Gelände seine Entscheidungen Lügen, und wir arbeiten uns optimal durch diesen Dschungel aus Schnee und Eis, Schluchten und Wäldern. Die Maschinen und die Hunde vollbringen wahre Wunder, und bisweilen erinnern unsere Manöver an Zirkusnummern. Wir folgen mit mehr oder weniger langen Unterbrechungen den Überresten der Straße, deren Trasse im Berg stellenweise nur zu erahnen ist und mal rechts, mal links des Baches verläuft, den wir hinauffahren und wiederholt überqueren. Manchmal gleiten wir auch auf dem Bachbett dahin, obwohl Bruce die unsichere Eisdecke nicht ganz geheuer ist.

Unsere kleine Gruppe leistet gute Arbeit, und sobald die anderen zu uns aufgeschlossen haben, will ich ihnen vorschlagen, diese Marschordnung – wir drei vor dem übrigen Team – beizubehalten.

Es kostet uns viel Zeit, die richtige Route zu finden, und bisweilen treffen wir eine Entscheidung, die sich wenig später als falsch erweist, so daß wir umkehren müssen. Oft halten wir an, ziehen die Karte zu Rate und erkunden das Terrain zu Fuß, ehe wir mit Schneemobilen und Hunden eine Passage in Angriff nehmen. Die anderen brauchen nur der markierten Piste zu folgen. Deshalb beginnen wir uns zu wundern, daß sie noch nicht zu uns gestoßen sind. Und nach einiger Zeit schlägt unsere Verwunderung in Ärger um.

»Wo bleiben die denn?«

Bruce fügt hinzu:

»Die sind bestimmt erst um 9 Uhr aufgestanden und um 11 Uhr losgefahren.«

Der Nachmittag ist die Hölle. Einige Abfahrten über steinige Hänge sind der Alptraum eines jeden Mushers. Die Schneemobile kommen ganz gut runter, denn sie haben neben der Bremse, die auf die Gleisketten wirkt, auch eine Motorbremse. Nicht so die Hunde. Der Schlitten holpert über die Steine, geht durch und reißt die Hunde mit. Ich verliere die Kontrolle über das Gefährt und kann nur versuchen, mich auf den Kufen zu halten, und auf einer Abfahrt, die noch schlimmer ist als die anderen – geht das überhaupt? – passiert es dann. Der Schlitten kippt um, schleudert mich in den Schnee (ich fliege haarscharf an einem großen Stein vorbei) und prallt gegen einen Felsblock. Es kracht wie von berstendem Holz.

Zwei der drei Hauptbauteile, obwohl aus Kohlenstoff und extrem stoßfest, sind zerbrochen. Bei der Inspektion des Schlittens stelle ich zudem fest, daß die Beläge sich gelöst haben und wie alte Bananenschalen schlapp von den Kufen hängen. Ein trauriger Anblick.

Es ist zum Heulen!

»Damit kommen wir nicht mehr sehr weit!«

Alains Blick wandert von seinem Schneemobil zu meinem Schlitten, den ich notdürftig repariere, indem ich die beiden Brüche mit zwei Holzlatten schiene.

»Hast du dir mein Schneemobil angesehen?«

Die Schnauze ist total verbeult, der Lack ist abgesprungen, die Kufen sind verbogen.

Ich werfe einen Blick in die Karte. Wir nähern uns Trout Creek. Nach Auskunft des Hubschrauberpiloten die Hölle. Angeblich versperren Felsen und Geröll den Zugang zur Schlucht, aber wir können sie nicht umgehen. Nur von dort aus ist es möglich, von Tal zu Tal zu hüpfen.

Wir haben beschlossen, nicht umzukehren, aber was nützen uns alle Vorsätze, wenn wir am Fuß einer unüberwindlichen Mauer stehen? Müssen wir uns dann nicht ins Unvermeidliche fügen?

»Auf demselben Weg zurück und wieder stundenlang durch Erlengestrüpp, Geröllhalden und Bäche? Niemals!«

Am Spätnachmittag stoßen wir an einer steilen Berglehne wieder auf die Straße, die, obwohl von Erlen überwuchert, noch recht gut zu erkennen ist. Bruce und Alain fahren einen kleinen Vorsprung heraus.

Die Canal Road folgt hier den Höhenlinien und stößt ins Herz des Berges vor, wo Sturzbäche sie gekreuzt haben. Diese von Erosion, Geröll oder Lawinen zerstörten Passagen sind unser Alptraum, und am Ende einer solchen Passage stoße ich wieder auf Alain und Bruce. Sie stehen noch unter Schock. Bruce hat versucht, mit Vollgas ein Dickicht aus verschneiten Erlen zu durchbrechen und dabei übersehen, daß ein Erdrutsch den Weg fortgerissen hat. Um ein Haar wäre er in den Abgrund gestürzt, über 200 Meter tief.

»Nur Zentimeter haben gefehlt.«

»Paßt besser auf! Das Glück bleibt uns nicht ewig treu.«

Wir sprechen wie Taucher, sehr sparsam, und unsere abgehackten Sätze werden durch die steifgefrorenen Kapuzen gedämpft, die bis auf die reifumringten Augen das ganze Gesicht bedecken.

Alain und Bruce haben oberhalb des Abgrunds eine schmale Passage in den hohen Schnee an der Felswand geschaufelt. Ein Stück weiter müssen wir über mehrere Meter hohe Felsbrocken klettern, die fugenlos beieinander liegen. Ich trage einen Hund nach dem anderen hinüber. Der Schlitten folgt, so gut es eben geht, verkeilt sich hier und da.

»Gut so, Voulk, immer mit der Ruhe, Baikal.«

Ich rede ihnen gut zu, meinen Champions, denn sie verstehen immer weniger, was ich will. Ich weiß es selbst nicht mehr. Durchkommen um jeden Preis, egal wie, das ist zum Leitgedanken geworden. Noch zwei Stunden um den Abgrund zu überwinden, und ein paar hundert Meter weiter beginnt der Alptraum von vorn. Alain bekommt einen Anfall. Er schreit seine Verzweiflung in die Berge hinaus, und das tut ihm gut. Er fährt weiter und nach wenigen Metern schimpft er erneut aus vollem Hals. So hat jeder seine Methode voranzukommen. Ich gebe mich ruhig, doch das ist nur Fassade, denn in mir schwelt dasselbe Feuer, kocht derselbe Zorn. Bruce ist wie eine Flasche der Ruhe, die sich langsam mit Wut füllt. Er leert sie regelmäßig mittels einer Schimpfkanonade, und man läßt ihn besser in Ruhe, wenn er die Berge, seine Kameraden, sein Schneemobil und die ganze Welt verflucht. Jedes Mal entschuldigt er sich etwas später auf rührende, herzergreifende Art.

Bruce geht es etwas auf die Nerven, daß ich meine Flasche nie leere, aber Alain macht das wett, und komischerweise helfen mir diese Zornausbrüche, denn sie machen auch meiner Wut teilweise Luft.

Das Ende des Nachmittags ist das getreue Abbild des ganzen Tags. In stockdunkler Nacht halten wir endlich an, schlagen das Lager auf und legen uns schlafen, überall am Körper blaue Flecken, die Muskeln hart, von Sorgen gequält.

Kurz vor dem Einschlafen zücke ich mein kleines Notizbuch und notiere mit dem Bleistift:

»Den ganzen Tag – 50 °C.

Erlen, Geröll, Abgründe, unvollständig zugefrorene

Flüsse, nichts ist uns erspart geblieben. Wir haben nur 23 Kilometer geschafft. Ich habe den Schlitten beschädigt, und die Kufenbeläge sind abgerissen. Die anderen haben uns noch nicht eingeholt. Was tun sie? Werden wir durchkommen? Ich denke an nichts anderes. Wir alle denken an nichts anderes. Noch 200 Kilometer bis Norman Wells. Ob ich, wenn ich diese Notizen eines Tages wieder lese, all das darin wiederfinde, was ich heute abend empfinde, die Anspannung, die Ungewißheit, die Erschöpfung, die Niedergeschlagenheit, die Angst vor dem Scheitern und einem Unglück?«

KAPITEL 17

Fecle River

–50 °C, 1180 km

»WENN DU UNBEDINGT DEN FLUSS NEHMEN MUSST, fahr voraus«, sagt mir Bruce mit einem mulmigen Gefühl.

»Okay. Los, Hunde, los geht's.«

Und Voulk gibt eine glänzende Vorstellung. Er zieht das Gespann nicht nur exakt dorthin, wohin ich ihn durch Zurufe dirigiere, die ich mehr oder weniger oft wiederhole, damit er die Kurven im gewünschten Winkel nimmt. Darüber hinaus begreift er schon nach wenigen Kilometern, was ich von ihm erwarte: an der Uferböschung entlanglaufen, den Fluß vor den Biegungen überqueren, den senkrechten Felswänden nicht zu nahe kommen (weil das Eis dort oft weniger dick ist), und bald findet er die Ideallinie, ohne daß ich groß eingreifen muß. Nun kann ich mich auf das Geläuf konzentrieren, das Eis, den Schnee, damit ich rechtzeitig die Fallen erkenne, die ein Fluß dem Reisenden unweigerlich stellt. Das verstehe ich aus dem Effeff. Gäbe es ein Diplom für den hohen Norden, wäre das mein Lieblingsfach, und beim Examen würde ich darin am besten abschneiden. Bei allen meinen Expeditionen habe ich auf Eis die größten Distanzen zurückgelegt, Tausende von Kilometern über Bäche, Flüsse und Ströme, von denen einige extrem gefährlich waren wie etwa die Stikine, auf die sich sonst niemand wagt, kein Trapper und kein Indianer, und die Diane, Montaine und ich über 1000 Kilometer weit mit dem Schlitten hinabgefahren sind. Davor habe ich mir in Sibirien, Alaska und anderswo eine Art sechsten Sinn erworben, der es mir erlaubt, das Eis aus der Entfernung zu beurteilen, so wie andere mit einem Blick ein Stück Schlachtvieh taxieren. Und heute bilde ich mit Voulk ein weltmeisterliches Team, und das Vergnügen, das mir die Übung bereitet, ist mir zweifellos am Gesicht abzulesen. Außerdem kommen wir auf diesem Eiskanal schnell voran und meiden die steile Bergflanke, wo Lawinengräben ein Fortkommen unmöglich gemacht haben.

Seit wir uns zu dieser Expedition entschlossen haben, wird Alain von dem Alptraum verfolgt, mit dem Schneemobil im Eis einzubrechen, und heute denkt er wieder daran. Er kriegt es mit der Angst und würde viel darum geben, wenn er wieder festen Boden unter den Füßen hätte, der nicht jeden Moment aufbrechen und ihn unvermittelt in die Tiefe reißen kann. Jedes Jahr kommen auf diese Weise viele Schneemobilfahrer um. Wenn man im Eis einbricht, sind die Überlebenschancen sehr gering, wenn nicht gleich Null, denn in 99 von 100 Fällen schließt sich die Falle augenblicklich wieder, sowie sie einen verschlungen hat. Alains Angst verfliegt nach einer Stunde gefährlicher, aber zügiger Fahrt: Wir gelangen ins Quellgebiet des Baches, wo Wasserfälle uns zwingen, einige Kilometer vor dem Paß die Uferböschung zu erklimmen. Bruce frohlockt.

»Trout Creek und die Geröllfelder hätten wir hinter uns, und wenn wir jetzt noch den Paß in der Schlucht da hinten überqueren, sind wir, glaube ich, ein gutes Stück weiter.«

»Wir hatten Mordsdusel«, erwidere ich. »In neun von zehn Wintern ist der Bach absolut unbefahrbar. Wir haben es der Kälte zu verdanken, daß wir ihn benutzen konnten. Seit mehreren Tagen −50 °C. Bei −30 °C hätten wir festgesessen, wie der Pilot es vorausgesagt hat.«

Alain beendet die Diskussion mit dröhnender Stimme.

»Scheiße, das Glück haben wir uns redlich verdient.«

Wir fahren weiter. In der Ferne erahnen wir die Schlucht, deren Wände wie die Backen eines Schraubstocks bedrohlich aufeinanderzustreben, und der Gedanke, dort steckenzubleiben, bedrückt uns. Wir bekommen Herzklopfen, und daß es nur zäh vorangeht, erhöht unsere Anspannung noch. Der Hang ist sehr steil, und erst beim zehnten Anlauf gelingt es uns, die Schneemobile hinaufzuwuchten. Die Schlitten haben wir vorher abgehängt und müssen sie nun mit Muskelkraft hinaufbefördern. Wir schinden uns wie Maultiere.

Ich ziehe aus Leibeskräften, doch das Resultat ist kläglich, und das macht mich fuchtig. Wenn ich sehe, welche Kräfte Alain entwickelt, könnte ich daran verzweifeln, daß ich von Natur aus so mager bin. Durch Training habe ich eine gute Ausdauer erlangt, die diese Schwäche kompensiert, doch in Situationen wie dieser würde ich viel für ein paar Muskeln geben.

»Zieh doch!«

»Aber ich ziehe ja.«

Eine Stunde, bis wir endlich oben sind, völlig erledigt, außer Atem, entnervt, ein wenig entmutigt.

»Wir kommen nie ans Ziel!«

Es geht weiter durch weichen Schnee, gut einen Meter tief. Die Hunde rühren wacker, versinken aber bis zur Brust, und die beiden Schneemobile, die vor ihnen den Schnee niederwalzen, bleiben alle 20 Meter stecken.

Ich war darauf gefaßt, doch die Heftigkeit des Anfalls überrascht mich dann doch. Bruce explodiert. Er brüllt, beschimpft mich, zeigt Alain den Stinkefinger, tritt gegen das Schneemobil. Er wettert über die zu kurzen Nächte, über den Scheißdruck, den ich auf ihn ausübe, weil ich ständig mit den Hunden an seinem Hintern klebe, und über den ganzen Schwachsinn, den er meinetwegen tun muß, und vieles andere mehr.

Am Ende seiner Kraft sinkt er endlich in den Schnee und will sich nicht mehr von der Stelle rühren.

»Teepause«, schlägt Alain vor.

Ich halte mich abseits.

Alain reicht ihm den Becher. Sie essen zusammen eine Tafel Schokolade, und eine halbe Stunde später schwingt sich Bruce auf seine Maschine und entschuldigt sich im Vorbeifahren.

»Schon gut, Bruce.«

Wir überqueren den Paß und nähern uns wenig später der Schlucht. Die Schneemobile rasen den Abhang hinunter und lassen mich zurück. Unweit der Piste liegt das Skelett eines Elchs, den Wölfe erst kürzlich gerissen haben. Erregt jagen die Hunde auf die Engstelle zu, in der heute eine wichtige Entscheidung fallen wird. Die Wände links und rechts rücken immer enger zusammen, ragen immer höher in den Himmel, der zu einem blauen Band wird, zu einer Art Straße in die Hölle.

»Brav, ihr Hundchen, weiter so.«

In der Ferne riesige Felsblöcke.

»Nein, das gibt's doch nicht!«

Die Piste verschwindet zwischen den Blöcken und mündet in einen schmalen Engpaß zwischen der Felswand und einem kleinen Fluß, der nicht zugefroren ist.

Mein Puls rast, und die Hunde fliegen auf dem harten Schnee dahin. Ich höre die Schneemobile nicht. Sie sind also durchgekommen. Das sage ich mir immer wieder, damit ich es glauben kann. Und plötzlich, ohne Vorwarnung, nehmen die Hunde eine rechtwinklige Kurve, und der Schlitten bricht auf einer Eisplatte seitlich aus.

Ich fasse es nicht!

Ein weites Tal öffnet sich hinter der Kurve, soweit das Auge reicht. Wir sind durch. Von Rührung überwältigt stoppe ich den Schlitten und weine. Ausnahmsweise einmal ist es nicht die Kälte, die mir die Tränen in die Augen treibt.

In der Ferne, mitten in der Ebene, die das baumlose Tal bildet, mache ich die Überreste eines Camps aus, in dem Bruce und Alain Halt gemacht haben. Die Hunde beschleunigen sofort und kommen in vollem Galopp bei der Hütte an, in der wir die Nacht verbringen werden. Ich setze den Anker und stürze Alain entgegen. Wir fallen uns in die Arme, wortlos, denn Worte erübrigen sich jetzt.

Gegen 5 Uhr morgens fahren wir wieder in die schwarze Nacht hinaus. Das Hoch neigt sich dem Ende zu, ein Schleier verdunkelt den Himmel, und das Thermometer ist auf – 40 °C gestiegen. Das Tal ist breit, aber voller Steine, die der Schnee nicht bedeckt, weil der Wind ihn an die Ränder bläst.

Bruce sucht vereiste Passagen und umkurvt in den schlechten Zonen im Zickzack die Felsen. Von der Canal Road ist nichts mehr zu sehen. Die Zeit hat sie ausradiert, doch dank der Karten wissen wir, daß sie einst hier verlaufen ist.

Bruce und Alain fahren auf einem Bachbett voraus. Sie folgen ihm zwei oder drei Kilometer weit, um den Felsen auszuweichen. Die Hunde galoppieren, froh über das schöne harte Geläuf. Es ist stockdunkel, und ich sehe das verrostete Stahlkabel nicht, daß mir glatt den Hals durchschnitten hätte, wenn ich nicht zufällig in dem Moment den Kopf geneigt hätte, um den Strahl meiner Kopflampe einzustellen. Es erwischt mich oben an der Stirn und reißt mich vom Schlitten. Zum Glück dämpft meine fest sitzende Pelzmütze den Stoß. Ehe ich wieder zu mir komme und begreife, ist der Schlitten schon weit weg. Ich brülle.

»Voulk, djee, djee!«

Voulk reagiert sofort. Er verläßt das Eis und zieht das Gespann auf die Böschung.

»Hoooh, Hunde.«

Sie bleiben stehen.

Alain und Bruce warten einen Kilometer weiter auf mich.

»Hier wimmelt es von Wölfen. Wir haben sie im Scheinwerferlicht gesehen, 20 Meter vor uns.«

Voulk hat ohne Zweifel das Gespann gerettet. Ohne Lenker wären sie von dem Rudel mit großer Wahrscheinlichkeit angegriffen worden. Kein Hund wäre lebend davongekommen. Ich stelle mir das schreckliche Szenario vor, dem wir nur durch Zufall entgangen sind. Man hätte den Musher gefunden, geköpft durch ein altes Telefonkabel, das die Erbauer der Canal Route angebracht hatten, und ein Stück weiter einen Schlitten und vor dem Schlitten, in einer gefrorenen Blutlache erstarrt, eine verwickelte Zugleine mit den Überresten von Geschirren und Hunden...

»Mich hätte es auch fast erwischt, das verfluchte Kabel. Es hat oben gegen die Windschutzscheibe geschlagen, und ich habe instinktiv den Kopf eingezogen«, erzählt mir Bruce, doch seiner Begeisterung über die Begegnung mit den Wölfen tut das keinen Abbruch.

Durch den Vorfall ernüchtert, opfern wir ein paar Minuten und nehmen die alte Telefonleitung in Augenschein. Ein Großteil der aus entrindeten Kiefern bestehenden, gut 30 Zentimeter dicken Masten, die den Stahlmantel der Leitung tragen, ist umgestürzt, so daß das Kabel dort, wo es nicht gerissen ist, sich wie eine Violinsaite spannt, eine regelrechte Guillotine für den nächtlichen Reisenden.

Bruce und Alain fahren wieder voraus. Sie schwenken in das Tal ein, das zum Carcajou-Fluß hinabführt, und verschwinden in der Dunkelheit. Wenig später sind die Wölfe da. Ich bemerke zwei zu meiner Rechten, die im Abstand von etwa 50 Metern auf gleicher Höhe neben uns her trotten, und drei zu meiner Linken, etwas weiter entfernt. Die

Hunde verlangsamen ihren Trab, werfen besorgte Blicke um sich, versuchen die Dunkelheit zu durchdringen. Bald verschwinden die Wölfe, und ich glaube schon, sie haben uns ziehen lassen, da bemerke ich sie, einer hinter dem anderen, hinter uns auf der Piste, wie ein Gespann, das uns folgt. Fünf große, ausgewachsene Wölfe, und sehr dunkel. Ermuntert durch die Dunkelheit und die Tatsache, daß bislang nichts passiert ist, was sie beunruhigen müßte, rücken sie näher und heften sich an meine Fersen. Sie sind keine 100 Meter mehr entfernt, und als ich den Strahl meiner Kopflampe auf sie richte, leuchten ihre Augen gelb in der Nacht. Dann verschwinden sie abermals, als wollten sie uns umzingeln. Die Piste, die Bruce und Alain gespurt haben, windet sich zwischen Erlensträuchern hindurch, und ich befürchte, sie könnten nun versuchen, sich einen der Leithunde zu schnappen. Ich dirigiere die Hunde auf die abschüssige Strecke und sporne sie mit Pfiffen an. Anscheinend verstehen sie, denn ihr Galopp gleicht einer Flucht. Selbst in einer schwierigen Passage an einer steilen Böschung trete ich nur leicht auf die Bremse. Keine zehn Minuten später kommt Alain in Sicht. Ich signalisiere ihm SOS mit meiner Lampe.

Gleich darauf ist er da.

»Was ist los?«

»Schau.«

Ich deute auf die Wölfe direkt hinter mir.

»Sie verfolgen mich. Sie umzingeln mich. Sie kommen immer näher. Bleib bei mir. Das Schneemobil wird sie fernhalten.«

»Von wegen. Wir haben zwei gesehen, die waren keine 30 Meter von uns entfernt. Unglaublich, diese Wölfe.«

Eskortiert von zwei Schneemobilen vor und fünf Wölfen hinter mir, fahre ich weiter. Als kalt und rosig der Tag heraufzieht, verschwinden die Wölfe.

KAPITEL 18

Abraham-Ebenen

–44 °C, 1200 km

»WAS MAG DA WOHL PASSIERT SEIN?«

Diese Frage, die wir uns seit mehr als drei Tagen ohne Hoffnung auf Antwort immer wieder stellen, verfolgt uns. Das Team hätte uns schon zehnmal einholen müssen, selbst wenn es mit Verspätung aufgebrochen ist. Jeden Tag verlieren wir Stunden mit der Suche nach den besten Passagen und dem Spuren der Strecke an Schrägen oder im Tiefschnee, während sie nur der Piste zu folgen brauchen, die wir für sie präpariert haben.

»Wir machen die ganze Arbeit! Die müßten doppelt so schnell sein wie wir.«

»Vielleicht auch nicht. Wir haben die beiden Bravos. Die sind leicht und wendig. Die VK sind schwer.«

»Das schon, aber auch viel stärker. Denk nur an die eine Steigung. Zwei Stunden haben wir gerackert, bis wir die Schlitten oben hatten. Mit den VK ist das in zehn Minuten erledigt.«

»Keine Frage!«

»Also?«

Also entwerfen wir alle möglichen Szenarios, aber jede Hypothese scheitert an der Langsamkeit, die wir uns nicht erklären können. Ein Unfall? Ein oder zwei Maschinen defekt? Spritmangel? Das sind die einzigen wirklichen Erklärungen, die wir finden, doch sie halten keiner Prüfung stand, denn die anderen haben das Satellitentelefon und hätten mit Sicherheit Hilfe gerufen, was wir bei einem Unfall nicht könnten. Und *alle* Schneemobile können unmöglich ausgefallen sein.

»Ich verstehe das nicht. Warum schicken sie nicht zwei Leute vor? Auf einer gespurten Piste könnten sie uns doch locker einholen!«

Wir können nicht auf sie warten. Zwischen Mac-Millan-Paß und Norman Wells haben wir zwei Proviantdepots angelegt. Eins am Goldin Lake und das zweite 40 Kilometer von hier, auf den berüchtigten Abraham-Ebenen in über 3000 Meter Höhe. Urprünglich hatten wir für die Strecke zwischen den beiden Depots drei Tage veranschlagt, doch jetzt brauchen wir mindestens fünf. Aus diesem Grund bin ich seit 48 Stunden gezwungen, nur halbe Rationen an die Hunde auszugeben. In Anbetracht der Kälte und der Kraftanstrengung, die ihnen hier abverlangt wird, ist das völlig unzureichend. Zu warten und ihnen dadurch Futter zu entziehen, würde den weiteren Verlauf der Expedition gefährden.

Jagen? Wir haben keine Waffen. Der Karabiner ist hinten beim anderen Team, wie das Telefon. Und auf die Pirsch gehen, ein Tier töten und zerlegen, das würde uns jedenfalls ebensoviel Zeit kosten, wie die Hunde brauchten, um es zu fressen.

Wir haben keine Wahl. Wir müssen weiter und darauf hoffen, daß das Team endlich den Anschluß schafft. Im Lauf der Tage beginnen Bruce, Alain und ich, an ihrem ernsthaften Bemühen zu zweifeln.

»Die reißen sich kein Bein mehr aus. Lassen es locker angehen. Tuckeln gemütlich vor sich hin. Ich kann mir vorstellen, wie die morgens aufstehen«, höhnt Bruce.

»Wahrscheinlich hat es sie total demotiviert, daß wir vorausgefahren sind«, urteilt Alain weniger streng.

Der Tag zieht über die mit Flechten bedeckte Bergflanke herauf, auf der Hunderte von Karibus weiden. Die Hunde tanzen aus der Reihe. Jeder zieht auf seine Seite, um an den frischen Kotkugeln zu schnüffeln, die herrlich nach Wild riechen. Sie schnappen gierig danach. Dann, wie auf Kommando, richten sich alle Ohren nach vorn. Ein leichter Wind weht ihnen Karibugeruch in die Nase. Alle schnuppern und sofort herrscht Einigkeit, welche Richtung sie einschlagen müssen.

Im ersten Moment will ich sie zusammenstauchen, denn meine zehn Jäger haben soeben die Piste verlassen, doch ich lasse sie gewähren. Ich habe nicht das Recht, sie um ihr Vergnügen zu bringen, und diese wilde Hatz macht mir ebenso Spaß wie ihnen. Mit einem Mal habe ich das Gefühl, ich gehöre zur Meute, bin das elfte Mitglied, verfolge dasselbe Ziel. Die kalte Luft, die mir bei dem Tempo das Gesicht peitscht, pfeift eine berauschende Musik, die dem Geschrei wilder Jäger ähnelt. Plötzlich sehe ich, wie die Karibus auf der Flucht vor der kläffenden Meute, zu der ich gehöre, mit drolligen Hüftschwüngen nach allen Seiten auseinanderstieben.

»Yahou, yahoou!«

Ich sporne meine Jäger an, und der Schlitten fliegt nur so dahin. Das Jagdfieber hat uns gepackt und zieht mir ein Fell über. Ich möchte ein Hund sein und frei diesem warmen Fleisch nachjagen, als Tier unter Tieren, das seinen wiedererwachten Instinkten gehorcht.

Unsere Hatz endet in einer Schneewehe vor einer Böschung. Die Hunde fallen hinein wie in einen Tümpel. Frustriert und etwas mürrisch schütteln sie den Schnee ab, kläffen halbherzig den Karibus nach, die in einer Senke verschwunden sind, und kehren dann widerwillig zur Piste zurück.

Zwei Stunden später, nachdem wir einen kiefernbewachsenen Hang von mehreren hundert Höhenmetern hinabgebraust sind, dann den Carcajou-Fluß überquert und dabei Overflows, Slutchs und schlechtes Eis umkurvt haben, nehmen wir den Anstieg zu den Abraham-Ebenen in Angriff.

Ich weiß nicht, wer auf die Idee gekommen ist, diese Bergkette, die alle anderen überragt, »Ebenen« zu nennen, aber der Typ hatte zweifelsohne Humor. Ebensogut könnte man den Amazonas als Bach oder die Anden als Hügel bezeichnen.

Ein Blick in die Karte macht auf Anhieb begreiflich, was die Erbauer der Canal Road dazu bewogen hat, auf diese Bergkette auszuweichen. Das gesamte Gebiet um uns herum bis zum Mackenzie-Fluß ist nichts weiter als ein riesiges Labyrinth aus Canyons und Felsriegeln, das nicht einmal erfahrene Alpinisten im Winter bewältigen könnten.

Ich beneide Bruce und Alain, die, den Daumen auf dem Gas ihres Schneemobils, gemütlich den Hang hinauftukkeln. Ich muß neben dem Schlitten herlaufen und so über 1000 Höhenmeter erklimmen. Der dreistündige Aufstieg ist anstrengend, doch er lohnt sich, denn oben erwartet mich eine atemberaubende Aussicht. Vom Kamm aus blicken wir über eine Landschaft von mehreren Hundert Quadratkilometern. Die Berge erstrecken sich endlos weit und bilden in der Ferne eine Art Wald, dessen Bäume Gipfel sind, die dicht an dicht in die Höhe ragen; zu unseren Füßen mehrere Täler mit zugefrorenen Flüssen, deren bläuliches Band Kiefernwälder durchzieht. Und soweit das Auge reicht, keine Spur menschlichen Lebens, nichts als das Weiß, die Berge, die Flüsse und die Wälder, bis zum Horizont.

Wieder ist uns das Glück hold. Die Sonne liebkost die Kämme, und es ist nahezu windstill. Wenn es hier oben bläst, wo es nichts gibt, was sich dem Wind in den Weg stellt, und folglich auch keinen Schutz, kann das Plateau zu einer tödlichen Falle werden. Im übrigen hat man uns gewarnt.

»Manchmal stürmt es da oben zehn Tage am Stück mit Windgeschwindigkeiten von über 150 Stundenkilometern.«

Wir nutzen die Gunst der Stunde und bewältigen im Verlauf des Tages eine Riesenetappe. Bei Sonnenuntergang haben wir die Abraham-Ebenen durchquert, und nachdem wir uns, ohne lange zu verweilen, im Depot mit Proviant und Benzin versorgt haben, machen wir uns an den Abstieg durch einen schmalen Engpaß.

Dicht beieinander liegende Felsblöcke, riesige Geröllfelder, Lawinengräben, schroffe Schluchten... Das Gebirge fordert einen hohen Preis für das Schauspiel, das es uns auf den höchsten Logenplätzen dargeboten hat.

Die Schneemobile kreischen vor Schmerz, und mein Schlitten bockt und windet sich unter beunruhigendem Ächzen, wenn er zu heftig gegen einen Stein stößt. Wir sind alle drei erschöpft. Eiskristalle, die sich bei der Kondensation unseres Atems bilden, überziehen unsere Wangen, Lider und Wimpern mit einer so dicken Kruste, daß wir die Hindernisse falsch einschätzen. Die Fehler häufen sich.

»Ich kann nicht mehr, Nicolas«, klagt Alain.

Und Bruce, der neben seinem steckengebliebenen Schneemobil in den Schnee sinkt, geht es kaum besser. Was mich betrifft, so habe ich das Gefühl, daß mein Körper nicht mehr meiner ist, daß diese schmerzende Muskelmasse an Beinen, Armen und Rücken, die mir nicht mehr gehorcht, einem anderen gehört. Und nirgendwo ein geeigneter Platz für das Nachtlager.

Der Alptraum dauert zwei Stunden. Immer wieder verkeilen sich die Maschinen zwischen den Felsen und bleiben liegen, immer wieder wird der Schlitten durchgerüttelt, stürzt um, bleibt zwischen Schnee, Eis und Steinen stecken. Und die drei mit Rauhreif überzogenen Phantome, die wir sind, Schatten unserer selbst, wandelnde

Gespenster, arbeiten sich in der Dunkelheit Meter um Meter voran. Dann endlich ist der Grund der Schlucht erreicht, und wir gelangen in das Tal, dem wir nun mehrere Dutzend Kilometer folgen werden. Wir entdecken die Überreste eines Camps und finden mitten unter den verfallenen Hütten einen wackeligen Unterschlupf, den wir dem Zelt vorziehen. Von ihren regelmäßigen Besuchern, den Bären, demoliert, von Eichhörnchen zernagt, von Mardern und anderen Untermietern verwüstet, werden diese beim Bau der Straße hastig gezimmerten Hütten in einigen Jahren nicht mehr existieren. Sie werden mit der Straße verschwinden. Zum wiederholten Mal studieren wir ausgiebig die Karten, um festzustellen, in welchen Schlamassel wir morgen geraten werden und welche Möglichkeiten wir haben, heikle Zonen zu umgehen.

Das Studium der Karten vermittelt ein anschauliches Bild von der Landschaft, vorausgesetzt man verfügt über viel Erfahrung und einen geschärften Blick, sieht sich genau die Höhenlinien, die Lage und Form der Berge oder Flüsse an und vergleicht sie mit denen, die man bereits überquert hat. Je länger ich mir die Karte betrachte, desto überzeugter bin ich, daß wir scheitern werden, wenn wir weiter der Canal Road folgen. Die Straße hangelt sich an einer Bergflanke mit einer Neigung von über 30 Grad entlang, und ich bin mir sicher, daß Geröll und Lawinen längere Streckenabschnitte zerstört haben, die wir nicht umfahren können. Wir müssen sie verlassen und bis zum Schluß dem Flußbett folgen. Die Höhenlinien lassen auf ein ziemlich breites Tal schließen, das vermutlich genug Möglichkeiten bietet, nicht zugefrorene Zonen, Overflows und Slutchs zu umgehen. Kopfzerbrechen bereitet mir lediglich ein kleiner Canyon etwa 20 Kilometer von hier, wo die Felswände eng zusammenrücken. Zudem erwarten uns dort laut Karte Wasserfälle und Stromschnellen von mehreren hundert Metern Länge. Wenn wir keine zugefrorenen Abschnitte finden, gibt es kein Durchkommen, denn die Felswände fallen zu beiden Seiten senkrecht wie Mauern ab und nehmen den Fluß in die Zange.

Eine regelrechte Falle. Unsere Chance ist die Kälte, die seit einer Woche herrscht. Ein Wasserfall friert niemals zu, aber die Wassertropfen, die er verspritzt, gefrieren, wenn sie auf Felswände fallen, und der nächste Tropfen erstarrt auf dem Eis, das sich gebildet hat... Auf diese Weise entstehen Eisblöcke, die eventuell ein Durchkommen ermöglichen.

Es ist plötzlich wärmer geworden. Schneefall setzt ein und bedeckt nach und nach unsere Spuren. Der Rest des Teams wird also nicht sehen können, für welche Möglichkeit wir uns entschieden haben: Gebirge oder Fluß. Ohne Bruce und Alain zu Rate zu ziehen, denn ich will für mein Vorhaben allein die Verantwortung übernehmen, hinterlasse ich den anderen eine Karte und eine Nachricht: »Folgen dem Fluß von hier bis Meile 50.« Es ist ein Wagnis, doch ich bin überzeugt, daß wir nur auf dem Fluß zum Ziel gelangen.

Was die »Nachzügler« angeht, wie wir sie mittlerweile nennen, geben wir uns keinen Illusionen mehr hin. Aber wenn nichts Unvorhergesehenes passiert ist, müßten uns Bob, Raphaël und ein Indianer entgegenkommen. Sie haben sogar versprochen, bis Meile 75 vorzustoßen. Genau dort sind wir jetzt. Sie können nicht mehr weit sein, doch es stimmt uns bedenklich, daß sie noch nicht aufgetaucht sind.

»Wenn sie noch nicht da sind, dann weil sie irgendwo ein größeres Problem haben«, meint Bruce. »Laut Abmachung müssen sie vor fünf Tagen von Norman Wells aufgebrochen sein.«

»Mir reicht's jetzt«, knurrt Alain. »Die da hinten lassen uns hängen, und die da vorn kommen nicht. Dann schlagen wir uns eben allein durch.«

»Wir müssen so schnell wie möglich weiter. Ich habe nur noch für drei Tage Futter, und der Proviant für uns reicht etwa genauso lang. Wir sollten versuchen, das Team aus Norman Wells heute oder morgen zu treffen. Dann erfahren wir, was mit den anderen los ist.«

Um 5 Uhr morgens brechen wir auf. Die Hunde sind in Form und japsen vor Ungeduld. Sie machen uns Mut, und den brauchen wir auch, denn wir stoßen an unsere physischen Grenzen und leiden unter Schlafmangel. Wir sind um 20 Jahre gealtert und sehen aus wie Greise.

Es schneit und das ist Pech, denn bei schlechter Sicht kann ich den Fluß nicht lesen. Trotzdem ist der Fluß dem Gebirge vorzuziehen.

Bruce macht aus seiner Skepsis und seinen Bedenken keinen Hehl.

»Das Gebirge ist sicherer.«

»Hör zu, Bruce, ich versichere dir, ich kenne mich mit Eis und mit Flüssen aus. Ich fahre voraus und ihr folgt in meiner Spur.«

»Okay.«

Vier Stunden lang fahre ich Slalom zwischen den Inseln, pendle zwischen den beiden Ufern, umkurve Hindernisse wie Slutchs und Overflows und erklimme von Zeit zu Zeit die Böschung, und die Kilometer fliegen nur so vorüber.

Alain frohlockt, und Bruce entspannt sich.

Plötzlich ein Geräusch. Ein Brummen, das lauter wird.

»Ein Hubschrauber!«

Sekunden später schwebt er über uns und landet auf dem zugefrorenen Fluß. Der aufwirbelnde Schnee blendet uns.

Ein seltsames Gefühl. Wir sind bewegt.

Die Tür geht auf, und Pierre kommt auf uns zugerannt. Wir fallen uns in die Arme wie zwei Brüder, die lange getrennt waren.

»Ein Flugzeug hat gestern die Berge überflogen und

euch von weitem gesehen«, berichtet er uns. »Sie haben die anderen gesucht, aber sie haben sie nicht gefunden. Axa hat den Hubschrauber gemietet, damit ich weitersuchen kann.«

»Hast du denn keine Nachricht von ihnen? Sie haben doch das Telefon.«

»Nichts. Kein Anruf seit einer Woche.«

»Und Bob?«

»Er kommt euch mit zwei Typen entgegen. Sie sind vor zwei Tagen aufgebrochen. Ein defektes Schneemobil hat sie aufgehalten.«

Raphaël, der hinter ihm steht, ist leichenblaß.

»Ihr müßtet eure Gesichter sehen! Ist es hart?«

»Sehr hart.«

»Ihr habt es fast geschafft. Sagenhaft. Ganz Norman Wells ist in heller Aufregung und verfolgt, wie ihr vorankommt. Als das Flugzeug gestern euren Standort durchgegeben hat, waren sie alle aus dem Häuschen. Man spricht nur noch von euch!«

Es macht uns Mut, daß die Leute unser Abenteuer verfolgen und an uns denken, und als der Hubschrauber mit Pierre und Raphaël wieder abhebt – beide aufgewühlt und mit Tränen in den Augen –, ist unsere Moral wieder intakt. Wir glauben daran. Norman Wells ist nicht mehr weit. Wir schaffen es, koste es, was es wolle.

Es hört auf zu schneien, und wir nähern uns dem Canyon, vor dem mir angst und bange ist.

Da ist er! Und er ist beeindruckend.

Die Berge rücken plötzlich zusammen. Der Fluß verengt sich zu einem schmalen Flaschenhals und verschwindet zwischen riesigen Felsen, die den Durchgang versperren.

»Scheiße!«

Bruce kommt auf meine Höhe und schüttelt traurig und ernüchtert den Kopf.

»Das war's dann wohl. Wir müssen umkehren, und was ich vom Gebirge gesehen habe, läßt nichts Gutes ahnen.«

Das Aus, so kurz vor dem Ziel.

»Hör zu, Bruce, wir seilen uns an und ich gehe voraus. Wir gehen runter und sehen nach, was hinter dem Canyon ist. Wenn das die einzige schwierige Passage ist, tragen wir den Schlitten und die Maschinen hinüber. Wir bringen Seile an, bauen eine Brücke, wenn nötig.«

»Nein!«

Bruce gerät in Zorn. Er sei zu jedem Risiko bereit, aber da runterzusteigen, das sei für ihn schlimmer als Selbstmord.

»Die Maschinen kriegen wir da sowieso nicht durch.«

»Wir müssen nachsehen.«

»Nein!«

Ich weiß, daß Alain mich ohne Zögern begleiten würde, obwohl er einen Horror vor solch heiklen Passagen auf tückischem Eis hat. Doch eins ist sicher: Wenn Bruce jetzt hierbleibt, wird er nachher niemals bereit sein, uns zu folgen, falls der Weg durch den Canyon entgegen aller Erwartungen einen Versuch wert sein sollte.

»Dann gehe ich eben allein.«

Bruce, in die Enge getrieben, tobt und stößt in seiner Sprache Flüche aus, die ich lieber nicht verstehen will. Er greift nervös nach dem Seil und schlingt es sich um die Taille. Der Canyon ist wirklich furchteinflößend mit seinen senkrechten Wänden, den offenen Stellen im Eis, aus denen tosend das Wasser schäumt, den häusergroßen Felsblöcken, die aus dem Berg gebrochen sind.

Wenn wir Erfolg haben wollen, dürfen wir den Canyon nicht als ein Ganzes sehen, sondern müssen Meter für Meter beurteilen, und darum bemühe ich mich jetzt. Zehnmal bleibt Bruce stehen und zieht mich an dem Seil, das uns verbindet, zurück. Zehnmal drohe ich damit, mich loszubinden. An manchen Stellen ist der Gang über das Eis höchst gefährlich, und als dann auch noch Felstrümmer vor uns auftauchen, die unüberwindlich scheinen, hellt sich Bruces Gesicht auf, denn er sagt sich: »Endlich gibt er auf und kehrt um.«

Aber es gibt immer ein Durchkommen. Manchmal über eine Eisplatte, einen Meter breit, links die Wand, rechts das brodelnde Wasser, aber es geht. Bruce ist leichenblaß. Er erlebt einen Alptraum.

»Bruce, du kannst mir vertrauen, ich mache so was nicht zum erstenmal und ich gehe nicht weiter, wenn ich ein ungutes Gefühl habe. Ich kenne das Eis, vertrau mir.«

Ich bin stehengeblieben, um mit ihm zu reden. Ich habe ihm in die Augen gesehen und große Angst darin gelesen. Ich muß zugeben, daß Mut dazu gehört, mir zu folgen, denn er kennt mich nicht, und sein Leben hängt an einem Faden, dem Seil, das uns verbindet. Obwohl er Angst hat, folgt er mir und vertraut mir sein Leben an. Einen größeren Beweis seiner Freundschaft und Achtung hätte er mir nicht geben können.

Bruce beruhigt sich. Er mustert mich mit seinen braunen Augen und sagt, jedes Wort betonend, zu mir:

»Gehen wir weiter!«

Und wir gehen bis zum Ende. Es ist gefährlich, aber machbar. An mehreren Stellen werden wir die Schneemobile tragen und eine Art Brücke über die Felsen bauen müssen, an zwei oder drei Passagen werden wir den Schlitten und die Maschinen anseilen und darauf achten müssen, daß die Leithunde aus Angst vor den Wasserfällen nicht plötzlich beschleunigen, um eine gefährliche Stelle schneller zu passieren, und den Schlitten mitsamt dem Gespann in das hinter ihnen klaffende Loch reißen.

»Gut, wir haben alles gesehen. Es geht nicht.«

»Bruce, wir gehen zurück und untersuchen jede Passage, eine nach der anderen.«

»...«

Alain erwartet uns oben neben einem Feuer.

Die Hunde haben sich im Schnee zu Kugeln zusammengerollt und laden ihre Batterien auf. Sie heben die Köpfe, als wir zurückkommen. Ich beneide sie um ihre Gleichgültigkeit gegenüber Schwierigkeiten, um ihren Gleichmut in Streßsituationen. Alain ist da ganz anders.

»Und?«

»Könnte gehen.«

»Es geht nicht«, sagte Bruce. »Ich seh mir die Berge an.«

Er schwingt sich auf sein Schneemobil und fort ist er. Ich bin fest entschlossen, ihm nach seiner Rückkehr Paroli zu bieten und meinen Standpunkt durchzusetzen. Ich bin sicher, daß eine Umkehr und ein Versuch in den steilen Bergen nach mehrtägiger Schinderei mit einem Fiasko enden würde. Dagegen wird der Fluß hinter dem Canyon wieder breiter und bringt uns geradewegs zu der Hütte bei Meile 50, und von dort brauchen wir nur noch einen Paß zu überqueren und schon sind wir im Dodo Canyon. Der Dodo Canyon, das letzte Hindernis vor dem Triumph.

Eine Viertelstunde später kehrt Bruce zurück. Damit wir nicht auf demselben Weg zurück müssen, hat er eine Passage quer durch den Wald gesucht, die wieder auf die Canal Road führt, doch der Hang war zu steil, der Schnee zu tief, der Wald zu dicht. Es gab kein Durchkommen, also ist er umgekehrt.

»Gehen wir.«

»...«

»Hör zu, Bruce, wir werden es schaffen. In einer Stunde haben wir es hinter uns.«

Eine Stunde, um das Unmögliche zu schaffen: einen Schlitten, zehn Hunde und zwei Schneemobile durch dieses Gewirr von Wasserfällen, Felsbrocken und Eisbrücken zu bringen. Eine Stunde, in der wir unsere Kräfte vereinen und ein großartiges Trio bilden. Nur ein einziges Mal entgehen wir ganz knapp einem tödlichen Unfall, als der Schlitten in ein Loch rutscht, das eine dünne Eisdecke verbirgt. Das Eis bekommt Sprünge, gibt aber nicht nach.

Dann überwinden wir das letzte Hindernis, eine Eiszunge von kaum 50 Zentimetern Breite, die, an einem Wasserfall vorbei, um einen riesigen Felsblock herumführt, und wir gelangen wieder auf den breiten Fluß, den Königsweg.

»Nicolas, das hätte ich nie für möglich gehalten. Bravo, und verzeih mir, daß ich an dir gezweifelt habe.«

»Bruce, vergiß nicht, bis hierher hast du 99 Prozent der Piste gespurt. Und ich kann dir versichern, was du in den Bergen geleistet hast, hätte ich niemals geschafft. Das Bravo gebührt uns allen dreien.«

»Ja, wir sind ein gutes Team.«

Ein stolzes Team.

KAPITEL 19

Dodo Canyon

–41 °C, 1230 km

PIERRE MACHT MIR VIELLEICHT SPASS. BEI DER RÜCKkehr von seinem Erkundungsflug ist er mit dem Hubschrauber neben uns gelandet und teilt uns mit, daß er die anderen gefunden habe.

»Sie sind nicht weit! Sie sind es leid, hinter euch herzuhecheln, ohne euch einzuholen. Sie sind kurz davor aufzugeben. Sie haben eine Menge durchgemacht, eine Panne nach der andern, und sie haben nicht genug Benzin. Ihr müßt unbedingt auf sie warten.«

»Wo sind sie denn?«

»Nicht weit.«

»Nicht weit! Im Hubschrauber besagt das nicht viel.«

»Aber es ist wirklich nicht weit, ich weiß nicht, vielleicht 20, 40 Kilometer.«

Als er wieder abfliegt, haben wir das unangenehme Gefühl, daß die anderen uns für treulose Tomaten halten, die es darauf angelegt haben, sie abzuhängen. Im übrigen hat uns Pierre nicht verschwiegen, daß »gewisse« Mitglieder des Teams nicht besonders gut auf uns zu sprechen sind.

»Das ist doch ein starkes Stück!«

Bruce will nicht auf sie warten. Alain besteht darauf. Und ich bin hin- und hergerissen, weil die Hunde dann nur halbe Ration bekommen und wir noch mehr in Verzug geraten und weil ich weiß, daß die Tage, die wir hier verlieren, uns später teuer zu stehen kommen können.

Wir beschließen, zwei Nächte, also mehr als 30 Stunden, zu warten, um ihnen eine Chance zu geben, uns einzuholen, aber unsere Enttäuschung ist groß, denn wir fühlen uns dem Ziel so nah, können es aber nicht erreichen. Wir haben das Gefühl, ein Opfer zu bringen, dessen Größe niemand wirklich ermessen kann. Aber trotz unseres Frusts sind wir natürlich froh, die anderen gesund und wohlbehalten zu wissen. Sie sind nicht weit und wie wir auf dem Weg zu einem schönen Sieg.

»Ich bin stolz auf sie«, sagt Alain.

Am nächsten Tag spuren Bruce und ich mit den Schneemobilen die Piste bis zum Paß.

Der Schnee ist sehr tief, und wir bleiben mehrmals stekken, ehe wir den Paß erreichen, wo uns ein eindrucksvoller Sonnenaufgang und einige Karibus erwarten.

Wir hatten vereinbart, hier umzukehren, doch die Versuchung ist einfach zu groß. Unsere Blicke begegnen sich, und ohne ein Wort zu wechseln, beschließen wir, bis zum Dodo Canyon weiterzufahren, der zehn Kilometer hinter dem Paß beginnt.

Dort werden wir erfahren, ob es endgültig aus ist oder ob die gefürchteten Overflows den Canyon noch nicht unpassierbar gemacht haben.

Der Weg führt durch eine kleine, ziemlich steile Schlucht nach unten, und wir meistern mehrere halsbrecherische Passagen. Einmal bleibt ein Schneemobil im Slutch stecken und die Lenkung vereist, so daß wir ein Feuer machen müssen, um sie aufzutauen.

Danach spuren wir eine Piste durch den Wald, fahren auf einem Bach entlang und gelangen urplötzlich auf den Carcajou-Fluß, und zwar genau an der Stelle, wo er in den Canyon eintritt, dessen Wände sanft über ihm ansteigen.

Bruce fährt voraus. Er reckt die Arme zum Himmel und

läßt sich von seinem Schwung bis zur Mitte der Flusses tragen. Das Eis ist sehr hart, es gibt keine Overflows.

Mein Schneemobil bleibt ein paar Meter hinter ihm stehen. Den Rest lege ich laufend zurück. Ich rutsche aus und falle der Länge nach hin. Bruce wirft sich auf mich, und wir kugeln uns glücklich im Schnee.

»We made it, we made it«, ruft Bruce immer wieder, wie besoffen vor Freude und Rührung.

Wir bleiben eine ganze Weile hier und berauschen uns an dem Erfolg.

»Morgen wird es nur so flutschen. Einmal hin und zurück, dazu der Nachtfrost. Das gibt eine ausgezeichnete Piste, knallhart. So was haben die Hunde lange nicht mehr gehabt.«

Ich freue mich, daß ich ihnen eine so schöne Strecke bieten kann, zumal die folgende ebenso schön zu werden verspricht, denn der gefrorene Overflow im Canyon ist ebenfalls ein gutes Geläuf.

»Hoffentlich kommen die anderen, dann wird es ein schöner Abend.«

Ich hoffe es von ganzem Herzen. Sie haben es verdient, und wir auch. Ich sehe uns schon vor mir, wie wir in einer Reihe in Norman Wells einlaufen. Das gibt ein Fest!

Doch Alain ist allein, allein mit den Heringen, die er für ihre Zelte bereit gelegt hat, mit dem Tee, den er literweise für sie gekocht hat, mit dem sehnsüchtigen Wunsch, sie zu sehen.

Die Nacht bricht an, und unsere Hoffnungen schwinden.

»Ach was, die kommen bestimmt noch«, sagt Alain immer wieder. »Sie wissen, daß wir auf sie warten. Sie werden sich bis zu uns durchschlagen.«

Wir können es nicht begreifen. Und begreifen es noch weniger, als Bruce und Alain am nächsten Morgen bis zum Eingang des Canyons zurückfahren, ohne ihnen zu begegnen. Sie müssen also mehr als zwei Tage Rückstand haben, denn wir haben dieselbe Stelle vor mehr als 48 Stunden passiert.

»Ich verstehe das nicht«, sagt Alain unablässig.

Ich bin unterdessen um 4 Uhr mit den Hunden aufgebrochen, und als ich den Dodo Canyon erreiche, kommt mir Bob entgegen. Er ist allein. Seine »Indianer« hat er schlafen lassen.

Die Verbindung ist also hergestellt. Jetzt brauchen wir nur noch der Piste bis Norman Wells zu folgen. Bob tanzt vor Freude auf seinem Schneemobil, auch wenn er es zutiefst bedauert, daß er uns nicht helfen konnte.

»Das sind die letzten Typen. Sie haben drei Tage für die Vorbereitungen gebraucht. Wir wollten vorgestern um 5 Uhr morgens aufbrechen, und um 15 Uhr sind wir endlich aus Norman Wells weggekommen. Wir sind erst gestern abend hier eingetroffen! Und heute morgen haben sie geratzt!«

»Drei Tage mit dem Schneemobil von Norman Wells bis hierher!«

»Es ist zum Heulen!«

»Heute abend bin ich mit den Hunden dort, und wir haben schon 30 Kilometer auf dem Buckel.«

Als ich bei der Hütte mitten im Dodo Canyon anlange, wo sie Halt gemacht haben, sind seine Begleiter, ein Indianer und ein Kanadier, gerade erst aufgestanden. Ich sehe auf den ersten Blick, was für Leute ich vor mir habe.

»Wo bist du losgefahren?«

»Von der Hütte auf der anderen Seite des Passes.«

»Heute morgen? Unfaßbar! Du kannst hier schlafen. Die Hunde können sich ausruhen, und morgen bringen wir dich nach Norman Wells. In zwei Tagen sind wir dort, und unterwegs können wir in einer Hütte übernachten.«

»Ich brauche niemanden, der mich nach Norman Wells bringt. Außerdem fahre ich auf der Stelle weiter.«

»Und wie weit?«

»In einem Rutsch bis Norman Wells.«

Die beiden Typen sehen sich entgeistert an, und ich kann der Versuchung nicht widerstehen.

»Es sind nur 80 Kilometer, ein Klacks. Wie lange habt ihr mit den Schneemobilen gebraucht?«

Sie tauschen noch einen Blick, verlegen, beschämt.

»Na ja, äh, wir hatten Probleme, wir mußten in der Hütte Halt machen und sind dann ein bißchen spät weggekommen…«

»Verstehe. Das ist schade, denn es wäre uns eine Hilfe gewesen, wenn ihr die Piste über den Paß gespurt hättet.«

Zwei Stunden später stoßen Bruce und Alain zu uns, und während sie sich satt essen, mache ich mich wieder auf den Weg und genieße das verblüffende Schauspiel, das der Canyon bietet. Er wäre eine passende Kulisse für einen Science-Fiction-Film.

Die Felswände ragen über 200 Meter empor. Gefrorene Kaskaden hängen von oben herab und schillern in dem Licht, das der Canyon einfängt und das das blaue Eis auf seinem Grund zurückwirft. Die Landschaft ist so grandios, daß sie schon fast wieder künstlich wirkt. Ich lasse die Hunde laufen. Sie weichen selbständig den Overflows aus, die sich gerade wieder bilden. Die Lachen werden größer, und von der Hütte aus habe ich beobachten können, in welchem Tempo sie sich ausbreiten. Das Thermometer zeigt nur −30 °C, und bei dieser Temperatur kann das Wasser nicht so schnell gefrieren, wie es nach oben quillt. Hoffentlich passieren die anderen die Falle, ehe sie endgültig zuschnappt. Am Ausgang des Canyons erwartet mich ein weiteres fesselndes Schauspiel, der jähe Übergang vom Gebirge in die Ebene. Es ist unglaublich! Auf wenigen Metern stürzen die Rocky Mountains fast senkrecht ab, und ein Wald beginnt, der sich, einem Ozean gleich, bis zum Horizont dehnt.

Es ist geschafft. Die Rockys liegen hinter uns. Das nächste große Ziel ist das Packeis, 3000 Kilometer von hier.

Wir tauchen in dem Moment in den Wald ein, als der Tag sich neigt und Myriaden von Sternen am klaren Himmel aufgehen.

Noch nie ist mir eine Strecke so lang vorgekommen. Ich bin erschöpft. Ich friere. Ich habe Hunger. Ich würde alles darum geben, wenn ich endlich, endlich am Ziel wäre, aber wir scheinen niemals anzukommen.

Jahrhunderte später taucht der Mackenzie auf. Am Ufer brennt ein Feuer. Bob, Alain und Bruce erwarten mich. Wie endlos lang muß ihnen die Warterei vorgekommen sein, die Lichter der Stadt seit Stunden so nah vor Augen.

Schlotternd vor Kälte und Müdigkeit überqueren wir den windgepeitschten Fluß. Am Ortsrand empfangen uns Pierre und Raphaël. Zwei Wildhüter, die im Dodo Canyon unseren Nachzüglern begegnet sind, haben sie über Funk von unserem Kommen verständigt.

Der Rest ist eitel Freude. Fröhliche Gesichter, Umarmungen, Glückwünsche, ein paar Bierchen, und dann trifft über Funk die Nachricht ein:

»Eure Leute werden gegen 1 Uhr morgens da sein!«

Alain nimmt die Nachricht mit einer Mischung aus Freude und Unbehagen auf.

»Sie werden uns nie verzeihen!«

»Hast du dir irgendwas vorzuwerfen?«

»Nein, aber sie sehen das anders als wir. Sie verstehen uns nicht.«

»Wenn wir sie verstehen (obwohl bei mir noch ein gewisser Erklärungsbedarf besteht), müßten sie doch auch uns verstehen, findest du nicht?«

Alain, ebenso skeptisch wie Pierre, der die Sache für

meinen Geschmack etwas zu dramatisch sieht, läßt sich die Argumente durch den Kopf gehen.

»Ich will dir was sagen, Alain. Ich werfe mir nur eins vor, und das werde ich ihnen auch sagen, nämlich daß ich an ihnen gezweifelt habe. Ich habe daran gezweifelt, aber sie haben es doch geschafft.«

KAPITEL 20

Norman Wells

–30 °C, 1280 km

MEINE ZEHN HUNDE TRABEN MIT GLEICHMÄSSIGEN, ausgreifenden Schritten, halten den Rhythmus und ziehen, schön ausgerichtet, mit einer unbändigen Kraft, die der zweitägige Aufenthalt in Norman Wells verzehnfacht hat. Ich muß allerdings auch sagen, daß die Piste hervorragend ist: breit, hart, frei von Tücken. Dieser Weg wird im Sommer nicht benutzt und erst im Lauf des Winters von Bulldozern angelegt, die den Schnee mit kochendem Wasser besprengen, ehe sie ihn niederwalzen und planieren. So entsteht ein Eisbelag, der vollkommen glatt ist und so fest, daß Lastwagen ihn befahren und die verschiedenen Ortschaften entlang dem Mackenzie mit Lebensmitteln und anderen Waren versorgen können. Diese Straße, die »Ice-Road«, ist im allgemeinen von Mitte Januar an ein bis zwei Monate im Jahr geöffnet.

Nach den Auskünften, die wir eingeholt haben, soll sie erst in 14 Tagen für den Verkehr freigegeben werden. In einigen schwierigen Abschnitten sind die Bulldozer noch im Einsatz, doch davor haben Schneemobile die Piste bereits gespurt. Ein Königsweg für einen Hundeschlittenlenker, und ich hoffe, einen Teil der Zeit, die wir in den Rocky Mountains verloren haben, hier wieder hereinzuholen: Wir schreiben den 12. Januar (sind also seit 30 Tagen unterwegs), und dabei hätte ich Norman Wells laut

Plan am 5. Januar verlassen sollen. Wir sind eine gute Woche im Verzug. Das ist viel.

Die Schneemobile sind also überflüssig, und das trifft sich gut, denn sie sind allesamt unbrauchbar. Was da in Norman Wells angekommen ist, waren keine Schneemobile, sondern Schneewracks. Trotzdem habe ich darauf bestanden, daß Alain und Raphaël heute mit zwei notdürftig reparierten Maschinen losfahren. Der Rest des Teams soll nachkommen, sobald die Ersatzteile eingetroffen und eingebaut sind.

»Aber das bringt doch nichts«, habe ich zu hören bekommen. »Auf den nächsten 1000 Kilometern ist die Strecke frei. Du brauchst keine Schneemobile.«

»Man kann nie wissen. Wir können uns keine Fehler mehr erlauben. Wenn ein Sturm die Ice-Road mit 30 Zentimetern Neuschnee zuweht, habe ich die Maschinen lieber vor als hinter mir. Fahren müssen sie die Strecke so oder so …«

Ursprünglich hatten wir beabsichtigt, bis zum Großen Bärensee zu fahren und dann über eine Reihe von Seen und Flüssen zum Großen Sklavensee hinabzustoßen, wo Trapper normalerweise einen Trail legen. Doch die Ice-Road eröffnet uns eine unverhoffte Chance, die wir nicht ungenutzt lassen können, auch wenn ich nicht gerade begeistert bin, denn solche Straßen führen durch eintönige Landschaften, und man langweilt sich zu Tode.

Ich habe mir also vorgenommen, 120 bis 150 Kilometer pro Tag zurückzulegen, und zwar in folgendem Rhythmus: 5 Stunden »run«, 3 Stunden Rast, 5 Stunden »run«, 8 Stunden Rast, dann wieder 5-3-5-8 und so weiter. Dazu, je nach Verfassung der Hunde, Pausen von 12 bis 30 Stunden in den vier Dörfern, in denen ich Proviant aufnehmen muß. Raphaël hat die Einrichtung der Depots organisiert.

Anderthalb Tonnen Fracht werden per Post in die 21 Ortschaften geschickt, durch die wir auf dem Weg nach Quebec kommen werden.

Das Gespann ist in Form, die Temperatur mit – 30 °C ideal und die Piste tadellos. Wir legen in einem Rutsch die 80 Kilometer bis Fort Norman zurück, wo uns ein Offizier der Mounties empfängt, der über Funk von meiner Ankunft unterrichtet worden ist. Er ist verblüfft, wie schnell die Hunde die Etappe bewältigt haben.

Alain und Raphaël stoßen zu mir und fahren gleich weiter, während ich den Hunden eine Pause gönne. Gegen 10 Uhr abends sind sie wieder startklar, ich aber nicht. Ich habe Hitzewallungen und Schweißausbrüche und verspüre einen Brechreiz, der so stark ist wie der Harndrang nach dem Genuß von zwei Litern Bier. Ich kann mich kaum auf den Beinen halten. Meine Knie zittern, mir ist schwindlig, und ich habe das Gefühl, daß mir jemand gegen die Schläfen hämmert. Ich bin weiß wie ein Laken und der Offizier bemerkt es. Hat er mich vorher schon für verrückt erklärt, als ich ihm sagte, daß ich noch in der Nacht weiterfahren wolle, so hält er mich nun vollends für einen Irren, der in die Klapse gehört, als ich mich trotz meines Zustands nicht von meinem Vorhaben abbringen lasse, zumal das Thermometer auf – 45 °C gefallen ist.

»Bleiben Sie hier, ich habe ein schönes Bett für Sie. Sie können morgen früh weiterfahren.«

Die reinste Folter, sein Angebot. Ein Martyrium, seinem Drängen zu widerstehen, denn ich bin drauf und dran mir wehzutun, sehr wehzutun, und am liebsten würde ich den Teil von mir, der mir diese Qualen zumutet, erwürgen.

»Hör zu, Nicolas, du bist im Verzug und hast noch drei Viertel der Strecke vor dir. Wenn du jetzt schwach wirst, kannst du gleich aufgeben. So fängt es an. Danach wirst du jedesmal, wenn du in den Schlafsack kriechst, eine

Stunde liegenbleiben, dann werden die Pausen immer länger und zu guter Letzt…«

»Schon gut, schon gut, ich fahre.«

In solchen Augenblicken denke ich oft an meine Mutter und stelle mir vor, daß sie diesen Teil meines Ichs, der allzuoft die Oberhand behält, zum Schweigen gebracht hätte.

»Also wirklich, Nicolas, das ist doch lächerlich. Siehst du denn nicht, in welchem Zustand du bist? Du mußt dich schonen, dich ausruhen. Bleib wenigstens bis morgen früh. Du bist völlig verrückt.«

Ich hätte meine Mutter mitnehmen sollen. Sie hätte mich zurückgehalten. Denn der Verrückte muß bitter büßen. Schon nach wenigen Minuten überziehen mich Kälte und Wind mit Eis. Vor lauter Bauchschmerzen kann ich nicht aufrecht stehen. Mir dreht sich alles. Ich lehne mich auf den Haltebügel und versuche, gleichmäßiger zu atmen, damit ich nicht umkippe. Nach jedem Kilometer sage ich mir, nur noch einen, doch im Grunde meines Herzens weiß ich genau, daß ich nicht aufgeben werde: 60 Kilometer habe ich mir vorgenommen und davon gehe ich nicht ab. Das ist dumm, ich weiß, aber ich hätte mich eben nicht auf eine so dumme Wette einlassen sollen.

»Jetzt heißt es weiterfahren, mein Lieber.«

Es ist finstere Nacht, und ich fühle mich einsam wie ein verirrter Seemann auf See und bekomme ein wenig Angst. Die Angst wird größer, denn ich bin so schwach, daß ich stürzen könnte, und wer bei dieser Kälte auch nur für einen kurzen Augenblick das Bewußtsein verliert, wacht nie wieder auf. Vor der Abfahrt habe ich mehrmals versucht, mich zu erbrechen, mit mäßigem Erfolg. Ich spürte, daß der größte Teil des Pakets nicht herauskam. Und nun kommt er mit einem Schlag, ohne Vorwarnung. Der Frost hat mir eine Maske aufgesetzt, die ich nicht herunterreißen kann, und der Brei quetscht sich in meinen vereisten Taucheranzug, läuft mir am Hals hinunter und steigt mir in die Nase. Im Fallen umklammere ich den Schlitten und ziehe ihn zu mir heran, um ihn zu stoppen, denn ich kann nicht einmal schreien. Ich sinke zu Boden, mit dem Gesicht in den Schnee. Das Erbrochene quillt durch den Sehschlitz, und ich erweitere ihn mit den Händen, indem ich das Eis herunterreiße. Mir ist sterbenselend. Könnte mich doch nur jemand sehen, mir helfen, verstehen, warum ich verzweifelt schluchze, und als dann Voulk und Nanook zu mir treten, gefolgt von den anderen, verwandeln sich meine Tränen des Schmerzes in Tränen der Dankbarkeit. Doch die Hunde sind nicht gekommen, um mir zu helfen. Angelockt durch den Geruch, fressen sie, was ich auf die Piste gespuckt habe, und balgen sich nun um die Reste.

»Nein!«

Sie verheddern sich in den Leinen, und ich muß sie möglichst schnell trennen. Ich tue es und verfluche dabei die ganze Welt, und als ich neben Voulk in den Schnee sinke, lasse ich mir von ihm das Gesicht abschlecken, denn es tut gut, die Berührung seiner Zunge zu spüren, und es tut gut, in sein Fell zu weinen.

»Ich kann nicht mehr, Voulk. Ich kann nicht mehr!«

Die Hunde machen keinen Mucks. Sie haben begriffen, daß es mir nicht gut geht, und würden mir gern helfen. Ich entzünde ein kleines Feuer, um meinen Taucheranzug aufzutauen, und es gelingt mir, ihn auszuziehen, denn der Gestank des Erbrochenen ist unerträglich. Ich wasche mich mit Schnee, so gut es geht, stülpe mir eine andere Kapuzenmütze über und fahre weiter. Ich habe keine Bauchschmerzen mehr. Alle Schmerzen sind in den Kopf gestiegen. Gegen 2 Uhr morgens erreiche ich, mehr tot als lebendig, die Stelle, wo Alain und Raphaël rasten. Sie haben sich verfahren. An einer Weggabelung am Ortsende haben sie die falsche Abzweigung genommen. Zum Glück hat ihnen ein indianischer Trapper den richtigen Weg gezeigt, aber sie haben drei Stunden eingebüßt.

Als ich ankomme, bietet Raphaël an, mir beim Ausschirren der Hunde zu helfen, doch ich lehne ab.

»Es geht schon!«

Wie bescheuert ich in solchen Fällen sein kann! Dieser dämliche Stolz, der mich veranlaßt, Hilfe abzulehnen, die ich so dringend brauche und die mir Raphaël so gerne geben würde. Doch Raphaël ist nicht so bescheuert wie ich und merkt, in welcher Verfassung ich bin. Wir schirren zusammen aus.

Alain hat das falsche Zelt eingepackt. Er hat das Zweimannzelt genommen, das für zwei große Kerle wie Raphaël und ihn schon zu eng ist, aber das ist mir egal. Sich hinzulegen und zu schlafen ist in meinem Zustand ein unbeschreiblicher Genuß.

KAPITEL 21

Wrigley

–51 °C, 1500 km

SEIT DEM START IST MEINE STIMMUNG NOCH NIE SO schlecht gewesen. Aus der Straße ist ein Weg, aus dem Weg ein Pfad geworden, so breit wie ein Schneemobil und mit 20 Zentimeter Pulverschnee bedeckt, und dann das totale Weiß, keine Spuren mehr, nichts. Der Verlauf der Straße, die den Wald und die Hügel durchzieht, ist allenfalls noch zu erahnen. Die Hunde versinken bis zum Bauch im Schnee, den die beiden Schneemobile eben erst niedergewalzt haben. Wenig später hole ich sie ein, denn sie bleiben unentwegt stecken.

Alain ist rot vor Zorn. So habe ich ihn selten gesehen.

»Wenn ich den zu fassen kriege, der behauptet hat, daß diese Straße eine Autobahn ist, drehe ich ihm den Hals um.«

Ein harter Schlag, denn wir hatten uns auf eine leichte Etappe eingestellt, und die hätten wir nach der famosen Überquerung des Felsengebirges auch wirklich nötig gehabt. Wir wollten verlorene Zeit aufholen, und nun beginnt der Ärger von vorn. Es ist zum Brüllen, und das tun wir auch abwechselnd in schöner Regelmäßigkeit, auch wenn es nichts nützt. Bei der Überquerung der Rockys hatten wir wenigstens das Gefühl, daß die Schinderei sich lohnte, aber hier ist sie völlig unnötig. Hätten wir uns besser informiert und unsere Informationen überprüft, so hätten wir die Etappe besser organisieren und alle Schneemobile vorausschicken können, um die Piste zu präparieren. Statt dessen versinken die Hunde wieder mal im Schnee. Das ist der Tropfen, der das Faß zum Überlaufen bringt. Ich habe von dieser beschissenen Organisation die Nase gestrichen voll!

»Unser Sprit wird nicht reichen«, bemerkt Alain. »In dem Schnee verbrauchen wir das Dreifache. Ich habe bis zum Dorf mit einer harten Piste gerechnet, aber nicht damit!«

Das hat noch gefehlt. Zum Glück haben wir das Satellitentelefon. Wir sprechen eine Nachricht auf einen Anrufbeantworter in Norman Wells und fordern Hilfe an.

Sie trifft 30 Stunden später ein. In dieser Zeit haben wir ganze 40 Kilometer zurückgelegt, dann ist uns das Benzin ausgegangen. Der Rest des Teams fährt die Strecke in einem Rutsch durch, und als sie nach 12 Stunden auf dem Schneemobil zu uns stoßen, sind sie fix und fertig.

Es ist Mitternacht und ich bitte Marc, der als erster ankommt, mit Alain bis Wrigley weiterzufahren. Nach einem kurzen Imbiß verschwinden sie in der Nacht, um die Piste freizumachen. Sie werden 10 Stunden brauchen. Sie werden häufig steckenbleiben, sie werden Flüsse überqueren, sie werden Tobsuchtsanfälle bekommen. Und wenn sie am Ziel sind, wird Marc nahezu ohne Unterbrechung 28 Stunden lang auf dem Schneemobil gesessen haben! Es muß sein.

Ich verlasse das schlafende Lager gegen 4 Uhr morgens, und die Hunde machen sich auf die Verfolgung. Die Piste ist nur teilweise gefroren, wird aber im Lauf der Stunden besser. Gegen 16 Uhr erreiche ich das mobile Lager der Bauarbeiter, das sich dort befindet, wo sie gegenwärtig arbeiten.

Sie sitzen gerade beim Essen, als ich wie ein Schneezombie in ihren Wohnwagen platze, ganz weiß von Rauhreif und Eis. Der Ofen bullert so laut, daß sie mein Kommen nicht gehört haben und zusammenzucken. Hier draußen ist sonst keine Menschenseele, kein Trapper, kein Indianer. Sie schauen mich entgeistert an, fassen sich aber schnell wieder und begreifen, wer ich bin – zumal sie die Spuren gesehen haben, die Marc und Alain in der Nacht hinterlassen haben.

»You are the crazy French!«

»Äh, ja …«

Sie laden mich zu einem Schlemmermahl ein, und gegen 21 Uhr mache ich mich wieder auf die Socken. Im Eiltempo geht es nach Wrigley, wo ich um 1 Uhr morgens eintreffe. Die Hunde haben an diesem Tag 155 Kilometer zurückgelegt.

Ab Wrigley wird die Ice-Road von Lastwagen befahren, also kommt sie für uns nicht in Frage. Wir beschließen, dem Mackenzie zu folgen, dessen Eisdecke dick genug ist. Das Problem bei großen Flüssen ist das Packeis: Eis, das sich zu Beginn des Winters bildet und an seichten Stellen des Flusses ablagert, der erst später, Mitte November, vollends zufriert. Diese ineinander verkeilten Blöcke bilden ein unentwirrbares Chaos, und es ist ein schwieriges Unterfangen, sich dort einen Weg zu bahnen. Die Packeiszonen können sich über Dutzende von Kilometern erstrecken, und die Informationen, die wir über den Mackenzie bekommen haben, gehen in diese Richtung. Zum Glück schwankt seine Breite zwischen einem und vier Kilometern, und ich weiß, daß es an den Ufern immer einen schmalen Durchschlupf gibt.

Tatsächlich friert ein Fluß in mehreren Etappen zu. In den geraden Abschnitten entsteht das Eis zunächst an den Ufern und bildet einen Streifen, der im allgemeinen frei von Packeis ist, jedoch den Nachteil hat, daß er schräg abfällt und zahlreiche Sprünge, ja sogar Risse aufweist, die der Schnee verbirgt. In der Flußmitte bleibt eine offene Wasserrinne frei, die Eis führen kann, das sich weiter flußabwärts ansammelt. In den Biegungen friert der Fluß von innen her zu. Im Lauf der Wochen führt er immer weniger Wasser, der Wasserspiegel sinkt beträchtlich, und das Eis biegt sich oder bricht, weil zwischen ihm und dem Wasser ein Hohlraum bis zu mehreren Metern Höhe entsteht. In eine solche Falle bin ich einmal in Alaska geraten, mit den Hunden. Zum Glück landeten wir auf dem Kiesstrand und nicht im Wasser. Man kann sich vorstellen, wie entsetzt ich war. Ich brauchte über drei Stunden, um mich aus der Höhle zu befreien. Ich baute eine Eistreppe und zog einen Hund nach dem anderen, die Ausrüstung und schießlich den Schlitten nach oben. Ein nettes Erlebnis!

Alain und Marc nutzen die 24 Stunden Pause, die ich den Hunden gönne, um endlich einen Vorsprung herauszufahren und auf dem Fluß eine Piste zu spuren. Unterdessen trifft das restliche Team in Wrigley ein. Pierre und Raphaël fahren unverzüglich nach Fort Simpson weiter, um möglichst viele Informationen über brauchbare Pisten zu sammeln, die von dem Dorf in Richtung Großer Sklavensee abgehen. Thomas, Emmanuel und Didier werden zwischen dem Team der Pistenmacher und mir bleiben und filmen. Diese erste Andeutung von Organisation stimmt mich optimistisch.

Drei Tage später bin ich ernüchtert. Wieder herrscht ein ziemliches Chaos. Die ersten 180 Kilometer auf dem Fluß waren relativ gut. Die Piste war zwar nicht ideal, aber gemessen an dem, was wir schon erlebt hatten, waren die Hunde und ich hochzufrieden. Ich mußte viel arbeiten, um den Schlitten in der Spur zu halten, besonders auf den Schrägen und in den Packeiszonen, durch die wir dann und wann kamen, mußte ich häufig die Kanten ein-

Und wieder geht es weiter ...

Oumiak und Amarok, mit ebenso mulmigen Gefühlen wie der Musher in dieser heiklen Passage an einem offenen Fluß bei -55° C.

Durch einen majestätischen Canyon verlassen wir die Rocky Mountains. Alle hatten das Scheitern unseres Abenteuers im Felsengebirge prophezeit.

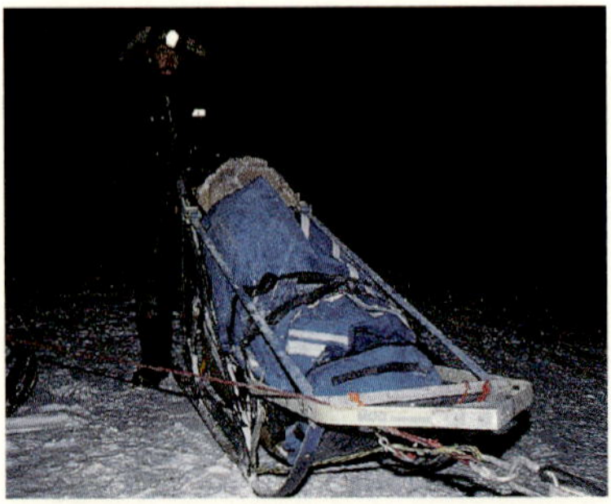

Nächtliche Ankunft in Churchill, bei der mich mein Sohn Loup nicht wiedererkennt. Ich bin völlig erschöpft und will aufgeben. Aber die Begeisterung der Einheimischen, die von Dorf zu Dorf eine Piste anlegen, bewegt mich zum Weitermachen ...

Wie ein Hafen für den Seemann:
Ankunft in einem Indianerdorf am Athabascasee.

Auf dem tückischen Eis eines großen Sees. Ich führe die Hunde über eine gefährliche Stelle.

Im Frühjahr bricht das Eis auf den Flüssen auf und erschwert das Fortkommen.

In diesem Labyrinth geht es schneller.

An dem kleinen Holzofen im Zelt werden Sachen getrocknet.

Zwischen Land und Meer. Auf dem Meereis ist
das Fortkommen ausnahmsweise einmal relativ leicht.

Die schönsten Augenblicke dieses verrückten Abenteuers, wenn es durch großartige Landschaften geht und die Freude am Laufen, bei Nacht wie am Tag, Hunde und Musher vereint.

Die Ankunft in Quebec, eine der bewegendsten Stunden meines Lebens: die aus dem Schnee auftauchende Stadt, dann die letzten Meter auf der eigens für uns gesperrten Autobahn, der begeisterte Empfang durch mehrere tausend Menschen und die Freude des Teams.

BIENVENUE À
l'Odyssée Blanche de Nico

setzen. Aber alles blieb im Rahmen. Und mit Freuden hatte ich erfahren, daß eine Gruppe von Schneemobilfahrern aus Fort Simpson sich unentgeltlich erboten hatte, den Pistenmachern entgegenzufahren und zu helfen.

Mittlerweile ist unsere Expedition in aller Munde, denn seit unserer aufsehenerregenden Überquerung der Rocky Mountains werden ihr zahlreiche Radiobeiträge gewidmet. Was unsere Unterbringung, die Reparatur der Schneemobile und Auskünfte über vorhandene Pisten und ihren Zustand angeht, ist man in den Ortschaften hilfsbereiter geworden. Die Kehrseite der Medaille ist, daß ich den Medien Zeit opfern muß. Immer wenn ich in ein Dorf komme, egal zu welcher Tages- oder Nachtzeit, werden meinetwegen Telefonleitungen geschaltet.

Die Gruppe aus Fort Simpson sollte also eine Piste durch den Wald spuren, die etwa 80 Kilometer vor dem Dorf auf den Mackenzie stößt und so eine vermeintlich unpassierbare Zone umgeht. Resultat der Aktion: Die Gruppe verfährt sich im Wald, kehrt zum Fluß zurück und unternimmt mit Alain und Marc einen zweiten sinnlosen Versuch: Sie verfranzt sich abermals. Als wir nachts ankommen, sind Alain und Marc mit ihren Führern erneut im Aufbruch begriffen. Auf der Suche nach einem Weg überqueren sie den Fluß an der falschen Stelle und finden ihn natürlich nicht. Marc steht kurz davor, sie zu erwürgen, und hätte Alain ein Gewehr dabei, so hätte er bestimmt schon zwei oder drei erschossen! Sie fahren auf dem Fluß im Kreis, dann am rechten Ufer entlang, ehe sie sich für das linke entscheiden und vergessen, eine Abzweigung zu markieren, so daß ich, als ich nachts an die Stelle komme, falsch abbiege und dafür mit einer 60 Kilometer langen Etappe durch Tiefschnee bis nach Fort Simpson bezahlen muß, wo ich total erledigt und deprimiert ankomme.

»So kann es nicht weitergehen!«

In dem Punkt sind wir uns einig und schwören, daß uns von nun an keine Fehler mehr unterlaufen werden, und das ist auch bitter nötig, wenn wir die verlorene Zeit wieder aufholen wollen. Unser Unvermögen führt zu ersten Spannungen im Team, und einer wälzt die Schuld an den wiederholten Pannen auf den anderen ab. Einer nach dem anderen kommt zu mir, erklärt mir zerknirscht, daß die Sache aus dem Ruder läuft, und beschuldigt einen anderen, dieses oder jenes getan oder nicht getan zu haben! Jeder sieht sich als Opfer und mit Erstaunen nehme ich zur Kenntnis, wie weit die Ansichten, Einschätzungen und Befindlichkeiten doch auseinandergehen. Wir sind keine Einheit, sondern neun Sonderfälle.

»Auf die Informationen, die uns Pierre und Raphaël liefern, ist kein Verlaß«, erklärt Alain. »Von den einheimischen Führern gar nicht zu reden.«

»Wir werden aus den Erfahrungen lernen«, sagt Pierre. »Wir passen in Zukunft besser auf und holen Auskünfte ein, aber wir brauchen auch einen Vorsprung. Ihr macht euch ja keine Vorstellung, wieviel Arbeit wir in den Dörfern haben.«

Ich sehe Alain an.

»Hör zu, Alain. Du fährst mit Marc los, und bis Churchill will ich euch nicht mehr sehen. Ich gebe euch 48 Stunden. Das müßte locker reichen, um einen Vorsprung von zwei Tagen herauszufahren und den müßt ihr halten, verdammt noch mal!«

»Mehr verlangen wir auch nicht«, sagt Marc ...

KAPITEL 22

Fort Simpson

–38 °C, 1800 km

NACH EINEM TAG PAUSE GEHEN DIE HUNDE AB WIE DER Blitz, obwohl der Schneesturm sie blendet. Sekunden später hat uns das Unwetter den Blicken der wenigen Schaulustigen entzogen, die sich am Start eingefunden haben.

Am Dorfausgang verlassen wir die Straße und biegen auf eine Schneemobilpiste ein, die an ihr entlangführt. Ich kann die Leithunde Voulk und Baikal nicht mehr sehen, das Weiß hat sie verschluckt. Man nennt das den »White out« und meint damit das Gefühl, in ein tobendes Meer aus Schnee einzutauchen. Im White out sind schon Menschen umgekommen, die, unzureichend bekleidet, zum Pinkeln vor ihr Zelt oder ihre Hütte getreten sind. Sie machten ein paar Schritte, und als sie sich umdrehten, sahen sie zwar nichts mehr, glaubten aber genau zu wissen, wo ihr Zelt oder ihre Hütte stand, dort, nur wenige Meter entfernt; also gingen sie darauf zu, aber nein, es mußte weiter rechts sein, nein, weiter links, und so entfernten sie sich immer weiter und verminderten mit jedem Schritt ihre Chancen, den sicheren Unterschlupf wiederzufinden. Man fand sie dann tot, hart wie gefrorenes Holz, ein paar Dutzend oder hundert Meter entfernt. Um diesem Schicksal zu entgehen, benutzen alle Forscher im hohen Norden einen Trick: Wenn sie mal raus müssen, binden sie sich ein Seil um. Aber was mich an diesem

Sturm am meisten ärgert: Er wird die Piste zuwehen, die unsere Schneemobile gespurt haben.

Die Hunde galoppieren noch immer, und ich sehe das Hindernis nicht. Einen riesigen Schneehaufen, den wahrscheinlich ein Bulldozer hierher geschoben hat. Die Hunde schlagen einen Bogen und weichen ihm aus, der Schlitten nicht. Ich segle durch die Luft und lande mehrere Meter weiter total benommen aber unverletzt am Rand der Piste. Ich bin haarscharf an einem Baum vorbeigeflogen, der mich möglicherweise zerschmettert hätte. Ich hebe den Kopf und sehe gerade noch, wie der Schlitten, der wie durch ein Wunder auf die Kufen gefallen ist, im Blizzard verschwindet.

»Vouuuuuuulk!«

Vergebliche Mühe. Selbst wenn ich ein Megaphon hätte, würde er mich nicht hören. Der Wind bläst mir entgegen. Ich springe auf und lege einen Sprint hin, um den Schlitten einzuholen. Aber ich bin nicht Carl Lewis, und selbst der hätte gegen galoppierende Hunde keine Chance.

»Scheiße!«

Es kann Stunden dauern, ehe die Hunde merken, daß ich nicht mehr hinten auf dem Schlitten stehe. Auf diesem harten und leichten Geläuf merken sie den Gewichtsunterschied kaum und wundern sich nicht, wenn sie keine Kommandos erhalten.

Ich bin schon weit vom Dorf entfernt, aber ich zögere, umzukehren und mir ein Schneemobil zu besorgen. Das kann mich eine gute Stunde kosten, und wahrscheinlich sind die Hunde bis dahin längst stehengeblieben. Ich stelle mir vor, was alles passieren kann: die Hunde kriegen sich in die Wolle, einer verheddert sich in der Leine, der Schlitten gerät auf eine abschüssige Strecke und mäht ungebremst die Hunde nieder … Ich beschließe, ihnen zu folgen. Die Piste überragt die Straße, und so besteht gute

Aussicht, daß ich ein Auto anhalten kann. Doch eine halbe Stunde vergeht, und immer noch keine Spur von den Hunden oder irgendwelchen Autos. Ich gelange an eine Abzweigung, und zu meiner Verzweiflung sehe ich, daß sie, statt der Hauptspur zu folgen, die parallel zur Straße verläuft, nach links in Richtung Mackenzie-Fluß abgebogen sind.

Zum Glück kommt just in dem Moment ein Pickup vorbei. Ich bemerke gerade noch rechtzeitig die gelben Scheinwerfer im Blizzard und halte ihn an. Ich erkläre dem Fahrer die Situation, und er sagt, er kenne einen Weg, der 10 Kilometer weiter zum Mackenzie abzweige.

»Okay, fahren wir.«

Aber der Sturm hat den Weg zugeschüttet, und der Pickup bleibt 200 Meter vor dem Fluß in einer Schneewehe stecken. Ich helfe dem Typ, ihn freizuschaufeln, und renne weiter. Schweißgebadet erreiche ich das Flußufer, absolut sicher, daß die Hunde nicht da sind. Ich weiß, daß sich in der Umgebung des Dorfes eine Vielzahl von Pisten kreuzen, und sie können stromaufwärts abgebogen sein, statt in die entgegengesetzte Richtung zum Mackenzie zu laufen. Hunde lesen keine Karten.

Außerdem sehe ich nichts. Eine Armee von Hundeschlitten könnte über den Fluß herfallen, ohne daß ich sie bemerke. Ich bin verzweifelt. Ich habe meine Hunde verloren und komme mir total lächerlich vor.

Ein Schatten! Der Schatten wird länger und hat Ähnlichkeit mit einem Gespann!

»Voulk! Voulk!«

Ich brülle so laut, daß meine Stimmbänder zu reißen drohen. Diesmal trägt der Wind meine Stimme. Sie haben mich gehört und galoppieren auf mich zu. Sie sind erstaunt, mich hier zu sehen: »Wie hast du das angestellt? Was ist das für ein Zaubertrick?«

Ich sinke auf die Knie, die Hunde umringen mich. Ich umarme einen nach dem anderen, als hätte ich sie seit 20 Jahren nicht mehr gesehen. Ich kann es nicht fassen, daß ich sie gefunden habe. Sie hätten anderen Pisten folgen können, sie hätten vor mir hier vorbeikommen oder irgendwo unterwegs anhalten können …

Es gibt einen Gott der Musher.

Der Typ mit dem Pickup ist wirklich nett. Er hat über Funk einen Bekannten verständigt, einen Trapper namens Bill, der nicht weit von hier ein Camp hat. Ein paar Minuten nachdem ich die Hunde wiedergefunden habe, ist Bill mit einem Schneemobil zur Stelle.

»Ein Glück, daß ich wegen des Blizzards in der Hütte war. Nur ein verrückter Franzose reist bei so einem Wetter.«

Ich erkläre ihm, daß es sich genau genommen nicht um eine Reise, sondern um ein idiotisches Rennen handelt und daß ich von der Hetzerei allmählich die Nase voll habe. Bill lacht.

»Ich habe deine Expedition von Anfang an im Radio verfolgt. Sagenhaft, was du mit deinen Hunden geleistet hast. Ich will dir die Sache nicht vermiesen.«

»Wo ist dein Camp?«

»Sechs Kilometer von hier.«

»In welcher Richtung?«

»In deiner.«

»Na, dann los.«

Ich muß nachdenken. Sein Camp – ein großes Wort – besteht aus einer drei auf vier Meter großen Hütte, in der eine unbeschreibliche Unordnung herrscht. Felle und Fallen in trauter Eintracht mit leeren Konservenbüchsen und Pornoheften, deren Poster die Wände tapezieren.

»Darf ich dir meine Freundinnen vorstellen.«

Es sind viele, alle schön und gar nicht schüchtern. Offensichtlich ein Freund von so was, hat Bill einen Fernseher und ein Videogerät an sein Stromaggregat anschließen lassen, damit er sich in seinen Mußestunden »verführerische« Kassetten ansehen kann. Auch ein Mittel gegen die Einsamkeit.

Er erzählt mir von seiner Arbeit, die nichts mehr einbringt, wettert gegen die Regierung, die er zur Hölle wünscht, und gegen den Alkohol, den er als Geißel des hohen Nordens bezeichnet. Er selbst, sagt er, trinkt keinen Tropfen mehr.

Dann nehmen wir die Karten heraus und studieren die Route.

»Es gibt zwei Wege nach Hay River. Die Straße, die regelmäßig geräumt wird, und unter Umständen auch die Piste, die deine Freunde daneben gespurt haben. Nur dürfte die mittlerweile komplett zugeschneit sein. Die andere Möglichkeit ist der Mackenzie bis Mills Camp. Dahinter ist er nicht mehr befahrbar.«

»Wieso nicht?«

»Packeis, soweit das Auge reicht, offene Zonen. Davon würde ich dir dringend abraten. Aber wenn du den Fluß bis Mills Camp nimmst, führt ein guter verschneiter Weg zurück zur Straße. Und von hier bis Mills Camp dürfte es keine größeren Probleme geben, denn der Wind bläst den Fluß hinunter. Du wirst keinen Tiefschnee vorfinden.«

Ich zögere.

»Ich werde dir helfen. Ich muß sowieso nach Mills Camp, einen Kumpel besuchen und Fallen einsammeln. Ich mache die Piste für dich frei.«

Ich zögere nicht mehr.

»Das Problem ist nur, daß ich sofort los muß. Ich habe meine Hunde lange ausruhen lassen und bin im Verzug. Die Zeit drängt.«

»Ich bin bereit. Ich muß mich nur noch von meinen Mädchen verabschieden und meinen Lastschlitten pakken, dann kann's losgehen.«

»Kannst du über Funk in Fort Simpson Bescheid geben, daß ich eine andere Route nehme?«

»Schon so gut wie erledigt.«

Draußen hat sich der Blizzard ein wenig beruhigt. Die Hunde trippeln ungeduldig auf der Stelle, und ich kann nur hoffen, daß ich die richtige Entscheidung getroffen habe. Bill sieht mir aus wie einer, der sein Geschäft versteht, doch ich bleibe skeptisch. Zu oft sind wir schlecht beraten worden.

Was den Fluß angeht, hat er recht. Die Piste wird regelmäßig von Schneemobilen befahren, insbesondere von Bill und seinem Kumpel aus Mills Camp, und ist in einem guten Zustand. Der Wind hat den nicht festgedrückten Schnee zu beiden Seiten der Piste fortgeweht, so daß sie leicht erhöht ist.

Zwei Stunden lang fährt Bill vor mir her und beobachtet aufmerksam die Hunde, dann zieht er davon, um seine Fallen freizulegen, die es zugeschneit hat.

Gegen 16 Uhr erwartet er mich neben einem großen Feuer. Es hat aufgehört zu schneien, aber der Wind hat aufgefrischt.

»Wir haben schon 80 Kilometer zurückgelegt. Es ist unglaublich, wie schnell deine Hunde laufen. Wo willst du heute abend dein Lager aufschlagen?«

»Ich schlage kein Lager auf. Ich schlafe ein paar Stunden im Schnee, wenn die Hunde etwas müde werden, und fahre dann weiter. Wie weit ist es noch bis Mills Camp?«

»Weit. Wir haben kaum die Hälfte.«

»Na bestens! Das ist genau die Distanz, die wir brauchen.«

»Nein!«

»Ich bleibe vier Stunden hier, dann fahre ich in einem Rutsch durch. Gegen drei Uhr morgens bin ich dort.«

»Das ist Wahnsinn! Ich freue mich, daß ich dich begleitet habe und das erleben darf.«

Wir vereinbaren, daß er die Route mit Stöcken und Bändern markiert, eine Methode, die er auch zum Kennzeichnen seiner Fallen benutzt.

»Besonders wenn wir in die Nähe von Mills Camp kommen. Dort gibt es bestimmt Pisten in alle Richtungen.«

»Ein Kinderspiel. Es gibt eine Hauptpiste und eine Abzweigung zum Wald. An der Stelle ist ein großes Boot auf Grund gelaufen.«

»Dir kommt es leicht vor, weil du dich auskennst. Setz lieber eine Markierung zu viel als zu wenig.«

»Keine Sorge.«

»Bill, du bist wirklich ein feiner Kerl.«

Bill, der gerade aufgetankt hat, fährt urplötzlich in die Höhe, das Gesicht verzerrt, wutentbrannt.

»Red nicht so daher! Ich bin meinetwegen hier, und du kennst mich doch überhaupt nicht! Ich war vier Jahre im Knast, weil ich einen Typ umgebracht hab. Ich bin alles andere als ein feiner Kerl.«

»Das stört mich nicht. Du wirst deine Gründe gehabt haben, und wenn du dafür nur vier Jahre gekriegt hast, dann …«

Bill ist näher getreten und packt mich am Kragen.

»Kein Wort mehr davon, okay?«

Ich reiße mich los und gehe, ohne etwas zu sagen, zu den Hunden, verteile Streicheleinheiten und untersuche ihre Pfoten.

Bill packt seine Sachen zusammen und fährt ohne ein Wort davon. Wirklich ein komischer Kerl.

Nach einer kurzen Siesta neben Torok, der mir seinen Rücken als Kopfkissen zur Verfügung gestellt hat, nehme ich gegen 20 Uhr mit den Hunden die Spur des Mörders auf. Hoffentlich läßt er mich nicht im Stich… Meine

Befürchtungen sind bald vergessen, denn kaum zwei Kilometer weiter hat Bill einen ersten Weidenstock mit einem breiten gelben Band aufgepflanzt, das im Wind flattert und an dessen Ende ein Stück Karton geknotet ist. Auf der Rückseite eine Nachricht: »Der Typ, den ich umgebracht habe, hat meine Schwester vergewaltigt. Entschuldige. Bill.«

Was für ein seltsamer Mensch.

Wenn seine Geschichte stimmt, gebe ich ihm recht. In gewissen Fällen bin ich durchaus für Selbstjustiz. Ich trauere ein wenig der Zeit nach, als man noch, ganz legal und vor Zeugen, jemanden zum Duell fordern konnte. Sollte eines Tages jemand meinen Kindern etwas antun, würde ich keine Sekunde zögern, selbst mit ihm abzurechnen.

Der Wind legt sich, und es beginnt wieder zu schneien. Die Hunde traben vergnügt auf der Piste dahin, und ich fühle mich gut, so allein in der Dunkelheit. Ich ahne nicht im entferntesten, was sich im selben Augenblick in Frankreich abspielt, wo die Presseagentur AFP gerade die Meldung verbreitet hat:

»Nicolas Vanier, der mit seinen Schlittenhunden in weniger als 100 Tagen den hohen Norden Kanadas zu durchqueren versucht, ist als vermißt gemeldet. Er soll in einem heftigen Schneesturm sein Gespann verloren haben, und sein Team ist ohne Nachricht von ihm. In Anbetracht der Temperaturen und des Schneesturms geht die kanadische Bundespolizei davon aus, daß seine Überlebenschancen von Stunde zu Stunde schwinden.«

KAPITEL 23

Mills Camp

– 25 °C, 2100 km

ICH LAUFE NICHT GEFAHR, MICH ZU VERIRREN. BILL muß ein gut Teil der Nacht damit zugebracht haben, Weidenäste abzuschneiden und am Rand der Piste aufzupflanzen.

Die Schneedecke wächst von Stunde zu Stunde und verdeckt allmählich die Bänder, doch die Leithunde Voulk und Chip legen ein flottes Tempo vor und ziehen das Gespann ohne Zögern in die richtige Richtung von einer Markierung zur nächsten. Ich weiß nicht, wie sie es machen, aber ich vermute, daß der Schnee den Geruch von Bills Schneemobil angenommen hat. Gegen Mitternacht hört der Schneefall auf, doch der Himmel bleibt bedeckt und es ist sehr mild, kaum – 25 °C. Um den Hunden zu helfen, schiebe ich den Schlitten an – zwanzigmal mit dem rechten Fuß, zwanzigmal mit dem linken Fuß, dann zwei Minuten Pause und das Ganze von vorn. Wie beim Skilanglauf. Die letzten Stunden dehnen sich zu Tagen. Ich döse auf dem Schlitten ein, da bemerke ich ein Licht in der Ferne. Die Hunde fallen sofort in Galopp, doch in der Nacht kann ein Licht täuschen. Es ist noch über fünf Kilometer entfernt.

Trotzdem rettet es uns, denn ohne das Licht hätten die Hunde sicherlich nicht die Energie gehabt, uns aus dem Slutch zu ziehen. Bis zu den Knien im Wasser helfe ich ihnen und stemme mich mit aller Macht gegen den Schlitten. Es ist unglaublich, welche Kräfte Torok in solchen Fällen entwickelt. Er wirft sich ins Geschirr, knurrt und zieht aus Leibeskräften, wie um den anderen Mut zu machen, und manchmal arbeitet er sich mehrere Meter auf den Hinterläufen vor, wie ein Traktor, der sich vorn aufbäumt, wenn der Pflug hängenbleibt. Oumiak, der neben ihm in der Brühe versinkt, versucht lediglich, ihm zu folgen, genau wie der arme Oukiok, der eine ordentliche Abreibung bekommt, als er wieder Halt unter den Füßen findet: Der neben ihm angespannte Nanook duldet keine Drückeberger, schon gar nicht, wenn es um Leben und Tod geht.

»Laß das, Nanook. Hör auf.«

Ich trenne sie und streichle beide. Nanook versteht nicht, daß ich den armen Oukiok lobe, weil er doch sein Möglichstes getan hat. Nanook und Oukiok sind in dieser Hinsicht wie Alain und ich, wenn wir den Lastschlitten ziehen. Nur daß wir Menschen Schwächen verzeihen, Hunde nicht.

Das Licht ist eine Lampe. Mein Freund Bill hatte die glänzende Idee, sie am Waldrand aufzuhängen, dort, wo eine Piste zur Hütte seines Kumpels Louis abgeht. Ich greife sie mir im Vorüberfahren. Die Hunde spielen verrückt, denn sie wittern die Hütte, und entgehen nur knapp einem schweren Unfall, als uns in einer Kurve Bill in vollem Tempo entgegenkommt. Er reißt den Lenker herum, schießt haarscharf an den Leithunden vorbei und landet zwischen zwei Kiefern!

»Ich hätte dich nicht so früh erwartet. Ich bin zurückgefahren, weil es so heftig geschneit hat. Ich hatte Angst, du könntest dich verirren.«

»Ich habe dir ja gesagt, du bist ein feiner Kerl.«

Bill, der Mörder, mustert mich mit einem seltsamen Blick. Ich habe keine Ahnung, was ihm durch den Kopf geht. Vermutlich ringt er mit sich, ob er mir die Fresse polieren oder laut loslachen soll.

Seine Maschine hat sich im Weidengestrüpp verfangen und tief in den Schnee gebohrt, und es gelingt uns nicht, sie herauszuziehen.

»Ich hole sie später mit Louis.«

Das kommt mir sehr gelegen, denn ich kann nicht mehr. Ich habe Hunger, bin müde und möchte nach dieser tollen Etappe von 160 Kilometern so schnell wie möglich die Hunde ausschirren und füttern. Bill springt auf die andere Kufe, und drei Stürze später erreichen wir die Hütte, wo sich der Hund von Louis in letzter Sekunde durch Flucht in seine Hütte vor der heulenden Meute in Sicherheit bringt. Als Louis ins Freie tritt, erblickt er ein Knäuel von zehn Hunden, die versuchen, sich in die einen Quadratmeter große Hütte zu zwängen, und einen komischen Vogel von Musher, der brüllend Hiebe austeilt, während Bill mit schmerzverzerrtem Gesicht neben dem umgekippten Schlitten liegt, weil er sich das Knie gestoßen hat. Schöne Ankunft!

Alles kommt wieder in Ordnung, nur daß Bills Knie auf die doppelte Größe angeschwollen ist.

»Tut mir leid ...«

»Hätte nicht gedacht, daß ein Hundeschlitten so gefährlich ist.«

Ich schildere dem amüsierten Louis unsere Bobfahrt auf den letzten drei Kilometern.

»Seine Hunde sind unglaublich. Eine Wucht!«

Zum Glück für Bills Knie ist Eis im hohen Norden keine Mangelware, und die Behandlung schlägt gut an. Am frühen Morgen ist von der Schwellung nur ein Bluterguß geblieben.

Louis ist auch nicht mitteilsamer als Bill. Die beiden haben sich vor 25 Jahren in der Schule kennengelernt und sind seitdem befreundet. Ein komisches Paar.

Ich schlafe ein paar Stunden und verlasse die Hütte

gegen 11 Uhr. Bill macht mir die Piste frei. Der Weg, der im Herbst für Holztransporte benutzt wurde, ist grauenhaft. Überall tiefe Furchen und die Hunde leiden wie ich. Glücklicherweise ist auf den letzten 40 Kilometern parallel dazu eine Piste gespurt, und so gelange ich gegen 16 Uhr wieder auf die Straße, die ich nach meiner Begegnung mit Bill verlassen habe. Ob ich ihn jemals wiedersehe?

Danke, Bill.

Schneefall weckt mich gegen 20 Uhr. Das ist meine Chance. Eine dünne Schicht von drei bis vier Zentimetern bedeckt die Straße, auf der die Hunde wenig später wie auf einer Rennbahn Hay River entgegenfliegen.

Bei 15 Stundenkilometern muß ich Hunde der »zweiten Kategorie« wie Buck, Charlie, Oukiok, Amarok oder Oumiak genau im Auge behalten, denn das Tempo ist ihnen etwas zu hoch. Jede Stunde halte ich ein paar Minuten an und gebe ihnen Zeit zum Verschnaufen, doch bis auf Buck, der rapide abbaut, brauchen sie die Pausen offenbar gar nicht. In jeder Klasse gibt es einen faulen Schüler. Und Buck ist so einer. Wenn einer Unfug macht, dann Buck. Wenn sich einer im denkbar ungünstigsten Moment verheddert, dann Buck. Wenn das gesamte Gespann einem Hindernis ausweicht und einer bleibt hängen, dann Buck. Er ist mein Rantanplan. Ein »normaler« Musher hätte ihn schon längst ausgesondert, doch ich bringe es einfach nicht übers Herz. Er ist ein Teil dieser Klasse, und in der Schule gehörte ich auch immer zu den Faulpelzen. Leute, die zu brav sind, mag ich nicht. Doch heute nacht hat Buck offenbar keine Lust, sich wichtig zu tun. Er hat den Schwanz gesenkt und tut so, als ziehe er, doch der neben ihm laufende Torok paßt auf und knurrt ihn an, sowie seine Leine durchhängt. Bei Kilometer 60 spanne ich Buck aus, räume einen Platz auf dem Schlitten frei und lasse ihn aufsitzen.

Die Enttäuschung dieser Reise ist Carmack. Ich wußte, daß er ein Bruder Leichtfuß ist, hoffte aber, daß er, wenn er gefordert wird, zu einem großen Hund reifen würde. Nun, wenn jemand diese Reise genießt, dann er. Ein Kind, das ständig an der Autoscheibe klebt. Er läßt sich nicht das kleinste Schauspiel entgehen, aber er zieht nicht, oder vielmehr nur sporadisch, zu seinem Vergnügen oder aus Neugier, weil er vorn etwas Interessantes entdeckt hat, das er sich genauer ansehen will.

»Carmack!«

Gehorsam legt er sich ins Geschirr und zieht die nächsten fünf Minuten. An der dehnbaren individuellen Leine, die Stöße abfedern soll, läßt sich auch ablesen, wie kräftig jeder Hund zieht. Bei talentierten Betrügern wie Carmack hat sie sich bestens bewährt. Anders als bei Torok, Nanook und Baikal ist Carmacks elastische Leine auffallend kurz und verrät ihn.

Ich liebe diesen Hund, weil er schön und verspielt ist. Weil er Otchum ähnelt. Weil er immer gute Laune hat. Weil er Carmack ist. Aber heute nacht geht er mir auf die Nerven.

»Das hier ist ein Rennen, Carmack! Zieh, zum Donnerwetter!«

Plötzlich brennt die Birne meiner Kopflampe durch, und tiefes Dunkel umhüllt mich. Auf einer Straße ist das nicht weiter tragisch. Ich habe immer eine zweite Kopflampe mit frischer Batterie und Birne griffbereit, und für den Fall, daß sie nicht funktionieren sollte, sogar eine dritte Notlampe. Einmal sind mir die Birnen ausgegangen, und ich saß in tiefschwarzer Nacht fest. Seitdem bin ich in Sachen Licht sehr pedantisch. Wie auch in Sachen Feuer. Einmal war ich bei –40 °C gezwungen, ohne Streichhölzer (die feucht geworden waren) ein Feuer zu machen. Die Methode ist bekannt: Man nimmt einen Zweig und eine Schnur, fertigt daraus einen Bogen und dreht damit einen trockenen, angespitzten Stock sehr schnell in einem Haufen Späne, die man in die Kerbe eines Holzscheits gelegt hat. Mit viel Übung schafft man es, ein paar Späne zum Glimmen zu bringen, und wenn man dann trockenes Gras darüber hält und bläst, erhält man eine Flamme.

Als ich gebeten wurde, einen Überlebenskurs für junge Leute zu geben, die in die kanadische Wildnis reisen wollten, zeigte ich ihnen, wie man Feuer macht, und anschließend versuchten sie es in Zweiergruppen. Sie mühten sich stundenlang, doch nur eine Gruppe hatte Erfolg.

»Ich habe euch das nicht gezeigt, damit ihr wißt, wie man Feuer macht, sondern damit ihr nie vergeßt, eure Streichhölzer vor Feuchtigkeit zu schützen.«

Ich hoffe, die Lektion war ihnen ebenso nützlich wie mir. Seit damals fehlt es mir nie an trockenen Streichhölzern. Hinten auf dem Schlitten stehend, wechsle ich also die Batterie und die Birne meiner Kopflampe und setze sie mir wieder auf, um sie auszuprobieren. Was ich sehe, haut mich fast um. Ich habe nur noch vier Hunde! Das ist nicht möglich, ich muß träumen. Ich halte an, und das Häuflein der Übriggebliebenen sieht mich zerknirscht an: »Wir waren es nicht, wir können nichts dafür.« Die Zugleine ist gerissen. Mein Fehler. Ich hätte sie nach dem Unfall bei der Ankunft in Mills Camp überprüfen sollen. Überall lagen Schrotteile herum, und Oumiak zog sich eine kleine Schnittwunde am Oberschenkel zu. Ich habe keine Ahnung, was die sechs Hunde jetzt anstellen werden, fest steht nur, daß sie weitergelaufen sind und daß ich mit meinem kleinen Gespann die Verfolgung aufnehmen muß.

Ich bin beeindruckt. Nach zwei Kilometern habe ich sie eingeholt. Alle sechs sitzen oder liegen brav in Reih und Glied auf der Straße. Fehlte nur noch, daß sie mir salutieren und die Hacken zusammenschlagen.

»Zu Befehl, Herr Oberst.«

»Gut gemacht, Hunde, sehr gut gemacht.«

Sie wedeln mit dem Schwanz, sind zufrieden mit sich und erleichtert, weil sie Anschiß erwartet haben.

»Gut, nutzen wir die Gelegenheit für eine Rast.«

Ein Feuer, ein paar Streicheleinheiten und zwei oder drei Snacks, dann geht es weiter. Gegen vier Uhr morgens begegne ich zwei Lastwagen. Der zweite stoppt auf meiner Höhe.

»Are you the french musher?«

»My name is Nicolas.«

Ich gebe ihm die Hand, und er spendiert mir Kaffee und Kuchen für ein Autogramm auf dem Lokalblatt, das über die weiße Odyssee berichtet. Ein guter Tausch.

Um 5.30 Uhr treten die Schneepflüge in Aktion. Die Straße wird unbenutzbar, und die Piste, die Alain und Marc auf dem Seitenstreifen gespurt haben, hat der Sturm völlig zugeweht. Was soll's. Die Hunde haben in 48 Stunden 360 Kilometer zurückgelegt und sich eine Pause von mindestens 8 Stunden verdient. Ich auch. Hay River kann warten. Ich plaziere meinen Schlitten gut sichtbar auf einer Schneewehe und ziehe gerade seufzend den Reißverschluß meines Schlafsacks zu, als Pierre aufkreuzt, hochgradig erregt. Er sucht mich seit über vierzig Stunden! Der Funkspruch, mit dem ich ihn über die Änderung meiner Route informiert habe, ist nie bei ihm angekommen! Sein einziger Anhaltspunkt war der beunruhigende Anruf des Pickup-Fahrers, der ihm mitgeteilt hat, daß ich das Gespann verloren hätte und im Schneesturm in Richtung Mackenzie gelaufen sei, den Hunden nach!

In Frankreich hat die Nachricht, jede Viertelstunde über France Info verbreitet und bald von allen Rundfunk- und Fernsehsendern übernommen, für einiges Aufsehen gesorgt. Ich gelte als vermißt, und die Chancen, mich lebend zu finden, werden als sehr gering eingestuft.

Ich bin am Leben, aber müde, und Pierre läßt mich schlafen. Die Hunde schlafen bereits seit zwei Stunden, mit vollem Bauch, mit eingesalbten Pfoten und nach einer ausgiebigen Massage.

KAPITEL 24

Fort Smith

−40 °C, 2950 km

DIE ETAPPE VON HAY RIVER NACH FORT SMITH IST trostlos, uninteressant, ermüdend, nervtötend, deprimierend. Um Tempo zu machen, müssen wir mangels Alternative den Seitenstreifen der Straße benutzen, obwohl er oft schräg abfällt und mit Steinen gespickt ist, von zahlreichen Bächen unterbrochen wird und vor allen Dingen todlangweilig ist. Zwei Schneemobile reichen nicht, um die Piste anständig zu »beackern«. Die erste Spur ist nicht breit genug, und die zweite, daneben, wirft einen Wulst auf, den eigentlich eine dritte Maschine platt machen müßte. Nur leider waren in Hay River nur zwei Schneemobile einsatzbereit. Die anderen warten in der Werkstatt auf Ersatzteile wie Gleiskette, Kufen, Vergaser oder Anlasser. Diese ständigen Pannen verursachen eine Kostenexplosion (zumal Yamaha trotz häufiger Bitten unsererseits jede Hilfe ablehnt) und gefährden den Erfolg der Expedition.

Ich muß mich unnötig schinden und rege mich auf. Ob wir es irgendwann mal zuwege bringen, mit den sechs Schneemobilen eine schöne Piste zu spuren?

Die Traumpiste erwartet mich in einer Gegend namens »Buffalo Pack«, die wir, nach 24 Stunden Rast in Fort Smith, drei Tage später durchqueren. Ein wunderbarer Trail, der regelmäßig von Trappern benutzt wird. Bei

–40 °C ist er himmlisch, so hart, wie man es sich nur wünschen kann, ideal für die Hunde. Wir kreuzen zahlreiche Fährten von Hasen, Elchen und Bisons, und die Hunde sind außer Rand und Band wie Schüler in der großen Pause. Die Wildnis ist märchenhaft mit ihren zahlreichen Seen, Flüssen und Mooren, ihren Lichtungen und schönen Wäldern aus Kiefern, Birken und Zitterpappeln.

Ich bin hingerissen von dieser Landschaft, die der heraufziehende Tag enthüllt. Ein vollkommener Tag, kalt, windstill, und bald wärmt ihn eine großzügige Sonne an einem blauen Himmel von frappierender Klarheit.

Ich lege mitten am Tag eine mehrstündige Pause ein, dann fahre ich weiter in Richtung Fort Chipewyan. Die Etappe ist 145 Kilometer lang. Zehn Kilometer vor dem Ort stoßen Didier und Raphaël zu mir und eskortieren mich wie Lotsenboote auf See, die Schiffe in Empfang nehmen, in den Hafen geleiten und ihnen beim Anlegen helfen.

Unser Anlegemanöver klappt tadellos. Diesen Tag habe ich bitter nötig gebraucht, um mich mit der Expedition wieder auszusöhnen.

Der Umweg über Fort Chipewyan zur Südspitze des Athabascasees war nicht geplant und bürdet uns zusätzliche 150 Kilometer auf, doch ein Trapper aus der Gegend hat uns eindringlich von der Abkürzung abgeraten, die wir zu nehmen hofften. Ein Waldbrand hat den Landstrich heimgesucht, und der Wald gleicht jetzt einem riesigen Mikado, in dem ein Fortkommen mit mehr als einem Kilometer pro Stunde kaum möglich ist.

Die drei Tage, die ich von der Woche Rückstand gegenüber unserem ursprünglichen Zeitplan unter so großen Mühen gutgemacht habe, schrumpfen also auf zwei zusammen. Allmählich kommen mir ernsthafte Zweifel, ob die Strecke bis Quebec in weniger als 100 Tagen zu schaffen ist. Ich müßte wie vorgesehen am 15. Februar in Churchill eintreffen, in zwölf Tagen also 1200 Kilometer zurücklegen, denn die Entfernungen, die wir danach jeden Tag zu bewältigen haben, sind enorm.

In Churchill mit einem Handicap zu starten wäre so, als trete man mit einer Stunde Verspätung zu einem Marathonlauf an. Beim Studium der Karten und bei der Berechnung der Entfernungen erschrecke ich über die gewaltige Strecke, die noch vor uns liegt, dabei kommt es mir jetzt schon so vor, als sei ich dreimal durch ganz Kanada gereist!

Wir haben in 40 Tagen 3500 Kilometer zurückgelegt. Bleiben noch 5000 bis Quebec … Ich darf nicht daran denken, sondern muß mich ganz auf den Athabascasee, die Tagesetappe, konzentrieren. Das genügt vollauf. Raphaël hat sie mit dem Schneemobil erkundet und mir versichert:

»Eine unkomplizierte Etappe. Flach, immer geradeaus, hart. Eine Kleinigkeit.«

Doch als wir am nächsten Morgen gegen 4 Uhr aufbrechen, ist Wind aufgekommen und verwandelt die ideale Oberfläche des Sees nach und nach in ein Meer, dessen Wellen Schneewehen sind.

Zehn Meter auf dem blauen Eis und plumps, landen die Hunde in einer Schneewehe, versinken bis zum Bauch, und der Schlitten gräbt sich fest wie ein Auto im Sand. Dann wieder Eis, auf dem wir in Fahrt kommen, und wieder plumps, so geht es tausend Mal. Um das Tempo konstant zu halten, springe ich einen Meter vor jeder Schneewehe ab, schiebe den Schlitten durch den Haufen, und sowie wir wieder auf Eis sind, springe ich für die nächsten paar Meter auf die Kufen. Das ist kräftezehrend und sehr deprimierend, zumal man in diesem Schneemeer nicht das Gefühl hat, voranzukommen, außer man passiert einen Orientierungspunkt, eine Insel oder eine Landzunge. Zwei Tage geht das so. Der zweite ist schlimmer als der erste, denn ein scharfer Wind peitscht mir das Gesicht und macht den Hunden zu schaffen. Zum Glück gelangen wir nach 200 Kilometern Fahrt in Richtung Norden in einen Teil des Sees mit hügeliger Landschaft. Die wild zerklüfteten Ufer bilden Myriaden von Halbinseln und kleinen Buchten, in denen es von Fischen wimmelt. Zwei winzige Dörfer beherbergen einige Fischerfamilien, die hier in völliger Abgeschiedenheit leben. Im Winter sind sie durch einen Fußpfad verbunden, der durch einen Wald von einer Bucht zur anderen führt. Die Landschaft ist herrlich und vor allem abwechslungsreich. Und es wurde auch Zeit, denn die Hunde langweilten sich zu Tode.

Ausnahmsweise einmal, vielleicht zum ersten Mal, klappt unsere Organisation nahezu perfekt. Pierre, Raphaël und Didier haben Alain und Marc als Pistenmacher abgelöst, die mit dem Lastwagen auf Ice-Roads südlich um den See herum nach Wollaston fahren werden. Wollaston ist auf unserer Route nach Quebec der letzte Ort, der über die Straße erreichbar ist. Der Lastwagen, den wir Bob anvertraut haben, wird danach eine 3000 Kilometer lange Fahrt nach Quebec unternehmen.

Thomas, Emmanuel und Alvaro – der Rest des Teams – reisen in einem eigenen Rhythmus. Sie benutzen die Schneemobile, um die Schätze zu filmen und zu fotografieren, die der See zu bieten hat, darunter auch Forellen von einem Meter Länge, die ein Fischer am Morgen, als ich das Dorf verlasse, aus seinem Netz zieht.

»Diese Forelle ist doch nicht groß, sie wiegt kaum 12 Kilo! Eine große Forelle hat 25 Kilo«, erklärt mir der Fischer, der den Hunden gute 50 Kilo zum Fressen gibt.

»Ich habe noch nie so große Forellen gesehen«, sage ich, »und in solchen Mengen.«

»Komm im Frühjahr wieder, wenn das Eis schmilzt. Da

holen wir mit der Angel mindestens 200 Kilo pro Tag und pro Nase raus.«

Ich werde auf die Einladung zurückkommen. So macht mir Angeln Spaß, zumal diese gezähnte Felslandschaft aus unzähligen bewaldeten, in den See hineinragenden Gebirgsausläufern im Sommer absolut traumhaft sein muß.

»Fond du lac«, so heißt treffend das Dorf am äußersten Ende des Athabascasees, das Bob und ich eines Abends erreichen. Bob ist mir entgegengefahren, um mir zu helfen, denn im Ort wimmelt es buchstäblich von streunenden Hunden. Als er mir rät, die Meute an die Leine zu nehmen, um sie notfalls zurückhalten zu können, ist es zu spät. Die Hunde haben bereits den Turbo eingeschaltet, und wir fegen wie ein Wirbelwind durch das Dorf, in dem ein paar Dutzend Indianer verdutzt zusehen, wie wir vorbeirasen. Falls es eine Weltrekordzeit für die Durchquerung von Fond du lac mit dem Schlitten gibt, so haben wir sie gebrochen. Es kommt, wie ich es befürchtet habe. Die Meute nimmt einen armen Hund aufs Korn, der ihr zufällig über den Weg läuft. Zum Glück gehen Thomas, der unsere Ankunft gefilmt hat, und Bob energisch dazwischen, und mit vereinten Kräften gelingt es uns, ein Hundeleben zu retten.

In der Nacht kommt Wind auf und weht die Piste so gründlich zu, daß wir den ganzen nächsten Tag durch lockeren Schnee stapfen müssen, um nach Stony Rapid zu gelangen, von wo ich gegen 4 Uhr morgens in Richtung Black Lake aufbreche. Diesmal ist die Piste jedoch perfekt, denn sie wird regelmäßig von Indianern benutzt.

Über 320 Kilometer trennen mich noch von Wollaston, das ich spätestens in drei Tagen zu erreichen hoffe. Das Thermometer zeigt – 35 °C. Das ist gut, und die Hunde beeindrucken mich mit jedem Tag mehr. Ich habe das sichere Gefühl, daß sie begriffen haben, worum es bei dieser Expedition geht. Sie haben sich dem Rhythmus angepaßt. Sie dosieren ihre Kräfte, nutzen ihre Ruhepausen optimal und nehmen möglichst viel Kalorien auf, auch wenn sie von Zeit zu Zeit ohne Appetit fressen. Wenn es noch eines Beweises für die Qualität des Futters bedurfte, das die Wissenschaftler von Pedigree Pal entwickelt haben, so haben die Hunde ihn erbracht. Trotz des irrsinnigen Tempos, der Kälte, der vielen Kilometer, die sie bereits auf dem Buckel haben, und trotz aller Widrigkeiten sind sie nicht abgemagert. Sie sind großartig in Form. Die Muskeln treten unter ihrem herrlich glänzenden, dichten Fell hervor, und in jedem Dorf, durch das wir kommen, sind sie die Athleten, auf die man neugierig ist, die Helden, die man bewundert und fotografiert. Ihr Marktwert ist in die Höhe geschnellt, und um einen Zuchthund zu bekommen, von dem das ganze Dorf profitiert, legen mehrere Personen zusammen und bieten mir riesige Summen. Doch meine Hunde sind nicht zu verkaufen, nicht mal für ihr Körpergewicht in Gold, denn sie bedeuten mir mehr als Gold. Ich kenne alles an ihnen, ihren Atem, ihr Hecheln. Ich erkenne jeden mit geschlossenen Augen, wenn ich ihm den Rücken massiere. Ein kurzes Bellen in der Nacht, und ich weiß sofort, welcher es war. All die Stunden, die wir zusammen laufen und still durch die weiße Einsamkeit gleiten, sind wie ein stummes Zwiegespräch, das uns noch mehr zusammenschweißt. Das ist es, was mich aufrecht hält, denn ich bin müde. Sehr müde. Eine Folge der täglichen Überanstrengung und des chronischen Schlafmangels. Meine Kräfte schwinden mehr und mehr, und ich spüre, daß mein Körper sich leert wie eine Flasche. Aber ich habe keine andere Wahl, keine Alternative, als weiterzumachen oder aufzugeben, denn schon ein leichtes Drosseln des Tempos käme dem Eingeständnis der Niederlage gleich. Also hänge ich jeden Tag noch einen Tag dran, doch meine Leiden werden schlimmer.

Nach einer beschwerlichen 120-Kilometer-Etappe durch eine Landschaft mit vielen Hügeln, die ich, hinter dem Schlitten herlaufend, einen nach dem anderen erklommen habe, bin ich in meinen mollig-weichen Schlafsack geschlüpft. Da klingelt der Wecker. Mir ist, als hätte ich eben erst die Augen zugemacht, doch ich habe vier Stunden geschlafen und muß weiter. Aus dem warmen Schlafsack zu kriechen, wieder hinaus in die Nacht, in die Kälte, um das Rennen fortzusetzen, ist eine Qual. Doch ich darf auf keinen Fall zögern. Nicht eine Sekunde. Sobald der Wecker klingelt, stehe ich auf, wie betäubt, gerädert, die Lider bleiern vom Schlaf. Ich stehe auf, und die Kälte schlägt mir entgegen. Ich muß mich beeilen, muß das vorbereitete Feuer entzünden, ehe ich mich anziehe. Das einzige Vergnügen kommt danach. Der heiße Kaffee. Die Hunde schütteln sich, und einige bekunden durch mehr oder weniger lautes Japsen ihre Lust, weiterzulaufen.

»Gleich geht's los, meine Hunde. Gleich.«

Ihre Erregung löst ein Wetteifern aus, von dem ich mich anstecken lasse.

Und wieder fahren wir in die Dunkelheit hinaus. Mir fallen auf dem Schlitten die Augen zu, und meine Muskeln schmerzen, doch ich halte mich gut. Aber wie lange noch? Heute wird mir so richtig bewußt, wie wahnsinnig dieses Tempo ist. Ich weiß, daß ich aufgeben werde.

Bis Churchill sind es noch 800 Kilometer. Bis dahin muß ich durchhalten. Durchhalten. Durchhalten.

KAPITEL 25

Saskatchewan, Wollaston

–45 °C, 3900 km

UNSERE ANKUNFT AM ETAPPENZIEL ERINNERT AN EINEN klassischen Filmschluß. Das Thermometer zeigt – 45 °C, und gerade als ich ankomme, versinkt der glühende Ball der Sonne und entzündet Fackeln über meinen Hunden, deren Atem in der eisigen Luft erstarrt. Auf dem zugefrorenen See ist eine Route markiert, und aus dem Dorf Wollaston, wo man mich von weitem entdeckt hat, kommen mir Indianer mit Geländewagen entgegen und bilden eine schöne Eskorte, die bald mehrere Dutzend Schneemobile verstärken. Die Blicke der Indianer gelten nicht mir. Sie sind neugierig auf die Hunde, und sie sind es, die sie bewundern. Voulk und Chip, die heute an der Spitze laufen, haben das Dorf als erste bemerkt und sind sofort in Galopp gefallen. Bald hat auch die übrige Meute den Kopf gehoben. Sie sehen den Rauch, der rötlich aus den flachen Holzhäusern steigt, und werfen sich in die Brust wie stolze Eroberer. Das ist keine Hundemeute, sondern eine Bande eingebildeter Halbstarker, die da ins Dorf einzieht. Ich schmunzle über meine Athleten, die so selbstbewußt ihre Überlegenheit zeigen, hochmütig den Kopf recken, wie Dressurpferde im Laufen die Füße heben und übertrieben das Rückenfell sträuben. Das alles erfüllt mich mit Stolz, denn ich sehe die begehrlichen Blicke der Indianer. Sie haben erwartet, ein abgekämpftes Gespann zu sehen, abgemagerte, verschreckte Hunde mit leerem

Blick. Sie wissen, wo ich heute morgen gestartet bin. Ein Trapper hat ihnen per Sprechfunk durchgegeben, daß ich noch 135 Kilometer vom Dorf entfernt war. Und sie können es nicht fassen, daß ich schon da bin und daß die Hunde so gut in Schuß sind. Kaum habe ich vor der Schule angehalten, bildet sich eine Traube um das Gespann. Jeder will die Hunde berühren, sie streicheln, beglückwünschen. Es ist ein Fest, und die Hunde lassen die Ehrungen mit freundlicher Nachsicht über sich ergehen. Ich schirre sie rasch aus, dann klappe ich zusammen. Ich bin am Ende, und Pierre bemerkt es.

»Geht es dir nicht gut?«

»Ich kann nicht mehr.«

»Du mußt durchhalten, es sind nur noch zehn Tage bis Churchill. Alles ist gut organisiert, die Piste dürfte in gutem Zustand sein.«

»Das sagt man mir von Anfang an, und dann läuft doch jedesmal etwas schief.«

Seit wir auf reines Indianergebiet vorgedrungen sind, begleiten Indianer unsere Pistenmacher von Dorf zu Dorf und bilden so eine Kette, die, wie es heißt, immer nur so stark wie ihr schwächstes Glied ist. Im allgemeinen bieten sie uns freiwillig und unentgeltlich ihre Dienste als Führer an, denn sie wollen zum Gelingen dieser Expedition beitragen, die sie begeistert, weil sie ein Stück ihrer Kultur ist.

»Mein Vater hatte auch Hunde, und er hat für die Reise vier Tage gebraucht«, sagen sie.

»Ich werde nur einen brauchen.«

Das wollen sie sehen. Sie glauben es nicht, sind aber neugierig, denn der Ruf des Gespanns eilt uns in die Dörfer voraus. Die Distanzen, von denen im Radio die Rede ist, die Leistungen, von denen dort berichtet wird, bleiben für sie sehr abstrakt. Die Strecke Skagway-Wollaston, also über 4500 Kilometer in 50 Tagen, sagt ihnen nichts. Aber

Wollaston-Lac Brochet (135 Kilometer) an einem einzigen Tag, das weckt ihr Interesse und läßt sie aufhorchen.

Im Prinzip klappt die Zusammenarbeit zwischen diesen Führern und unseren Schneemobilfahrern auf einer Etappe von ein bis vier Tagen recht gut, denn der Respekt beruht auf Gegenseitigkeit, und jeder kommt bei diesem gemeinsamen Erlebnis auf seine Kosten. Nur auf die Rechenkünste der Indianer darf man sich nicht verlassen. Aber bei diesem Wettlauf gegen die Uhr müssen wir nun mal unablässig die Kilometer und Stunden zählen. Genauso gut könnte man von einem Fisch verlangen, auf ein Fahrrad zu steigen.

»Abfahrt morgen früh um 4 Uhr.«

Der Indianer nickt, und wenn man ihn um 9 Uhr endlich bei einem Cousin aufgestöbert hat, wo er gerade ein Fischnetz flickt, mokiert er sich über den Weißen, der es so eilig hat. Er entsinnt sich nur noch, daß er irgendwann heute morgen losfahren soll, vorausgesetzt, es weht kein Wind, es ist nicht zu kalt, sein Schneemobil springt an, sein Onkel leiht ihm einen Toboggan, sein Bruder hat die Fallen eingesammelt, die er ausgelegt hat. Und vorausgesetzt, er hat immer noch Lust.

Wieder hat sich das Team versammelt und bespricht die leidigen Probleme, und wieder wundere ich mich, wie unterschiedlich jeder das Abenteuer erlebt. Alain und Marc haben auf tückischen Eisstraßen den Lastwagen hierhergebracht und sind bei 20 Zentimeter Neuschnee mitten in der Nacht auf einer wackeligen Brücke steckengeblieben. Pierre, Raphaël und Didier haben die Piste gespurt und sind vor lauter Angst, in Verzug zu geraten, zu weit vorausgeeilt. Bob, Alvaro, Thomas und Emmanuel sind vor mir hergefahren, um zu filmen und die Spur nachzubessern, haben sich aber unversehens in der

Rolle der Pistenmacher wiedergefunden, weil die von den anderen gespurte Piste zugeweht war. Und was die Hunde leisten, ist unglaublich. Sie laufen jeden Tag über 100 Kilometer und sind im Begriff, die verlorene Zeit wieder gutzumachen.

Doch obwohl das ganze Team ihnen helfen will, weil sie eine schöne, möglichst harte und kurze Piste verdienen, sind die Resultate, so sehr wir uns auch anstrengen und bemühen, entmutigend.

Auf dem Papier war gestern alles perfekt organisiert. Bereits um 2 Uhr morgens sollten Didier und Marc nach Lac Brochet aufbrechen, von dort am Nachmittag weiterfahren, die Piste bis zum nächsten Dorf spuren und so 24 Stunden Vorsprung herausholen. Zwischen ihnen und mir sollten Bob, Thomas und Emmanuel die Piste freiräumen, falls der Wind sie zugeweht hatte oder Schnee gefallen war. Und was ist passiert? Marc und Didier brechen zu spät auf, und später fährt die ganze Gesellschaft auf einem See im Kreis und sucht im Nebel eine Piste, die Indianer am Vorabend angeblich gespurt haben. Die Piste ist schrecklich. Die Hunde rühren im Schnee wie in einem Brei, und um ihnen zu helfen, laufe ich hinter dem Schlitten her und verausgabe mich ebenfalls.

Ein Beispiel von vielen. Ein typischer Tag für die weiße Odyssee.

Rettung bringt ein Indianer, der in entgegengesetzter Richtung nach Wollaston unterwegs ist. Er hat Lac Brochet am Morgen verlassen und eine Spur gezogen, der wir nur zu folgen brauchen. Anfangs ist die Piste weich, doch die Kälte arbeitet für uns, und zwei Stunden später sinken die Hunde nicht mehr ein. Und wie um zu beweisen, was sie zu leisten vermögen, wenn man ihnen die Möglichkeit dazu gibt, beschleunigen sie und halten das Tempo auf den nächsten 60 Kilometern.

Bob erwartet mich neben einem Feuer, und die kurze Pause in der Abenddämmerung tut mir gut. Ich lege mich in den Schnee und schlafe eine halbe Stunde, ehe ich nach Lac Brochet weiterfahre. Es ist eine schöne, kalte Nacht, und Polarlichter flackern über den Himmel. Wäre ich nicht so müde, könnte ich die Fahrt genießen, denn die Piste ist ideal, breit und hart, und die Hunde traben mit der Gleichmäßigkeit eines Metronoms fröhlich dahin. Wie eine Sternschnuppe in der Nacht zieht unser kleines Schneeschiff seine Bahn durch die unermeßliche Weite.

Bob ist nach der Pause vorausgefahren und hat versprochen, mir entgegenzukommen und mich ins Dorf zu geleiten, doch als um 23 Uhr Lichter in der Ferne auftauchen, sehe ich keine Menschenseele. Obwohl ich müde bin und wie die Hunde das Ende der langen Etappe herbeisehne, halte ich neben einer Insel an und warte; ich habe Angst vor Dörfern, vor streunenden Hunden, vereisten Straßen, rechtwinkligen Kurven, und ganz davon abgesehen: Wo soll ich denn hin? Ich habe nicht die geringste Ahnung. Alain hat mir an einem Stock mitten auf der Piste eine Nachricht hinterlassen und darin nur mitgeteilt, daß er unterwegs einen Indianer getroffen habe, der uns heute nacht bei sich aufnehmen wolle. Nach einer Viertelstunde platzt mir der Kragen. Die Hunde trippeln ungeduldig auf der Stelle und ich auch. Und obwohl ich brülle und mit meinem ganzen Gewicht auf die Bremse steige, geht es in vollem Galopp ins Dorf, wo uns von allen Seiten Hundegebell entgegenschlägt. Der reinste Horror! Die Meute spielt verrückt und rast auf der Suche nach einem Gegner unkontrollierbar durch die leeren Straßen. Sie entdeckt einen neben einer Werkstatt, wo der Schlitten einen Geländewagen rammt, dann einen zweiten in einer Art Grube, in der gleich darauf ein wildes Chaos ausbricht. Ich brülle, teile Klapse aus, doch die Hunde sind bereits mitten in einer Rauferei. Einige wie Voulk, Nanook, Oukiok oder Chip gehorchen mir, doch die anderen nutzen das allgemeine Durcheinander aus und gönnen sich eine Attacke, die einer Horde Gallier bei Asterix alle Ehre machen würde.

Durch mein Geschrei alarmiert, stürzt endlich ein Indianer herbei und zeigt mir das Haus des Mannes, der uns beherbergt. Die Hunde haben sich mittlerweile etwas beruhigt und folgen ihm. Ich bleibe stehen, zitternd vor Angst und Erschöpfung.

KAPITEL 26

Manitoba, Lac Brochet

–40 °C, 4400 km

LAC BROCHET UND TADOULE LAKE SIND KLEINE, ABGEschiedene Indianerdörfer mitten in der unermeßlichen Weite des Niemandslands, das sich zwischen dem Athabascasee und der Hudson Bay über Tausende von Quadratkilometern erstreckt. Dies ist das Reich der Seen. Es gibt mehr Wasser als Land, und um von einem Ort zum anderen zu gelangen, bedient man sich der Seen, die, große wie kleine, eine lange Kette bilden und durch Fußpfade miteinander verbunden sind, die von den Indianern instandgehalten und seit Generationen benutzt werden.

Früher reisten die Chipewayn-Indianer in Kanus aus Birkenrinde, die sie geschultert von See zu See trugen. Im Winter benutzten sie diese Pfade mit ihren Hunden. Sie spannten vier oder fünf in einer Reihe vor einen kleinen Holzschlitten, auf dem sie ihre Lasten transportierten. Sie selbst gingen voraus und trampelten mit Schneeschuhen den weichen Schnee nieder, oder sie folgten dem Gespann, wenn die Spur hart war.

Im Moment sind die Chipewayn-Indianer auf der Suche nach den Karibuherden, die normalerweise um diese Zeit ihre Winterquartiere in der Gegend beziehen. Doch in diesem Jahr haben sich die Herden wegen der geringen Schneefälle verspätet. Die Karibus sind länger in der Tundra geblieben, weil sie sich noch Flechten aus dem Schnee scharren können. Uns kann das nur recht sein, denn zahlreiche Indianer suchen mit Schneemobilen nach ihnen und planieren so eine schöne Piste, auf der ich zwischen Lac Brochet und Tadoule Lake über 250 Kilometer zurücklege. Zum Glück, denn die Pistenmacher haben mal wieder zu wenig Vorsprung. Bei ihrer Ankunft in Lac Brochet haben sie kein Benzin bekommen, weil die »Tankstelle« geschlossen hatte, und der Mann, der sie führen sollte, war unauffindbar. Und da sie überzeugt waren, daß ich die Etappe ohnehin nicht an einem Tag bewältigen würde, haben sie gar nicht erst versucht, am Abend weiterzufahren. Und als sei das nicht genug, hat sich auch noch ihre Abfahrt am nächsten Morgen um drei Stunden verzögert... Mir reicht es jetzt. Ich knöpfe sie mir nacheinander vor.

»Hört mal zu, Marc und Didier. So kann es nicht weitergehen bis Churchill. Ich kann nicht mehr, und die Hunde machen auch bald schlapp, wenn sie den ganzen Tag auf weichen Pisten laufen müssen. Ihr müßt die Strecke so oder so fahren, deshalb macht es für euch keinen Unterschied, ob ihr 24 oder 2 Stunden Vorsprung habt. Aber für uns hat es unabsehbare Folgen... Jeden Tag verliere ich mehrere Stunden, die den Hunden und mir an der Ruhezeit abgehen. Ich weiß, daß es Pannen gibt, Probleme mit dem Sprit, mit den Indianern, aber jeder hat seine eigenen Probleme. Ihr müßt eure in den Griff kriegen und rechtzeitig etwas dagegen unternehmen. Von wegen ›dies oder jenes ist daran schuld‹. Das gibt es nicht. Jeder ist für seinen Teil verantwortlich. Oder habe ich unter dem Vorwand, daß ihr euch verfranzt und verspätet habt, daß ich müde war und dies oder jenes passiert ist, gestern vielleicht weniger gemacht als die geplanten 135 Kilometer?«

Alain, der zugehört hat, dringt in Marc und Didier:

»Eins muß immer klar sein: Die Hunde sind das letzte Glied in der Kette, wenn irgendwas schiefgeht, müssen sie es ausbaden.«

Wie wahr. Vom Start weg haben die Hunde stets ihr Pensum erfüllt, was auch immer passiert ist, und die Schneemobilfahrer haben sich daran gewöhnt, daß sie ihre Etappen bewältigen. Wozu also etwas ändern?

Die Hunde lieben diese Art von Landschaft. Die Seenkette, die ein gleichmäßiges Fortkommen ermöglicht, und die Pfade, die sich zwischen Bäumen hindurchschlängeln, wobei auf einen Anstieg häufig ein Abstieg folgt, der Gelegenheit zum Verschnaufen gibt. Das Thermometer schwankt zwischen −25 und −40 °C, eine ideale Reisetemperatur.

Die beste Investition dieser Expedition haben wir am Athabascasee getätigt, als wir uns von einem Musher eine Transportbox für vier Hunde bauen ließen. Diese Box, die von einem Schneemobil gezogen wird, hat uns eine Menge Kosten erspart, denn ursprünglich wollten wir die vier erschöpften und/oder rekonvaleszenten Hunde ins Flugzeug verfrachten, genauer gesagt, Pierre und Raphaël mitgeben, die direkt nach Churchill geflogen sind, um die weiteren Etappen zu organisieren. Bob kümmert sich um die Box, und er ist dafür genau der richtige, denn er ist ein exzellenter Schneemobilfahrer und zudem ein großer Hundeliebhaber. Er fährt sehr rücksichtsvoll und sorgt sich rührend um die Hunde. Pawnee, zu Beginn der Expedition an Lungenentzündung erkrankt, hat sich später die Pfote in einer Kette eingeklemmt und steht trotz mehrfacher Versuche keine längere Etappe mehr durch. Er ist daher Dauergast in der Box, doch bei kürzeren Distanzen spanne ich ihn ein, damit auch er seinen Spaß hat. Die weniger kräftigen Hunde wie Oumiak, Charlie, Amarok, Oukiok und Buck wechseln sich ab. So können sie das Tempo der großen mitgehen und sich zwischendurch längere Erholungspausen gönnen. Torok, Voulk, Nanook und die übrigen schließen hingegen keine nähere Bekanntschaft mit der Box. Als wir versuchen, Torok für eine Etappe darin unterzubringen, weil er sich an einer Pfote leicht verletzt hat, heult er zum Steinerweichen, kratzt an der Tür, reißt sich die Krallen auf und nagt an den Seitenwänden, so daß wir ihn unmittelbar vor dem Start wieder herauslassen und ins Gespann einbauen müssen. Sein Blick sagt mir, daß ich es besser nicht auf einen zweiten Versuch ankommen lasse. Er ist beleidigt wegen der Kränkung, die ich ihm zugefügt habe.

»Mich, Torok, in einen Käfig zu den Knirpsen zu stecken!«

Dasselbe gilt für Baikal. Beide Hunde haben zuviel Stolz.

Es ist immer wieder rührend, wie das Gespann sich freut, wenn es in ein Dorf kommt und die vier Pausierer wiedersieht, die Bob irgendwo angebunden hat. Die Begrüßung fällt stürmisch aus. Da wird geleckt, gehüpft, gejapst und, um das Maß voll zu machen, bisweilen sogar gerauft. Diese Wiedersehensfreude ist der Grund für einen Unfall, der böse hätte ausgehen können. Es war zwei Uhr morgens und ich näherte mich dem ersehnten Ziel der 110 Kilometer langen Etappe, die ich mir vorgenommen hatte, einer indianischen Fischerhütte am Ufer eines großen Sees. Die Hunde trabten gemächlich dahin, und ich trippelte, gegen den Schlaf ankämpfend, hinter dem Schlitten her. Der Pfad wand sich zwischen Bäumen einen kleinen Hügel hinauf, der zwei Seen trennte. Oben angekommen sah ich in einiger Entfernung den anderen See. Der Weg dorthin war ziemlich abschüssig. Urplötzlich beschleunigten die Hunde und flogen förmlich den Hang hinab. Ich konnte nicht bremsen, sonst wäre der Schlitten in der ersten engen Kurve an einem Baum zerschellt. Um das Innere einer Kurve nicht zu schneiden, muß man die Trägheit des Schlittens ausnutzen, der von seinem Schwung fortgerissen und nach außen getragen wird. In einer Kurve mit spitzerem Winkel schiebt man den Schlitten kräftig an, um Spannung von der Leine (zwischen Schlitten und den hintersten beiden Hunden) zu nehmen und die Kurve anfahren zu können. Gleichzeitig führt man ein sehr riskantes Manöver durch: Man springt von der Innenkufe auf die Außenkufe, damit der Schlitten nicht umkippt, wenn plötzlich wieder Zug auf die Leine kommt und das Gefährt nach innen gerissen wird. Mit etwas Fingerspitzengefühl lassen sich auf diese Weise auch schwierige Kurven meistern, vorausgesetzt, die Hunde laufen langsam, denn zu Beginn der Kurve muß der Schlitten schneller sein als sie. Aber das ist er natürlich nicht, wenn die Hunde losgehen wie ein geölter Blitz.

Man kann sich also vorstellen, was für ein Alptraum diese höllische Abfahrt nach 110 Tageskilometern für mich ist. Die Hunde, völlig überdreht, preschen in vollem Galopp den Hang hinunter, und wegen der Eiskruste auf meinem Gesicht nehme ich alles wie durch einen Schleier wahr und sehe die Bäume erst im letzten Moment im Strahl meiner Lampe.

Eine Kurve, zwei, drei … zehn Kurven nehme ich teils mit viel Glück, teils recht elegant, und dann der Crash, mit einer unglaublichen Wucht. Ich habe die dicke Tanne erst Zehntelsekunden, bevor die Hunde sie umkurvt haben, bemerkt und gedacht, ich hätte noch genug Zeit, um den Schlitten an ihr vorbeizulenken, doch bei dem Affenzahn findet mein Fuß keinen Halt, rutscht weg und rums! – ein fürchterlicher Stoß, und ich fliege über den Schlitten, dann über die Hunde und lande gut 15 Meter weiter, völlig belämmert, zwischen zwei Tannen, die wundersamerweise nicht in meiner Flugbahn gestanden haben! Ich brauche eine gute Minute, um wieder zu Atem zu kommen, weitere fünf, um mich zu erinnern, wo oben und unten ist, und nochmals ein paar Minuten, um mich aufzurappeln. Ich taumle zum Schlitten. Das Frontteil ist völlig zerbeult. Zum Glück hat die hervorragend konstruierte Stoßstange das meiste abgekriegt. Aber irgendetwas kommt mir komisch vor. Irgendetwas stimmt nicht, und ich komme nicht dahinter, was. Ich gehe um den Schlitten herum, dann geht mir ein Licht auf.

»Die Hunde!«

Die Hunde sind weg. Das wird ja zur Manie ... Die Zugleine ist gerissen. Man könnte darüber lachen, wenn es nicht so tragisch wäre, denn, sich selbst überlassen, werden die Hunde weiterrennen, bis sie sich in den Leinen verheddern oder gar strangulieren. Außerdem bin ich körperlich am Ende und weiß nicht, wie weit ich zu Fuß gehen kann. Mir ist kalt, sehr kalt, denn der Schweiß erstarrt auf meiner Haut. Ich erwäge, ein Feuer zu entzünden, beschließe dann aber, mich sofort auf den Weg zu machen. Meine Angst um die Hunde ist zu groß. Ich hege die leise Hoffnung, daß sie das Malheur bemerken und auf mich warten, doch sie sind weitergerannt, und wer weiß, wie weit. Am Fuß des Hügels angekommen, bemerke ich einen Lichtschein. Ein Feuer! Meine Gefährten. Sie warten neben der Hütte. Sie haben die Hunde eingefangen, und Alain lacht noch immer.

»Du hättest Thomas sehen sollen. Als die Hunde plötzlich am Feuer auftauchten, hat er dich überall gesucht und nach dir gerufen. Wir konnten uns keinen Reim darauf machen.«

Ich berichte ihm von dem Unfall. Alain führt mich in die Hütte. Ich klappe zusammen.

»Du solltest dein Gesicht sehen, mein Alter. Du bist um 20 Jahre gealtert. Du hast schwarze Ränder unter den Augen und überall Falten. Zum Fürchten.«

»Du siehst auch nicht besser aus.«
Alain mustert mich mit sorgenvoller Miene.
»Bist du in Ordnung?«
»…«
Muß ich darauf wirklich antworten?

KAPITEL 27

Tadoule Lake

– 28 °C, 4600 km

THOMAS HAT DIE HALBE NACHT MIT DER REPARATUR meines Schlittens zugebracht und die beschädigten Teile mit Holzlatten geschient. Und dabei sieht er auch nicht viel besser aus als ich. Das Gesicht eingefallen vor Übermüdung, die Augen gerötet vom Schlafmangel, ähnelt er mehr einem Zombie als einem Kameramann, aber er hält sich wacker. Emmanuel steckt die Strapazen von uns allen noch am besten weg. Seine Ausdauer beeindruckt mich. Er ist immer zur Stelle, immer hilfsbereit, und mit seiner guten Laune steckt er die anderen an. Ein vorbildlicher Kamerad. Er und Thomas sind wie zwei Galeerensträflinge, die auf demselben Schiff rudern. Einem Schneemobil, das sie abwechselnd steuern und das einen Schlitten zieht, auf dem sie ihre gesamte Ausrüstung mitschleppen. Man kann sich nicht vorstellen, wieviel Willenskraft und Zähigkeit dazu gehören, unter solchen Bedingungen zu filmen. Ich hoffe, der Film wird sie eines Tages für ihre Mühen belohnen. Alain kümmert sich um mich. Er hat mir eine Mahlzeit zubereitet und bemuttert mich. Als ich in aller Frühe wieder allein in die Nacht hinausfahre, höre ich seine Stimme gedämpft durch die Zeltwand.

»Nur Mut, Nico, wir sind fast am Ziel.«

Ja, Churchill ist nicht mehr weit. Aber halte ich so lange durch? Ist noch genug Kraft in meiner leeren Flasche?

Auch Bob ist da, um mir zu helfen. Statt mit Pawnee, Oumiak, Buck und Charlie auf direktem Weg nach Tadoule Lake zu flitzen, fährt er vor mir her. Seine Gegenwart hilft mir sehr und auch den Hunden, die ein flotteres Tempo anschlagen, fast wie bei einem Rennen, wenn sie die vor ihnen laufenden Gespanne wittern.

Nach einer Etappe von 250 Kilometern, die wir in 40 Stunden zurückgelegt haben, erreichen wir Tadoule Lake. Der Rückstand gegenüber dem ursprünglichen Zeitplan ist praktisch wettgemacht. Und das, obwohl seit dem Athabascasee eine böse Überraschung die andere jagt und jede Etappe viel länger ist, als wir errechnet hatten. Und auf der Strecke von Tadoule Lake nach Churchill kommt es noch dicker: Wir müssen zwei Umwege machen, einen nach Norden, um Stromschnellen zu umgehen, und einen nach Osten zur Hudson Bay, ehe wir auf dem Packeis genau in südlicher Richtung nach Churchill hinabstoßen können. Die Indianer reisen in dieser Gegend sehr selten, und in den letzten Jahren hat kaum jemand die Strecke zwischen den beiden Dörfern zurückgelegt. Die Auskünfte, die wir bekommen, sind denn auch widersprüchlich. Die einen sagen, wir sollen nach Süden ausweichen und dem Seal-Fluß folgen, die anderen raten uns dringend davon ab und empfehlen uns, nach Norden zu fahren ... Also beugen wir uns der Entscheidung der beiden Cree-Indianer, die Marc und Didier begleiten. Sie ziehen die Route über den Caribou-See vor. Sie verläuft weit im Norden und zwingt uns zu einem ersten Umweg von über 100 Kilometern!

Wie auch immer, jedenfalls ist an dieser Strecke bereits ein Benzindepot angelegt. Für eine Änderung der Route ist es also zu spät.

In Tadoule Lake mache ich 20 Stunden Rast. Auf dem Papier ist das eine Menge. Aber zieht man von den

20 Stunden die Zeit ab, die ich zum Ausschirren, Füttern und Verarzten der Hunde brauche, dann die Zeit, die für diverse Vorbereitungen und die Zubereitung von Mahlzeiten draufgeht, für Interviews mit kanadischen und europäischen Reportern und für Gespräche mit Schulkindern, für einen Besuch beim Häuptling des Dorfes, für die Verhandlungen mit einem anderen über den Lastschlitten, der ersetzt werden muß, für den Einkauf von Proviant, für Reparaturen am Schlitten und an den Geschirren, für die Dusche bei einem Lehrer, der mich zum Kaffee einlädt ..., dann bleiben kaum ein paar Stunden zum Schlafen! Ich verlasse Tadoule Lake ebenso erschöpft, wie ich angekommen bin. Nur habe ich immer noch 550 Kilometer vor mir, und das ist viel.

»Wenn du in zwei Wochen in Churchill sein willst, mußt du im Schnitt 40 Kilometer pro Tag machen«, sagt ein Indianer zu mir. »Das wäre eine großartige Leistung.«

Ich schüttle nur den Kopf und sage nichts. Die bevorstehende Etappe bereitet mir Sorgen. Sie erscheint mir schwierig und gewagt, ihr Ausgang ungewiß, aber Churchill lockt. Diane und mein Sohn Loup erwarten mich dort. Ich muß in fünf Tagen dort sein, keinen Tag später. Ich lege eine erste Teilstrecke von 80 Kilometern zurück und bin hochzufrieden. Die am Vortag gespurte Piste ist schön hart. Sie verläuft auf einem Trail, den eine Gruppe von Karibujägern zehn Tage zuvor benutzt hat. Marc, Didier und die beiden Indianer sind ihm mehr als 100 Kilometer weit gefolgt.

Die Landschaft hat sich verändert. Die Seenkette mit ihren Wäldern weicht einer Landschaft, die sich zusehends öffnet. Seen, Flüsse und flache Hügel, die eher kleinen Plateaus ähneln, gesprenkelt mit luftigen Gehölzen aus verkrüppelten Tannen. Weiden- und Erlengestrüpp schmückt, ungleichmäßig verteilt, die Ufer der Flüsse und Seen, die für den Betrachter mit den ausgedehnten Ebenen und Mooren verschmelzen.

Der Wind, der hier nur auf wenige Hindernisse stößt, kerbt ein Muster in den Schnee. Die Schneewehen mit ihren scharfen, polierten Graten zeigen mit der Präzision eines Kompasses an, wo Osten ist. Der Blick reicht weit, und das ist angenehm. Trotz meiner Müdigkeit genieße ich heute abend den Anblick der endlos weiten Tundra, die von einer glutroten Sonne liebkost wird, in deren Licht mein Gespann lange Schatten wirft. Ein paar Stunden später versorge ich mich seufzend mit Proviant für eine weitere Nacht auf der Piste. Und die ganze Nacht über frage ich mich:

»Was mache ich eigentlich auf diesem Schlitten, mitten in der Nacht und bei dieser Kälte, obwohl ich jede Sekunde gegen den Schlaf ankämpfe?«

Spät in der Nacht raste ich neben einem kleinen See, den ein dichter junger Tannenwald säumt, und fahre bei Tagesanbruch weiter. Es ist sehr kalt, obwohl sich kein Lüftchen regt, und die am Vortag gespurte Piste ist gut. Ich fasse wieder Mut, denn jeder Kilometer bringt mich Churchill, Diane und Loup und der ersehnten Ruhe näher. Ich träume jede Sekunde von dem molligweichen Bett, in dem ich mich an den warmen Körper meiner Frau schmiegen werde. Ich male mir aus, wie ich die Hauptstraße hinunterfahre – die letzten Meter – wie der Schlitten anhält – wie Loup seine von der Kälte weißen Augen aufreißt und seinen Weihnachtsmann von Papa ansieht. Das alles stelle ich mir vor und in mir steigen Gefühle auf, die mich zum Weinen bringen, ob vor Glück oder Müdigkeit, ich weiß es nicht mehr. Die Hunde traben fröhlich in ihrer Wolke aus Rauhreif, die mich mit Weiß überzieht, und ich rechne mir aus, daß wir bei diesem Tempo vielleicht morgen früh am Caribou-See sind.

Eine vergnügliche Stunde bei 12 km/h und dann der Schock. Der Gnadenstoß. Die Hunde sinken ein, als werde die Piste unter ihnen weggezogen. Sie ist frisch, weich. Ich halte an. Ich will es nicht wahrhaben. Ich bemerke eine Hütte am Seeufer und Schneemobilspuren, die zu ihr hin- und wieder zu mir zurückführen. Ein Pflock mit einem Band und einer Nachricht von Didier. Ich lese sie. Ich lese sie noch einmal, ohne zu begreifen. Didier scherzt. Der Brief ist eine Aneinanderreihung von Scherzen, doch nach und nach dämmert mir, was er mir sagen will: daß die Indianer langsam sind, daß sie »etwas« Zeit verloren haben und ein Stück weiter auf uns warten werden, da die Tundra »hart wie Beton« sei, vor allem aber, daß sie eben erst von hier aufgebrochen sind und daß ich sie in einer knappen Stunde einholen könne. Die Hunde sträuben sich, als ich auf die weiche Piste deute. Nach ein paar Metern bleibt Voulk stehen. Er sieht mich an, bis zum Bauch im Schnee. Die anderen legen sich hin. Ich setze mich auf den Schlitten, und weil ich allein bin und es guttut, vergieße ich Kindertränen, wütend und verzweifelt.

»Wie können sie uns das antun? Sie haben kein Recht dazu…«

Und statt mir zu versichern, daß sie alles tun werden, um einen Vorsprung herauszufahren, sagen sie mir, daß sie auf uns warten werden!… Sind die denn von allen guten Geistern verlassen? Ich weiß nicht, woher ich die Kraft nehme, den Hunden das Kommando zum Aufbruch zu geben. Meine Champions verstehen mich nicht mehr. Ich verstehe mich selbst nicht mehr. Um ihr Leiden zu teilen, um ihnen zu helfen und mich selbst dafür zu bestrafen, daß ich mich auf diese Wette eingelassen habe, stapfe ich 20 Kilometer hinter dem Schlitten durch den weichen Schnee. Endlich kreuzt Alain auf, und ich lasse ordentlich Dampf ab. Thomas und Emmanuel filmen die Szene und finden mich gut. Wut scheint mir durchaus zu stehen. Auch Alain ist wütend.

»Aber was treiben die denn? Das darf doch nicht wahr sein. Ich fahre sofort zu ihnen und trete ihnen in den Arsch. Ich werde ihnen sagen, daß sie die ganze Nacht durchfahren sollen, um die verlorene Zeit wieder hereinzuholen. Verlaß dich drauf, denen werde ich den Marsch blasen.«

Davon bin ich überzeugt.

Ich beruhige mich ein wenig, und das ist auch nötig. Ich beschließe, den Hunden und mir eine Pause zu gönnen, zwei Stunden zu schlafen und am Spätnachmittag weiterzufahren, wenn die Piste gefroren ist. Ich lege mich neben Nanook, bin aber zu müde zum Schlafen. Ich habe nur einen Wunsch: zusammenpacken, weiterfahren, in Churchill ankommen und mit denen da vorn ein Wörtchen reden.

Gegen 16 Uhr brechen wir auf. Bob fährt ein paar Kilometer voraus und macht die Piste frei, die der Wind zugeweht hat. Bob ist großartig und macht mir wieder Mut. Die Bäume bleiben zurück, und wir gelangen auf ein ausgedehntes Plateau, auf dem es nur Steine, Eis und Flechten gibt. Der Wind hat an manchen Stellen den Schnee weggeblasen, so daß wir mit den Kufen hängenbleiben. Ein Stück weiter müssen wir eine Anhöhe erklimmen. Überhaupt läßt die gespurte Piste keine Geländeerhebung aus, obwohl uns das zwingt, völlig sinnlos im Zickzack zu fahren. Erst viel später erfahren wir, daß der ältere der beiden Cree-Indianer, die uns als Führer dienen, ständig nach dem Weg sucht und der jüngere vorher noch nie in dieser Gegend gewesen ist. Sowie der ältere eine Erhebung ausmacht, fährt er hinauf, um festzustellen, wo er sich befindet.

Ständig muß ich vom Schlitten steigen und zu Fuß gehen, laufen, schieben und ziehen, doch noch mehr bedrückt mich der Zustand der Hunde. Ihr »will to go« schmilzt wie Schnee in der Sonne. Ihr Stolz ist einer Niedergeschlagenheit gewichen. Sie laufen nur weiter, weil ich es von ihnen verlange. Wenn die Hunde den »will to go« verlieren, ist das so, wie wenn einem bei der Fahrt durch die Wüste im Geländewagen das Benzin ausgeht. Es macht mich krank. All die Strapazen und jetzt das, 300 Kilometer vor Churchill!

Die Nacht zieht herauf und breitet ihren Mantel über den schlimmsten Tag in meinem Leben als Musher. Es beginnt in so heftigen Böen zu stürmen, daß ich Voulk nicht mehr sehe. Doch die Hunde halten Bobs Kurs, der weit vor uns in der Dunkelheit die Spur der Vorausfahrenden sucht, zwei Riefen in Eis oder Stein, die man in dieser leeren Weite leicht übersieht. Ich weiß nicht, wie ich es schaffe, ihm zu folgen. Mut? Ich habe keinen mehr. Auch keine Kraft mehr. Das ist ein anderer als ich, der da durch den Sturm taumelt und weint, denn die Beine wollen nicht mehr, und ich stöhne bei jedem Schritt.

Ein Scheinwerfer bohrt sich in die Nacht. Thomas hat sich Sorgen gemacht und ist uns entgegengefahren. Das ist wirklich nett von ihm, denn ich weiß, wieviel Überwindung es kostet, in den Sturm hinauszufahren, wenn man erst einmal das Lager aufgeschlagen hat.

Gegen 2 Uhr morgens brechen wir zusammen, und um 7 Uhr beginnt das Martyrium von neuem. Für zehn Kilometer Raumgewinn müssen wir 15 zurücklegen, doch es ist immer noch besser, der Piste zu folgen, als sie zu verlieren. Alain stößt zu uns. Er hat die anderen gestern nachmittag eingeholt. Danach haben sie die Hütte gesucht, derentwegen die Indianer diesen Riesenumweg nach Norden machen, und sich dabei in den Sturmböen verfahren! Über eine Stunde lang sind sie im Kreis gefahren, ehe sie schließlich das Zelt aufgebaut haben. Und am nächsten Morgen beim Aufwachen haben sie festgestellt, daß sie keine 100 Meter von der Hütte entfernt waren! Sie haben sich ein wenig ausgeruht und sind dann weiter in Richtung Churchill gefahren, über 140 Kilometer durch die Tundra, ehe sie das Packeis erreicht haben. Alains Erklärungen sind verworren. Die Indianer hätten sie aufgehalten, sagt er. Zuerst hätten sie eine Panne mit dem Schneemobil gehabt, dann hätten sie Fallen einsammeln und Benzin deponieren müssen. Sie hätten sich verfahren und gedacht, hinter dem Caribou-See hätte der Wind den Schnee so zusammengepreßt, daß sie keine Piste anzulegen brauchten; aus diesem Grund hätten sie dort auf uns warten wollen.

»Hör zu, das klären wir, wenn wir in Churchill sind. Aber dazu müssen wir erst mal hinkommen.«

Ein schwarzer Tag in der weißen Wüste, die durchaus etwas Erhabenes hat. Je näher wir der Hudson Bay kommen, desto weiter wird die Landschaft. Der Horizont ist eine blaue Linie wie auf See, und die Sonne erzeugt Trugbilder, verwandelt Wolken in Dörfer und Hügel in Schiffe. Ich bin unendlich klein, und die Kilometer gleichen Stunden im Koma. Keine Ruhepause. Keine Zeit. Nichts als Leiden.

Diane, du bist gerade in Churchill angekommen. Ich stelle mir vor, wie du Loup in den Armen hältst und durch das Flughafenfenster aufs Packeis hinausblickst. Stellst du dir einen Moment lang vor, was ich durchmache, wie ich leide? Hilf mir. Ich gehe zu Fuß. Meine Beine gehorchen, aber ich weiß nicht, wie sie es machen. Ich habe keine Kraft mehr, zu nichts. Ich denke nicht mehr. Die Stunden vergehen. Die Nacht kommt. Alain ist bei mir, fährt voraus, und Bob auch. Mir scheint, wir fahren nach nirgendwo. Es ist Nacht. Ich weiß nicht mehr, ob die Hunde vorankommen. Ich marschiere jedenfalls bis zu einem Fluß, wo der Schlitten endlich nicht mehr einsinkt. Da vorn die

Scheinwerfer der Schneemobile, wie Augen, die mich erwarten, mich anziehen. Ich übergebe mich. Ich friere. Ich werde stürzen, denn ich bin zu müde. Meine Beine sind wie Blei. Mir schwindelt. Ich lache. Ich bin betrunken. Alles ist ein Scherz. Es gibt sie nicht, den hohen Norden und die Kälte. Den Sturm auch nicht. Alain hat die Piste verloren. Bob auch. Sie sind verloren und haben mich verloren. Ich halte an. Ich kann nicht weiter. Ich gebe auf. Ich fahre bis zu einer Insel, denn wir sind auf einem Fluß und ich kehre in die Erlen zurück.

»Hooo, meine Hunde.«

Ich verteile Snacks. Ich kann ihnen keine Mahlzeit zubereiten, dazu fehlt mir die Kraft.

»Verzeiht mir, meine Hunde.«

Ich mache weiter. Noch eine Ration. Morgen sehen wir weiter. Ich werde stürzen. Ich muß mich beeilen. Es stürmt. Alle sind verloren. Ich auch. Schnell. Den Schlafsack. Ich schlüpfe hinein, vollständig angezogen. Endlich Ausruhen. Das schwarze Loch. Habe ich den Schlafsack gut zugemacht? Wenn nicht, werde ich sterben. Und die Schmerzen in meinen Beinen? Bin ich gestürzt? Die Hunde, wo sind die Hunde? Und ich, wo bin ich? Ach ja, der Sturm, die Dunkelheit, die Insel. Alles verschwimmt. Ich gebe auf. Es geht mir gut. Es war so einfach. Anhalten, die Augen schließen, vergessen. Das hat genügt.

KAPITEL 28

Churchill

15. Februar, – 35 °C, 4900 km

MANCHMAL RETTET EIN ZUFALL. AUF DER SUCHE NACH der Hütte fährt Bob so lange durch Sturm und Nacht, bis ihm auf einem Flußarm zwischen zwei Inseln, wie es sie hier zu Hunderten gibt, das Benzin ausgeht. Auf der Suche nach einer Spur irrt Alain durch den Blizzard, findet aber Dutzende, die alle von den Indianern, Marc und Didier stammen, die wiederum seine gesucht haben… Er kehrt um und stößt auf Bob, der liegengeblieben ist. Gemeinsam finden sie die Hütte, in der Tom, Emmanuel und Alvaro schlafen.

Das Knattern ihrer Schneemobile stammt von einem Traktor, der gegenüber unserem Haus in der Sologne das Feld pflügt. Loup und Montaine stapfen hinter ihm her und halten nach Regenwürmern Ausschau, die sie lachend einsammeln und in eine Dose legen. Am Himmel über ihnen kreisen Möwen. Sie haben rote Augen und kreischen zornig. Ihre Kreise werden enger und die Bahnen, die sie ziehen, verursachen mir Schwindelgefühle. Ich möchte laufen, doch meine Beine gehorchen mir nicht, und der Wind bläst mir ins Gesicht und wirft mich um. Plötzlich stößt eine Möwe auf Loup herab und pickt in seinen kleinen Kopf, eine andere stürzt sich auf Montaine, und ich kann nicht hinlaufen, um sie zu beschützen… Ich werde gerettet.

»Nico, wir haben die Hütte gefunden. Komm, du mußt aufstehen.«

Ich stehe auf, richte die Hunde aus, lasse sie eine Kehrtwendung machen und folge meinen beiden Führern. Ich bin noch in meinem Traum und suche den Himmel nach Möwen ab. Sie haben sich in Sterne verwandelt. Na, so was, es ist noch Nacht, aber es hat aufgeklart, der Blizzard legt sich. Vielleicht träume ich gar nicht. Aber wohin fahren wir?

»Alain?«

Er hört mich nicht.

Wir gelangen zu der Hütte. Emmanuel sinkt auf den Schlafsack, die Augen trüb vor Müdigkeit.

»Auf dem Ofen steht was zu essen.«

Ich versuche etwas hinunterzuschlingen. Ich zwinge mich, aber mein Körper rebelliert. Er ist zu müde. Es ist 3 Uhr morgens ... oder 3 Uhr nachmittags, ich weiß es nicht. Jedenfalls ist es dunkel. Ich schlafe ein und sehe wieder die Möwen. Ich kann Möwen nicht leiden.

Marschieren und dabei den Haltebügel des Schlittens nicht aus den Augen lassen, der mit einer dünnen Schnur umwickelt ist, damit man nicht abrutscht. Die Zeigerumdrehungen zählen, um das Zeitgefühl nicht zu verlieren. Um die Schmerzen beim Gehen zu vergessen. Ich gleite über Seen und marschiere durch die Tundra, denn auf diesem Geläuf aus hartem und weichem Schnee, Flechten und Steinen sinken die Hunde ein. Wir wissen nicht, wo das Packeis ist. 30 Kilometer von hier oder 100? Die Karten geben uns keine Auskunft. Wir wissen nicht, wohin uns die Piste führt, die das Team vor uns gespurt hat. Zu einem Fluß, zum Packeis, nach Churchill?

Die drei Schneemobile weit vor mir sind wie kleine Schiffe auf einem blauen Ozean. Die Hunde trotten traurig dahin, oder bilde ich mir nur ein, daß sie traurig sind? Ich habe kein Urteilsvermögen mehr. Es ist mir egal. Die

Expedition ist zu Ende. In Churchill gebe ich auf. Dann können die Hunde sich ausruhen. Sie werden mir diese letzten Tage verzeihen. Wir werden mit Diane, Montaine und Loup ein paar schöne Ausflüge unternehmen, und der Winter wird ein glückliches, kein leidvolles Ende nehmen. »Das Leben ist keine Strafe«, sagt Marc, und offensichtlich habe ich nicht das Zeug dazu, diesen Rekord aufzustellen. Wer etwas davon versteht, wird anerkennen, daß wir bereits eine großartige Leistung vollbracht haben. Skagway – Churchill in weniger als zwei Monaten. Das ist die größte Entfernung, die ein Hundeschlitten jemals in so kurzer Zeit zurückgelegt hat. All die anderen, die große Mehrheit, werden sagen, daß ich gescheitert bin, aber ich pfeife auf sie, nur nicht auf die, die mir vertraut und an mich geglaubt haben. Ich werde es ihnen erklären, und sie werden es verstehen. Ich bin einer solchen Herausforderung nicht gewachsen. Nun, da die Entscheidung gefallen ist, geht es mir etwas besser. Ich kann mir den Gnadenstoß geben. Ich bin am Morgen in aller Frühe aufgebrochen, und der Tag zieht sich und zieht sich, die Sonne verbrennt mir das Gesicht, und ich gehe weiter. Am Abend ist das Packeis noch immer nicht in Sicht.

Schließlich bekommt Alain eine Telefonverbindung. Marc und Didier sind gestern abend mit ihren indianischen Führern in Churchill eingetroffen, und Alain stellt ihnen die eine Frage.

»Wieviel Kilometer sind es von der Hütte bis Churchill?«

»Äh, etwa 120 bis 130.«

»Was? Bist du sicher?«

»Na ja, vielleicht auch 150 bis 160 oder etwas mehr, keine Ahnung.«

Alain wird rot vor Zorn.

»Scheiße, Mensch. Ist dir klar, was du da sagst? 120 oder

160! Wir können nicht mehr. Die Hunde können nicht mehr. Nicolas ist so gut wie tot, und du weißt nicht, ob es 40 Kilometer mehr oder weniger sind. Wir schaffen kaum 5 Kilometer pro Stunde und jeder Meter ist eine Qual!«

»…«

Marc und Didier haben bei der Abfahrt und Ankunft nicht auf ihren Kilometerzähler geschaut. Sie sind im Kreis gefahren, haben sich verirrt…, sie können es nicht sagen, sie wissen es nicht mehr. Es ist mir egal. Es ist Nacht geworden. Ich kriege keinen Bissen mehr runter. Mir fehlt die Kraft dazu, und alles, was ich esse oder trinke, erbreche ich wieder. Um durchzuhalten, stopfe ich mich mit Guronsan voll, aber ich weiß, daß meine Stunden gezählt sind. Seit zehn Tagen schlafe ich nur zwei bis drei Stunden täglich, seit zwei Tagen habe ich nichts mehr gegessen. Wenn ich weiter durch Schnee und Kälte stapfe, bleibt die Maschine bald stehen, sehr bald und endgültig.

An diesem 16. Februar stehe ich um 6 Uhr morgens auf wie ein Toter. Ich habe drei Stunden im Schnee geschlafen, und es ist kalt. In der Nacht haben Raphaël und ein Einwohner von Churchill 200 Liter Benzin und eine schlechte Nachricht gebracht. Bis Churchill sind es nicht 60 Kilometer, wie wir gehofft haben, sondern 115! Ihr Kilometerzähler lügt nicht… 115 Kilometer, davon 70 durch grauenhafte Tundra mit weichem Schnee, Schneewehen, Flechten und Steinen. Das bedeutet, ich muß zu Fuß gehen, den Hunden helfen und schieben. Ich weine und kann nicht mehr aufhören. Sind das erste Anzeichen einer Depression, der totalen Erschöpfung? Ich rede mit Voulk und aus meinen Worten werden Schluchzer, ich denke an meine Kinder und vergieße Tränen, die in meinem Bart zu Eiszapfen erstarren.

Jahre später tauchen verkrüppelte Bäume vor mir auf

und hinter dem schmalen Streifen Wald ein Fluß, der zum Packeis führt. Das Packeis!

Ich brülle aus Leibeskräften.

»Das Packeis, meine Hunde! Das Packeis!«

Ich weine noch immer, doch jetzt sind es Freudentränen. Ich bin stolz darauf, hier zu sein, stolz auf meine Hunde, stolz auf mich, stolz auf uns. Meine Hunde, vor Sekunden noch so traurig und verzagt, heben plötzlich den Schwanz und galoppieren auf dieser schönen, glatten und harten Piste, die immer geradeaus führt. Sie lecken am Schnee und wundern sich über den salzigen Geschmack. Carmack dreht sich um, als erwarte er eine Erklärung. Voulk und Chip lecken sich die Schnauze, Torok heult, denn das Tempo ist ihm zu langsam. Sie haben begriffen, daß wir am Ziel sind. Die große Kuppel des Flughafens von Churchill taucht in weiter Ferne auf. Eine Stunde später stößt Alain zu mir. Seine Augen glänzen vor Freude und Stolz, und der Blick, den wir tauschen, ist einer, den man niemals vergißt. 50 Kilometer, das ist weit. Der Körper ist etwas Wunderbares. Eigentlich hätte mein Akku vor Churchill endgültig leer sein müssen, doch das Ziel so nah vor Augen, bekomme ich neuen Auftrieb.

Es wird dunkel, und in der näherrückenden Stadt gehen die Lichter an. Eine stetig wachsende Zahl von Schneemobilen eskortiert mich, doch Alain achtet darauf, daß sie Abstand halten und weit voraus fahren, damit sie die Hunde nicht behindern. So sieht niemand, daß ich mir die Augen ausweine wie ein Kind. Ich hätte nie erwartet, irgendwann einen solchen Grad von Erschöpfung zu erreichen.

Am Ortseingang habe ich genug geweint und gewinne ein wenig meine Fassung zurück, doch ich habe zu sehr gelitten, um zu sprechen. Auf der breiten Hauptstraße fallen die Hunde in Galopp, und Beifall brandet in der Dunkelheit auf, weit weg, ganz am Ende der Straße. Die Hunde verstehen. Sie laufen von alleine hin und bleiben stehen. Es ist vorbei. Nicht ich habe die Reise gemacht, sondern ein anderer.

KAPITEL 29

Churchill

–40 °C, 4900 km

DER EISBÄR IST FÜR CHURCHILL DAS, WAS GELD FÜR Las Vegas ist. Doch während das Geld das ganze Jahr über in den Kassen klingelt, zeigt der Eisbär hier nur einmal im Jahr, von September bis Oktober, seine Nase. Das ist die Zeit, in der sich die Raubtiere an der Hudson Bay versammeln und darauf warten, daß das Meer zufriert, um dort zu jagen. In den übrigen Monaten ähnelt Churchill einem Skiort ohne Schnee. Die Hotels, die in der Saison mehrere Flugzeugladungen Touristen pro Tag aufgenommen haben, sind dann ebenso geschlossen wie die Andenkenläden, die Eisbären in Form von Plüschtieren oder Schlüsselanhängern feilbieten. Im Herbst durchstreifen bis zu 200 Bären die Umgebung der Stadt, die sich durch ein ganzes System von Fallen schützt – Käfige mit Ködern, in denen der Vielfraß gefangen wird. Jede Falle ist mit einer Zentrale verbunden und sobald eine zuschnappt, ertönt dort ein Alarm. Der Bär wird geborgen und in einen Zwinger gebracht. Hat man zehn beisammen, verfrachtet man sie in einen Hubschrauber und setzt sie 50 Kilometer vor der Stadt wieder aus. Früher drangen die Räuber auf der Suche nach etwas Freßbarem bis in die Gärten der Häuser vor und versetzten die Bewohner in Furcht und Schrecken. Heute hat man sie dank dieses überaus wirkungsvollen Systems völlig unter Kontrolle. Die Bären sind gern gesehene Gäste, denn sie bringen viel Geld ein. Für ein gutes Foto berappen Japaner, Deutsche und Amerikaner bis zu 600 Dollar pro Tag. In geländegängigen Bussen mit mannshohen Ballonreifen werden die mit modernsten Fotoapparaten, Digitalkameras und Teleobjektiven ausgerüsteten Touristen zu den Sammelplätzen gekarrt, und wer besonders gut bei Kasse ist, kann vor Ort in mobilen Hotel-Restaurants nächtigen. Am Abend tanzt man mit den Bären unter den Polarlichtern. Am Morgen schlürft man seinen Kaffee und bewundert dabei den Sonnenaufgang über dem Meer, das vom Ufer her zufriert, während die Bären stehend an den Scheiben kratzen, hinter denen die entzückten Touristen über Handy Freunden das Erlebnis schildern. Wer dabeisein will, muß vier Monate im voraus buchen. Tony, ein gebürtiger Portugiese, der seit zwei Jahren hier lebt, hat sofort erkannt, daß damit viel Geld zu verdienen ist. Er führt das Restaurant in der Stadt und beliefert die Flugzeuge, Busse und fahrbaren Hotels mit Essen. Das Lokal hat auch außerhalb der Touristensaison geöffnet und ist für die Einheimischen zu einem Treffpunkt geworden. Letzten Winter, als wir die Gegend erkundeten, haben wir uns mit Tony angefreundet. Er hat unseren Aufenthalt hier organisiert und die nächsten Etappen vorbereitet, Benzindepots angelegt, Führer angeheuert, Routen ausgewählt…

»Ich erkenne dich nicht wieder«, sagt er und lächelt.

Loup erkennt mich auch nicht wieder, aber *er* lächelt nicht. Er hat sich auf das Wiedersehen mit seinem Vater gefreut, kommt aber keine Sekunde auf die Idee, daß dieser eisverkrustete bärtige Mann mit den roten Augen und dem eingefallenen, faltigen, von Kälte und Sonne verbrannten Gesicht sein Papa sein könnte.

»Ich bin's Loup, dein Papa.«

Er erkennt die Stimme, ohne zu begreifen. Er flüchtet in Dianes Arme, wagt sich nicht in meine Nähe. Ich muß ihm

Zeit lassen und mein Verlangen unterdrücken, ihn in die Arme zu schließen und zu küssen.

Etwas später, als ich aufgetaut, rasiert und gewaschen bin, erkennt er mich schließlich.

Die Hunde erholen sich in weniger als 48 Stunden von den zehn verrückten Tagen, die wir durchgemacht haben. Ich nicht. Ich bin schwach und noch am dritten Tag so müde wie bei der Ankunft, was sicherlich auch mit den riesigen Mengen Kaffee und Guronsan zusammenhängt, die ich, um nicht schlappzumachen, in der vergangenen Woche zu mir genommen habe. Ich hatte mich künstlich über Wasser gehalten, doch bei meiner Ankunft bin ich versunken und seitdem nicht wieder aufgetaucht. Ich lasse mich im Krankenhaus untersuchen, und die Ärzte verordnen mir eine längere Ruhepause. Doch eigentlich sind hier nur fünf Tage Rast vorgesehen. Und in den Provinzen Ontario und Quebec, die es noch zu durchqueren gilt, tun sich die Bewohner zusammen und organisieren von Dorf zu Dorf eine Kette, um uns zu helfen. Alle wissen aus Rundfunk und Fernsehen, was die Hunde geleistet haben, und längst ist die Expedition so etwas wie eine nationale Angelegenheit geworden. Die 4900 Kilometer lange Piste, die wir freigemacht und gespurt haben, um hierher zu gelangen, muß bis zur anderen Seite fortgesetzt werden.

»Verstehst du, Nicolas, das ist nicht mehr nur eure Piste«, erklärt mir der Bürgermeister von Churchill. »Sie wird zum Eigentum all der Dörfer, durch die du kommst, und aller Menschen, die sie präparieren und euch helfen, sie zu spuren. Kein Dorf wird zulassen, daß sie auf seinem Gebiet endet. Das ist eine Frage der Ehre, des Stolzes. Deshalb tut man sich in jedem Dorf zusammen und gibt den Staffelstab weiter. Als du bei deiner Ankunft hier im Radio erklärt hast, daß du aufgeben willst, war das ein schwerer Schlag für die kleinen Gemeinden, die seit Monaten deiner

Ankunft entgegenfiebern. Mach weiter, und wenn schon nicht um deinetwillen, dann ihnen zuliebe.«

Weitermachen? Den Hunden zuliebe, die Lust dazu haben, dem Team zuliebe, das nicht aufgeben will, den vielen Menschen zuliebe, die uns erwarten, all denen zuliebe, die mir vertraut haben und unser Abenteuer verfolgen.

Weitermachen und vergessen, daß noch 4000 Kilometer vor uns liegen – viermal durch ganz Frankreich.

Weitermachen, nur um den Gipfel zu erreichen, nur um diesen Augenblick unbeschreiblichen Glücks beim Überqueren der Ziellinie zu erleben.

Rechtfertigt das alles so große Leiden?

»Von nun an wird alles besser«, versichert mir Pierre immer wieder. »Wir haben alle Schneemobile gründlich überholt. Das Team ist wieder unglaublich motiviert und weiß, in welcher Verfassung du bist. Bestimmte Fehler werden wir nicht mehr machen. Und sieh dir die Reaktionen der Leute aus den Dörfern an, durch die wir kommen werden. Diese Begeisterung ist unglaublich …«

Unglaublich und ermutigend, denn es gibt keinen Weg, keine Piste zwischen Churchill und dem über 2000 Kilometer entfernten Attawapiskat am Südende der Hudson Bay, und Hilfe wird nötig, ja unverzichtbar sein, wenn wir bestimmte schwierige Tundragebiete und Packeiszonen bewältigen wollen.

Von nun an werden Pierre, Raphaël und Didier vorausfahren und die Piste spuren. Bob wird nach Süden fliegen, den Lastwagen abholen und nach Quebec fahren, wo wir ihn in einem Monat wiedersehen werden. Thomas, Emmanuel, Alvaro sowie Alain und Marc werden die Piste instand halten. Ab sofort wird größter Wert auf die Markierung gelegt. Ein fluoreszierendes Band, das mindestens alle fünf Kilometer angebracht wird, soll dafür sorgen, daß wir die Piste auch dann finden, wenn der Wind sie verweht und Schnee sie zugedeckt hat. Außerdem wird uns das Team des Pistenmacher von den Dörfern aus die GPS-Koordinaten einer bestimmten Anzahl von Punkten durchgeben. Auf dem Meereis oder in der Tundra gibt es keine Orientierungspunkte. Überall ist es flach und weiß bis zum Horizont, so daß Karten ohne jeden Nutzen sind. Nur mit Hilfe der Sonne oder der Sterne und, moderner, des GPS kann man seine Position ermitteln.

Zwei Dinge bereiten mir Sorge. Die Stürme, die hier zehn Tage dauern und jedes Fortkommen unmöglich machen können. Und die Eisbären, denn in dieser Jahreszeit beginnen die Muttertiere mit ihren Jungen zu wandern und stellen eine ernstzunehmende Gefahr dar. Der Vertreter des Umweltministeriums von Ontario erteilt mir die Erlaubnis, erstmals den eigens zum Schutz der Eisbären eingerichteten Nationalpark Kubuc und die östlich davon gelegenen Gebiete zu durchqueren. Einzige Bedingung: Ein bewaffneter Schneemobilfahrer muß mich begleiten. Innerhalb des Parks übernehmen diese Aufgabe zwei Wildhüter, die von der Regierung dafür mit Vollmachten ausgestattet und bezahlt werden. Außerhalb des Parks ein Mitglied unseres Teams, das zu diesem Zweck einen speziellen Waffenschein erhält. Dazu muß man wissen, daß dieser Genehmigung diverse Gespräche vorausgegangen sind, in deren Verlauf man uns nahegelegt hatte, das Bärengebiet südlich zu umgehen. Erst nach zähen Verhandlungen, die sich über Wochen hinzogen, ist es Tony mit überzeugenden Argumenten und Drohungen gelungen, die Erlaubnis zu bekommen.

Die Auskünfte, die wir aus den Dörfern erhalten, durch die wir kommen werden, sind recht ermutigend, denn sie stimmen miteinander überein: In diesem Jahr ist die Packeisstrecke, jener mauerartige Rand aus Eis, der durch das Wirken von Ebbe und Flut entsteht, ziemlich breit, hart und flach. Ein ideales Geläuf, auf dem es sich schnell und bequem reisen läßt. Alles hängt vom Zeitpunkt ab, zu dem das Meer gefroren ist, vom Zusammenwirken der Faktoren Ebbe, Flut und Wind, die die Eisblöcke aufs offene Meer hinaustragen oder an den Küsten ablagern.

Und tatsächlich: Schon am ersten Tag kehren wir, nachdem wir eine vom offenen Meer umspülte Landspitze bei Churchill umgangen und den Weg durch die Tundra gewählt haben, glücklich aufs Packeis zurück, und die Hunde schlagen ein flottes Tempo an. Die Sonne scheint, und der Himmel erstrahlt in einem tiefen, kräftigen Blau, wie es nirgendwo sonst zu sehen ist. Ein arktischer Himmel, wie eine riesige Kuppel, die mit der Rundung der Erde verschmilzt. Manchmal rückt das offene Meer bis zum Strand an die gefrorene Zone heran, spritzt über die Mauer aus Eis und belebt diese erstarrte Welt mit einer Bewegung und neuen Geräuschen. Eisberge treiben vorüber, und die Sonnenstrahlen werden von den Graten eingefangen und, wie durch ein Prisma gebrochen, regenbogenfarben zurückgeschickt. Es macht mir wieder Freude, mit meinen Hunden durchs Paradies zu gleiten. Und doch habe ich Churchill mit gemischten Gefühlen verlassen. Ich habe mich noch nicht richtig erholt und bin erst am Tag vor der Abfahrt wieder etwas zu Kräften gekommen. Das Packeis ist wie ein Geschenk. Das habe ich gebraucht, glückliche Tage zwischen Land und Meer. Meine Beschützer, die Wildhüter, sind erfreulich diskret. Sie lassen mich in Ruhe und reisen mit meinem Team, warten nur auf mich, wenn ich eine Pause einlege oder abends das Lager aufschlage. Sie sind gerne hier. Es macht ihnen Spaß, den Hunden zuzusehen und sich mit dem Team zu unterhalten. Sie genießen es.

Wir reisen nicht nur auf Meereis, denn bestimmte Strekkenabschnitte sind unpassierbar, insbesondere in der Nähe von Flußmündungen, wo das Eis instabil ist. Wir laufen dann zwischen den Inseln dahin oder weichen auf die Tundra aus, wobei wir uns Stellen suchen, wo sich Schnee angesammelt hat und hart geworden ist, wo der Wind ihn nicht weggeweht und Steine und Flechten freigelegt hat. Alain und Marc fahren weit voraus. Meist folgen sie den Spuren unserer Pistenmacher, die 48 Stunden vor uns hier vorbeigekommen sind. Der Wind hat ihre Spur ein wenig verweht, doch sie ist noch zu sehen, und Didier hat sie deutlich markiert, indem er an Eisblöcken, Weidenbüschen oder in den Schnee gerammten Holzpflöcken Bänder befestigt hat.

An den ersten beiden Tagen schlafen wir in Hütten, die uns Trapper aus Churchill genannt haben. Diesen Tag-Nacht-Rhythmus – Aufbruch gegen 5 Uhr, zwei Stunden Mittagspause, dann ein weiterer Halt zwischen 16 und 20 Uhr und etwa zehn Stunden Nachtruhe – hoffe ich möglichst lange beibehalten zu können, indem ich täglich Etappen von 100 bis 120 Kilometern zurücklege. Von den Nachtfahrten habe ich die Nase voll und weiß doch, daß ich im März wieder damit anfangen muß, weil es tagsüber zu warm wird. Ich habe mir also vorgenommen, das Meereis und die Kälte so gut es geht auszunutzen, damit ich ein wenig in der Sonne reisen kann und etwas anderes zu sehen bekomme als immer nur die von der Kopflampe angestrahlten Hintern der hintersten vier Hunde.

Im Unterschied zur ersten Hälfte der Expedition versuche ich, mit meinen Kräften hauszuhalten. Ich kenne jetzt meine Grenzen und ich weiß, wir alle wissen, daß wir niemals in Quebec ankommen werden, wenn es mir nicht gelingt, sparsam mit ihnen umzugehen. Ich muß sechs Stunden schlafen. Ich darf nicht mehr zu Fuß gehen oder längere Strecken im Laufschritt zurücklegen. Ich muß die

Hunde laufen lassen, sie sind stärker als ich. Wenn sie sprechen könnten, würden sie mir das auch sagen.

»Hör mal, Nicolas, du hast uns nach Churchill gebracht, und wir bringen dich jetzt nach Quebec, sei unbesorgt.«

Alain und Marc, auf dieser Expedition ein unzertrennliches Paar, denken wie die Hunde und haben beschlossen, mir zu helfen, notfalls auch gegen meinen Willen. Sie haben mich gewarnt:

»Wir werden dich zwingen, dich möglichst oft auszuruhen und so wenig wie möglich anzustrengen, wenn nötig, mit Gewalt.«

In Anbetracht ihrer breiten Schultern würde es mich wundern, wenn ich ihnen den geringsten Widerstand entgegensetzen könnte.

Am Morgen des vierten Tages begegnen wir den Rangern, die unser motorisiertes Team bis Kilometer 350 geführt haben und dann umgekehrt sind. Sie geben uns Auskünfte.

»Das Meereis ist gut. Sie mußten nur einen Fluß umfahren, eine Strecke von zehn Kilometern. Heute ist von Fort Severn eine Gruppe aufgebrochen, die euren Jungs entgegenfährt. Sie müßten sich morgen begegnen.«

Vorn ist alles bestens organisiert, und ich vertraue darauf, daß Pierre und Didier nichts dem Zufall überlassen. Ein Wettlauf mit der Zeit hat begonnen, und bei jedem im Team tickt nun eine Stoppuhr im Kopf. Alle wollen unbedingt gewinnen.

KAPITEL 30

Ontario, Fort Severn

– 30 °C, 5900 km

IM MORGENGRAUEN SEHE ICH AUF EINEM HÜGEL EINEN riesigen schwarzen Wolf, mindestens 70 Kilo schwer, und eine schöne graue Wölfin, deren Umrisse sich gegen den malvenfarbenen Himmel abheben.

Schneehühner lärmen in den Bäumen, und in der Ferne bellen jagende Füchse. Nach Wochen in unbewaldeten Landstrichen traben die Hunde mit Begeisterung durch den Wald. Die Tannen reichen hier bis an die Küste heran, und ihre Gegenwart gibt uns Kraft. Ich habe das Gefühl, alten Freunden zu begegnen und fühle mich besser. Ich liebe Bäume, den Wald und den Schutz, den sie bieten. Jetzt können meinetwegen Stürme losbrechen und Blizzards heulen. Ich habe eine Zuflucht, wo ich Schutz finde, wo ich mich aufwärmen und abwarten kann. Häufig entfernen wir uns weit von der Küste und stoßen bis zu 20 Kilometer in die Hudson Bay vor, doch die dunkle Linie der Bäume am Horizont gibt uns immer ein Gefühl der Sicherheit. Sie sind da und halten ewig Wache. Auf dem Meereis ist ein Tag wie der andere, nur die Farben des Himmels ändern sich und die Spuren im Schnee, die Füchse, Wölfe und Eisbären hinterlassen. Die Hunde beschnüffeln sie, ohne an der weißen Oberfläche zu lecken, deren salzig-bitteren Geschmack sie jetzt kennen.

Auf die ersten vier – nahezu perfekten – Tage folgt eine

schwierige Phase, denn wir verlieren die Piste aus den Augen. Der Wind hat sie völlig verweht.

Alain und Marc finden sie dann und wann wieder, kommen aber wenig später erneut davon ab und irren auf der Suche nach den härtesten Zonen umher, mal auf dem Meereis, mal an der Küste und auf vereisten Stränden. Ständig haben wir das Gefühl, daß es woanders besser ist, und jeden Tag pendeln wir mehrmals zwischen Küste und Meereis. Wieder muß ich den Hunden helfen, denn sie sinken ein wenig ein, doch ich laufe nicht mehr so viel wie zuvor. Ich habe nicht mehr die Kraft dazu und setze mir eine Grenze. Auf der Strecke von Fort Severn nach Winisk holen wir beinahe unsere Pistenmacher ein, die mit ihren indianischen Führern eine ganze Nacht und einen Tag lang umherirren. Raphaël, der Neuling im hohen Norden, ist es schließlich, der unsere Indianer mit Hilfe seines GPS-Navigations-Empfängers, den er glücklicherweise vorher programmiert hat, nach Hause lotst. Hinter Winisk haben wir mehr Glück. Die beiden Cree-Indianer, die Pierre, Raphaël und Didier begleiten, sind hervorragende Pistenmacher, und das ist umso erfreulicher, als das Niemandsland, das sich bis zu dem Dorf Attawapiskat erstreckt, voller Tücken steckt, auf dem Meereis wie in der Tundra. Um sich hier zurechtzufinden, braucht man den berühmten sechsten Sinn, den sich einige Indianer bewahrt haben. Sie haben ein Gespür für die Piste. Instinktiv ziehen sie eine schwierige Lösung einer scheinbar leichten vor und liegen immer richtig. Die Route, die sie einschlagen, zwingt uns zu einem Umweg von über 150 Kilometern nach Osten, während wir ursprünglich eine Abkürzung durchs Landesinnere nehmen wollten, weil die Küste an dieser Stelle fast rechtwinklig abknickt. Eine Woche vor unserem Eintreffen haben die Indianer versucht, die erste Hälfte der Strecke zu spuren. Drei Tage lang haben sie sich durch viel zu tiefen Schnee gekämpft, zusätzlich behindert durch unzählige Biberburgen, welche die Flüsse versperrten, und ebenso viele undurchdringliche Wälder, ehe sie schließlich in ihr Dorf zurückgekehrt sind. Es gab nur eine Alternative: Auf dem Meereis an der Küste entlang bis zu einem unbewaldeten Moorgebiet, und dort erst durchs Landesinnere abkürzen. Die Expedition hätte an diesem Punkt scheitern können. Wären wir ohne vorherige Geländeerkundung ins Landesinnere vorgestoßen, hätten wir uns möglicherweise eine Woche lang geschunden und am Ende doch umkehren müssen. Das wäre das endgültige Aus gewesen.

Die Hunde sind unglaublich und beeindrucken mich immer mehr. Begeistert erlebe ich mit, wie das Gespann seine Leistung steigert. Mittlerweile legen die Hunde Etappen von 130 Kilometern in zehn Stunden zurück, und kaum sind sie am nächsten Tag aufgewacht, wollen sie, frisch und ausgeruht, auch schon weiter. Schmunzelnd denke ich daran zurück, wie ich vor zehn Jahren einmal 70 Kilometer an einem Tag zurücklegte. Eine phantastische Etappe. Was für ein Erlebnis. Ich hielt es für nötig, den Hunden danach zwei Tage Ruhe zu gönnen, noch ganz baff über ihre Leistung. Hätte ich mir damals träumen lassen, daß sie einmal mehrere Tage hintereinander Etappen von über 120 Kilometern zurücklegen würden?

Voulk und Chip bilden an der Spitze mittlerweile ein unzertrennliches Paar. Das freut mich, denn Voulk soll der Vater meiner künftigen Welpen werden, vor allem aber, weil Chip sich nach einer ziemlich langen Eingewöhnungsphase, in der ich an ihr und ihrem künftigen Nachwuchs zu zweifeln begann, dem Rhythmus der Expedition hervorragend angepaßt hat. Sie tänzelt an der Spitze wie eine Weltmeisterin. Wie Alain ertappe ich mich bei der Vorstellung, daß das Gespann heute ein Langstreckenrennen läuft. Ich habe im Verlauf dieser Reise Tricks gelernt, die mich eines Tages dazu bewegen könnten, mich noch einmal für eines der beiden schwersten Hundeschlittenrennen der Welt zu melden. Diesmal aber nicht nur, um zu lernen... Daß ich mir in den langen und manchmal nicht enden wollenden Stunden dieser Reise die Zukunft mit Chips Jungen ausmale, beweist mir, daß ich mental fast am Ende bin, obwohl noch Tausende von Kilometern vor mir liegen. Steht es schon so schlimm um mich?

In den Indianerdörfern, in denen wir 24 Stunden Aufenthalt haben, werden wir begeistert aufgenommen. Meist quartiert man uns in der Schule ein und stellt uns ihre Räumlichkeiten zur Verfügung. Sie sind geheizt und gehören zu den besten im ganzen Dorf, mit Dusche, Küche, einem großen Saal, in dem wir unseren ganzen Krempel trocknen können. Schüler und Lehrer haben unsere Expedition von Beginn an verfolgt. Sie stehen in Kontakt zu anderen französischsprachigen Schulen, die sich, in stetig wachsender Zahl, auf der Internet-Seite, die Raphaël und Pierre mit Texten und Fotos bereichern, über uns informieren. Wir nehmen uns immer ein wenig Zeit für die Kinder, die Listen mit Fragen vorbereitet haben, und die Gespräche mit Schulklassen und Lehrern werden zu einer festen Einrichtung. Für diese Dörfer, die von der Welt abgeschnitten sind, sie aber trotzdem kennenlernen wollen, ist das Internet ein hervorragendes Kommunikationsmittel. Mit seiner Hilfe werden Freundschaften geknüpft und zwischen den Schulen gemeinsame Reisepläne geschmiedet. Anfangs stand ich der Idee, eine Internet-Seite einzurichten, ziemlich reserviert gegenüber. Das hat sich geändert.

Wir fahren zu schnell durch die Dörfer, deren Bewohner uns so viel zu sagen und mitzuteilen hätten, und scheiden jedesmal mit Bedauern. Auch die Hunde, denn sie werden fürstlich bewirtet und mit Fisch, Karibu- und Biberfleisch verwöhnt, das die Indianer eigens für sie aufgehoben haben.

Ich verlasse Winisk allein gegen 4.30 Uhr morgens. Alain, Marc und die Filmcrew sollen mich im Lauf des Tages einholen. Die Piste, die wir am Vortag noch einmal überprüft und erkundet haben, ist in einem guten Zustand, und ich hoffe, daß ich heute ein lange Etappe bewältige. Die Hunde sausen los wie ein Wirbelwind, und in vollem Galopp geht es ums Dorf herum. An verschiedenen Weggabelungen zeigen mir Bänder, wo es lang geht. Ich habe den Strahl meiner Kopflampe so gebündelt, daß ich möglichst weit sehen und rechtzeitig Kommandos geben kann.

»Voulk, djee, Voulk, yap!«

Chip, die in ihm einen guten Lehrer hat, folgt seinem Beispiel, und wir ändern augenblicklich die Richtung. Doch zehn Minuten später entdecke ich kein Band mehr. Ich muß eins übersehen haben!

Lichter. Ohne es zu merken, bin ich ins Dorf zurückgekehrt. Bevor ich reagieren kann, hat die Meute eine Erhebung erklommen, und ich finde mich auf einer vereisten Straße wieder. Die aufgeregten Hunde galoppieren viel zu schnell, als daß sie auf mein Gebrüll hören könnten. Wir rasen mit einem Affenzahn durch das ganze Dorf und kommen wieder an dem Haus vorbei, in dem wir untergebracht waren. Ich brülle:

»Alain!«

Aber er hört mich nicht. Plötzlich biegt die Meute in eine enge Gasse ein und rast auf ein Haus zu, neben dem ein Hund bellt. Ein Alptraum! Zu meinem Entsetzen fliegen wir darauf zu. Jetzt erkennt der Hund die Gefahr, die ihm von der Meute droht. Er verkriecht sich unter dem Haus, das leicht erhöht gebaut ist, und alle meine Hunde stürzen hinterher. Der Schlitten wird gegen das Haus geschleudert, und ich pralle gegen die Wand und zerbreche ein paar Bretter, was den Aufprall etwas dämpft.

Unter dem Haus ist der Teufel los! Ich zerre mit aller Kraft an der Leine und ziehe einen Raufbold nach dem anderen hervor, denen der Zeitvertreib offensichtlich Spaß macht.

Und so findet mich der Indianer vor, der, hinter der demolierten Wand schlafend, unsanft geweckt worden ist. Eine komische Szene. Der Indianer bei $-40\,^{\circ}C$ in Unterhosen auf seiner Türschwelle, und ich mit Schlitten und Hunden unter seinem Haus eingeklemmt.

»Problem!«

»Nein, nein! Alles in Ordnung. Ich habe mich nur verfahren. Meine Hunde sind durchgegangen. Ich habe mit dem Schlitten dein Haus beschädigt. Die Schulter tut mir weh, denn ich bin auch dagegen geknallt. Aber sonst ist alles in Ordnung.«

Der Indianer, jetzt wach und vergnügt, überlegt.

»Kaffee?«

Gute Idee. Ich binde die Hunde an, lege Jacke, Lampe und den übrigen Krempel ab und gehe ins Haus. Diese Art von Kaffeepause lasse ich mir gefallen. Der Indianer ist ein netter Kerl. Er paßt auf das Gespann auf, während ich mit seinem Schneemobil zu dem Haus fahre, wo Thomas gerade sein Gepäck auf dem Lastschlitten festzurrt. Alain ist nicht da. Er ist losgefahren, um Marc zu helfen, der am Ortsausgang steckengeblieben ist! Solche Tage gibt es. Vier Stunden später ist die Welt wieder in Ordnung, aber ich komme erst nachts am Etappenziel an.

Die Vorhut hat wirklich Schwerstarbeit geleistet. An manchen Stellen mußte sie sich mit der Motorsäge über mehrere hundert Meter einen Weg durch den Wald bahnen, und zahlreiche Spuren zeigen, wieviel Anläufe nötig waren, um manche Flüsse zu überwinden, Wälder und Moore zu durchqueren. Die Etappen ziehen sich in die Länge, und wieder stellt sich ein etwas ungesunder Rhythmus ein, doch wir halten durch, denn hinter Attawapiskat müßten wir wieder Wege vorfinden, die im Winter benutzt werden, und das ist ein wenig so, wie wenn man nach einem Monat auf See endlich wieder festes Land unter den Füßen hat. Auf den letzten 3000 Kilometern haben wir unsere eigene Piste durch das Niemandsland gespurt. Für uns, Matrosen des Eises, ist eine Piste wie Land.

Pierre und Didier hatten die Idee des Jahrhunderts. Die Piste ist ideal, sauber gezogen, ohne Buckel, und vor allem ohne diese Spurrillen, die die Toboggan-Schlitten hinterlassen. Um nicht umzuknicken, mußten die Hunde immer genau aufpassen, wo sie hintraten, und das ist schwierig, wenn die Leithunde den anderen bis zum letzten Moment die Sicht auf die Piste versperren. Der geniale Einfall besteht darin, daß die beiden jetzt hinter dem Toboggan eine Tanne herziehen, die das Geläuf perfekt einebnet. Bei solchen Ideen fragt man sich immer mit Bedauern, warum man nicht früher darauf gekommen ist. Die Hunde wissen sie zu würdigen, denn nun können sie den Kopf heben und die Landschaft genießen, statt immer nur auf die furchige Piste zu starren. Die Landschaft genießen, das heißt bei einem Hund, nach Ungewöhnlichem Ausschau halten, namentlich nach allem, was sich bewegt. Ein simples Blatt, das sich im Wind bewegt, löst ein Wetteifern aus und führt zu einer Beschleunigung. Die Hunde lassen sich gegenseitig nicht aus den Augen. Wenn Carmack den Kopf hebt, recken sofort auch die hinter ihm laufenden Nanook und Baikal die Hälse, um festzustellen, was sein Interesse erregt hat. Und das pflanzt sich durch alle Reihen fort.

Sie schwingen die Hüften, um einen Blick nach vorn zu werfen, und beschleunigen, um schneller hinzukommen. Sie wissen nicht einmal wohin, aber wissen wir das jemals? Vielleicht haben die da vorn ein paar Schneehühner entdeckt oder ein Eichhörnchen. Mit meinen Jagdhunden wird es im Wald niemals langweilig, und als Musher muß man stets auf der Hut sein, denn bei manchen ungeplanten Zwischenspurts beschleunigen sie so abrupt, daß man davon überrascht werden kann und auf der Strecke bleibt. Der Verlust von Schlitten und Gespann ist der Alptraum jedes Mushers – wer wüßte das besser als ich? – und führt bei den großen Rennen unweigerlich zur Disqualifikation, denn laut Reglement darf der Schlitten nie ohne Musher am Etappenziel ankommen. Um das zu verhindern, schleifen manche Musher ein Seil hinter sich her, an dem sie sich festhalten können, wenn sie vom Schlitten fallen. Andere binden sich fest. Das ist das letzte, was ich tun würde. Ich habe einen Freund, der deswegen für den Rest seines Lebens an den Rollstuhl gefesselt ist.

Auf der Landspitze, die den Übergang von der Hudson Bay zur James Bay markiert, vermischen sich Tundra und Taiga. Die Landschaft ist von Seen und trockenen Tundrazonen geprägt, eine Art weiße Wüste mit vereinzelten Inseln aus mickrigen, aber dichten Wäldern, die manchmal ein ernstes Hindernis darstellen, durch das man sich eine Bresche schlagen muß. Am Saum eines solchen Waldes habe ich mein Lager aufgeschlagen und mir in Ermangelung eines Bettes neben den Hunden mit Tannenzweigen eine Matratze im Schnee gebaut. Im Morgengrauen verteile ich Wasser an meine Gefährten und stelle dabei überrascht fest, daß Oumiak fehlt, die ich am Vortag aus der Transportkiste geholt und für Charlie eingespannt habe, weil der sich bei einer Rauferei mit Nanook verletzt hatte. Marc und Alain befinden sich mit dem Rest des

Teams mehr als 24 Stunden vor mir. Oumiak ist ein Gewohnheitstier, eine notorische Ausreißerin, und so mache ich mir keine Sorgen. Sie ist bestimmt in der Nähe und wird wieder auftauchen, sobald wir aufbrechen. In der Hoffnung, ihre Augen zu entdecken, leuchte ich mit meiner Lampe den Wald ab – ohne Erfolg. Eine Stunde später packe ich zusammen. Immer noch keine Spur von Oumiak. Sie kennt das. Sie wird uns folgen. Doch nach 20 Kilometern beginne ich, mir Sorgen zu machen. Ich drehe mich häufig um und suche die Dunkelheit nach ihren kleinen, listigen und intelligenten Augen ab. Nichts. Der Tag zieht herauf, malvenfarben und kalt, und Rauhreif umhüllt uns wie fester Nebel. Kein Lüftchen regt sich, kein Laut ist zu hören. Nur das Gleiten der Kufen auf der gefrorenen Piste, das leise Kratzen der Pfoten, die über den Schnee streichen, der gleichmäßige und beruhigende Atem der Hunde. Gegen Mittag noch immer nichts. Inzwischen haben wir eine beträchtliche Strecke zurückgelegt, rund 80 Kilometer. Ich beschließe weiterzufahren, bis ich auf Alain und Marc stoße, die 50 Kilometer vor mir sein dürften. Sollen sie umkehren und Oumiak suchen. Gegen 16 Uhr setze ich die Fahrt fort und überquere gerade einen großen See, als ich ein Wolfspaar entdecke, das fast genauso aussieht wie das auf dem Packeis. In Winisk habe ich die herrlichen Aufnahmen gesehen, die Thomas gedreht hat, und ich habe den Eindruck, daß es derselbe Rüde ist, ebenso schwarz und groß, stolz und würdevoll, überstrahlt von der Sonne, die ihn mit einer goldenen Bräune umgibt. Er sitzt, und das Weibchen schmiegt sich zärtlich und unterwürfig an ihn. Ein schönes Bild. Die Hunde bemerken sie und beschleunigen, doch das Paar läßt sie nicht zu nahe kommen. Als der Abstand zwischen uns auf 200 Meter geschrumpft ist, dreht sich der Rüde langsam um und trabt geschmeidig davon. Die Wölfin zögert einen Augenblick, ehe sie ihm folgt. Die Szene erfüllt mich keineswegs mit Freude. Sie stimmt mich eher besorgt, denn im Hinblick auf Oumiaks Verschwinden verheißt die Anwesenheit der Wölfe nichts Gutes. Ich durchquere einen Wald und gelange erneut auf einen See. Wieder sind die Wölfe da. Sie folgen uns in einigem Abstand, und die Hunde drehen sich ständig um, geraten aus dem Tritt und verlieren die Ordnung.

»Hooo!«

Ich halte an, doch die Wölfe laufen weiter, der Wolf vor der Wölfin, bis sie auf etwa 200 Meter herangekommen sind, dann bleibt der Rüde unschlüssig stehen. Wir sehen uns eine ganze Weile an, und dann, ohne erkennbaren Grund, springt der Rüde plötzlich zur Seite und galoppiert davon. Als er sieht, daß die Wölfin ihm nicht folgt, drosselt er seine Schritte, bleibt schließlich stehen, kehrt zu ihr zurück und schubst sie. Erst in diesem Moment erkenne ich sie.

»Oumiak!«

Sie zuckt zusammen, wie entlarvt, und flieht. Sie galoppieren Seite an Seite über den See und erklimmen die Uferböschung. Der Rüde verschwindet, doch Oumiak bleibt stehen. Sie dreht sich um, sieht zu uns herüber, wie um sich dieses letzte Bild der Meute und eines früheren Lebens einzuprägen, das sie nun aufgibt, um frei und unabhängig zu leben. Ist das nicht die Bestimmung dieser Hündin, die nicht ist wie die anderen und von der ich vor Beginn der Reise gesagt habe, daß sie mehr Wölfin als Hündin sei? Sie wird nicht zurückkommen. Davon bin ich fest überzeugt, und ich bin darüber nicht traurig. Ich kann keinen Hund verkaufen, aber ich kann Oumiak ohne weiteres einem Wolf überlassen. Wäre ich Oumiak, ich hätte nicht gezögert.

»Adieu, Oumiak, ich liebe dich.«

Wir fahren still weiter. Ich habe ein flaues Gefühl im Magen. Wie ein Vater, der seine erste Tochter verheiratet, glücklich und traurig zugleich.

Der große Feuerball der Sonne zerfließt im Schnee und taucht den Horizont in rote Glut. Bald wird es dunkel, wieder einmal. Ich habe das Gefühl, seit Jahren unterwegs zu sein, nie etwas anderes getan zu haben, als mit meinen Hunden durch das Weiß und die Kälte zu gleiten. Ich spüre, daß hinter mir etwas ist. Sie sind wieder da, der Wolf und Oumiak. Sie folgen uns. Ich halte an. Sie bleiben stehen. Der Wolf kehrt um, und wieder zögert Oumiak. Am Rand des Waldes angekommen, der den See umsäumt, wartet der Rüde auf sie. Oumiak hat sich noch nicht gerührt. Sie sitzt da, und ihr Blick wandert zwischen Meute und Wolf hin und her. Ein schreckliches Dilemma. So geht es lange Minuten. Das kann eine Stunde dauern. Ich beschließe weiterzufahren.

»Voulk! Weiter geht's!«

Wir laufen davon. Oumiak hat sich erhoben. Sie zögert noch ein paar Sekunden, geht ein paar Schritte und prescht dann im Galopp hinter uns her. Sie kommt auf meine Höhe, überholt den Schlitten und will ihren Platz neben Amarok einnehmen, der frei geblieben ist. Ich halte erst zehn Meter weiter an. Oumiak läßt mich gewähren. Ich lege ihr das Geschirr an und hake es an die Zugleine. Wie fahren weiter. Der Wolf ist uns nicht gefolgt. Er hat auch seinen Stolz.

Die Ankunft in Attawapiskat ist ein schöner Sieg für uns alle. Im Dorf ist man sprachlos. Winisk-Attawapiskat in vier Tagen. Die größten Optimisten tippten auf eine Woche, mit einer Quote von zehn zu eins, denn der Durchschnitt lag bei zehn Tagen.

»500 Kilometer in vier Tagen!«

So sagen sie immer wieder in der Nähe der Hunde, die sie mit Kennerblick bestaunen. Wieder bedrängt man mich mit Anfragen, ob ich nicht einen der Hunde in den Transportkisten verkaufen wolle. Doch ich bleibe hart. Selbst Buck, der Dorftrottel, der Klassenletzte, ist unverkäuflich. Das Team ist mit sich zufrieden. Zum ersten Mal hat auf einer Etappe alles so geklappt, wie wir es uns vorgestellt hatten. Und zum ersten Mal sprechen wir auch von Quebec. Der Gipfel unseres Berges ist in der Ferne aufgetaucht. Seine Spitze hebt sich gegen den Himmel ab.

Zum Angriff!

KAPITEL 31

Moose Factory

– 28 °C, 6600 km

DIE STRECKE VON ATTAWAPISKAT NACH MOOSE FACTORY ist für Hunde geradezu eine Autobahn. Eine schöne Eispiste, die im Verlauf des Tages nur von ein paar Geländewagen befahren wird. 350 Kilometer in 55 Stunden. Direkt nach Süden. Geradewegs in Richtung Quebec, das uns südlich der James Bay die Arme entgegenstreckt.

Mit Attawapiskat lassen wir den hohen Norden und den Winter hinter uns, die einsame weiße Weite und die Kälte, die Eisbären und die Wölfe. Der März ist da, die Tage werden länger, und an dem völlig veränderten Himmel, an dem bisweilen ein paar Kumuluswolken hängen, steigt die Sonne jeden Tag etwas höher. Da der Frühling naht, reisen wir wieder bei Nacht. Bei Temperaturen von – 20 bis – 30 °C bewältigen wir Etappen von 100 bis 120 Kilometern in 24 Stunden. Wenn mir die Zeit zu lang wird und mein Rücken zu sehr schmerzt, setze ich mich für ein paar Minuten auf das Seil, das ich an den Haltebügel gehängt habe. Zehn Stunden auf einem Schlitten zu stehen ist viel, insbesondere nach 90 Tagen. Ich schlafe ein und wache erst eine Stunde später wieder auf, als der Schlitten über eine Eisplatte schlingert. Ich hatte einen seltsamen Traum. Ich baute mir auf einem Schiff eine Aussichtsplattform, um Rehe zu beobachten, die an die Strände kamen, an denen wir entlangfuhren, und Algen fraßen. Die Plattform stürzte ein, als der Schlitten auf einer Schräge in eine Schneewehe raste. Die Rehe sind geflüchtet, es ist wieder Nacht, und ich bin bei den Hunden, deren Eifer nie erlahmt.

In Moose Factory, einem Dorf der Cree-Indianer, in dem man uns einen begeisterten Empfang bereitet, erwarten uns zwei Nachrichten. Eine gute und eine schlechte. Die gute: Bis Waskaganish und weiter bis zu dem Indianerdorf Nemiscau gibt es eine gestampfte Piste. Die schlechte: Trotz anderslautender Informationen hat in diesem Winter niemand die Piste zwischen Nemiscau und Chibougamau freigeräumt. Das sind 550 Kilometer, einmal Paris-Lyon, durch ein Labyrinth von Seen, Hügeln, Flüssen und Wäldern, durch zwei Meter hohen, unberührten Schnee, der alles bedeckt.

Bob, Didier und Pierre, die ich seit Wochen nicht mehr gesehen habe, da sie ständig mindestens 48 Stunden vor mir sind, packen das Problem sofort an und sprechen verstärkt mit Indianern, Trappern, Piloten und Schneemobilfahrern, um herauszufinden, welche Route die beste ist. Es kommen mehrere in Frage: die Straße, die Trasse der Hochspannungsleitungen, der Ruppert-Fluß oder alte Trappertrails. Eine falsche Entscheidung können wir uns nicht leisten. Es geht um Stunden. Bis Quebec sind es noch 1200 Kilometer, und wir haben nur noch 13 Tage. Sie entscheiden sich schließlich für die längste, aber sicherste Route: Sie wollen auf den Randstreifen der Straße fahren und in bestimmten Abschnitten auf der verschneiten Straße selbst, dann der Hochspannungsleitung folgen, unter der man eine gut hundert Meter breite Schneise geschlagen hat, so daß ein regelrechtes Schneefeld entstanden ist, auf dem sich in der Umgebung von Siedlungen Schneemobilfahrer austoben. Hinter Waskaganish wird das Gelände welliger. Die Hügel steigen immer höher. Wir sind die Kletterei überhaupt nicht mehr gewöhnt. Auf den letzten 5000 Kilometern war das Land topfeben mit einem ungebrochenen Horizont, an dem die Krümmung der Erde abzulesen war. Die Hunde mögen diese Mischung: Sich beim Anstieg mächtig ins Zeug legen und dann die vergnügliche, sportliche Talfahrt genießen. Ich liebe Abfahrten, fürchte aber die langen Anstiege, die mich zwingen, hinterherzulaufen oder mich mit dem Fuß abzustoßen, um den Hunden zu helfen. Die letzten Stunden eines langen Runs von 8 bis 10 Stunden kommen mir wie eine Ewigkeit vor, und meine Beinmuskeln, obwohl in 90 Renntagen gestählt, drohen, den Dienst zu versagen. Ganz anders die Hunde. Ich bin stolz auf meine Athleten.

Am 21. März klettert das Thermometer erstmals seit mehr als vier Monaten über den Gefrierpunkt. Der Schnee auf den Hausdächern schmilzt, die Pfützen auf den Straßen werden größer, die mit Filz gefütterten Stiefel scheinen eine Tonne zu wiegen, die zu warme Kleidung zerrt an den Schultern, Hände und Gesicht entdecken beim Kontakt mit der Sonne vergessene Gefühle wieder. Ich komme mir vor wie in einer anderen Welt. In den warmen Stunden, in denen wir rasten, achte ich darauf, daß die Hunde in der Sonne liegen, und mit großem Vergnügen sehe ich zu, wie sie sich recken und dehnen und genüßlich gähnen und sich wohlig im Schnee rekeln wie Mädchen am Strand. Einige, wie Voulk, Nanook oder Carmack, drehen sich so, daß Sonne auf ihre Sohlenballen scheint. Ein herrlicher Anblick, wie sie die Krallen spreizen, mit den Augen zwinkern und vor Behagen stöhnen. Sie legen sich lang ausgestreckt hin und kosten die wärmenden Strahlen voll aus. Ich lege mich dazu und genieße mit ihnen. Doch solche Ruhepausen sind rar, denn wir reisen die ganze Nacht und tagsüber mehren sich die Besuche. Schneemobilfahrer aus den umliegenden Dörfern, aber auch Skilangläufer und Musher wollen uns ein Stück begleiten. Einer von ihnen, der Vorsitzende eines Quebecer Musher-Vereins, hat zur Feier meiner Ankunft einen Staffellauf organisiert, 1000 Kilometer durch die ganze Provinz Quebec. Eines Tages kommt er mir mit einigen Hunden entgegen, und wir laufen gut 30 Kilometer zusammen. Ich bin sehr gerührt über diese Initiative, der sich viele Musher angeschlossen haben, weil es ihnen am Herzen liegt, daß mir ein schöner Empfang bereitet wird.

»Das war nicht einfach«, sagt er zu mir, »und wir sind noch nicht ganz fertig, denn die Schneemobilisten-Clubs haben uns die Benutzung einiger Teilabschnitte der 1000 Kilometer langen Strecke untersagt.«

Auf dasselbe Problem stoßen wir bei der Abfahrt aus Chibougamau, wo man uns einen begeisterten Empfang bereitet hat. Dabei dachten wir bei unserer Ankunft, daß es von nun an keinen Ärger mit der Route mehr geben würde und daß wir nur eine der zahllosen Pisten zu wählen brauchten, die diese Gegend durchziehen. Schneemobilfahren ist hier Nationalsport. Manche Maschinen fahren 200 km/h Spitze und beschleunigen schneller als ein Ferrari. Zur Ausübung ihres Hobbys haben sich die Fahrer in Clubs organisiert, denen die Wege gehören. Ihr mitgliederstarker Dachverband bildet im politischen Leben eine höchst einflußreiche Lobby. Diese Wege sind in einem hervorragenden Zustand und werden mit speziellen Maschinen regelmäßig festgestampft, eingeebnet und planiert. Schilder warnen vor Kurven, Steigungen oder Gefällen, Hütten dienen als Rastplätze, Tankstellen säumen die Strecke. Es gibt Tempolimits, aber niemand hält sie ein, denn es wird nicht kontrolliert. Fußgängern, Skiläufern und Mushern ist die Benutzung der Wege streng verboten. Ich hatte eine Sondergenehmigung für die Benutzung bei Nacht beantragt, da ich weiß, daß nach Einbruch der Dunkelheit keine Schneemobile mehr unterwegs sind. Der Präsident des Dachverbands verweigerte sie mir, obwohl ich ihm versprach, daß vor und hinter mir sicherheitshalber Schneemobile fahren würden für den Fall, daß wir mitten in der Nacht wider Erwarten doch einem dieser Schneeboliden begegnen sollten. In meinen Augen offenbarte sich darin der ganze Widerspruch dieses Landes, das mit Broschüren, in denen die intakte Natur gerühmt wird, ausländische Touristen anlockt und dazu einlädt, mit traditionellen Fortbewegungsmitteln wie dem Kanu im Sommer oder dem Hundeschlitten im Winter ihre Schönheit zu entdecken; und so unterzeichnete ich eine Bittschrift an den Premierminister der Provinz Quebec, in der auf die Probleme hingewiesen wird, auf die Musher bei der Ausübung ihres Hobbys in Quebec stoßen. Meines Erachtens sollten sich die Clubs der Schneemobilfahrer und die Musher darauf verständigen, daß den Hundeschlittenführern die Benutzung dieses ausgezeichneten Pistennetzes im Süden der Provinz unter gewissen Bedingungen gestattet wird, etwa an bestimmten Tagen und zu bestimmten Uhrzeiten.

»Was machen wir jetzt?«

»Wir scheren uns nicht darum. Wir setzen uns über diese dämlichen Vorschriften hinweg. Ich halte doch nicht an, nur weil die einzigen befahrbaren Wege ausschließlich für Schneemobile reserviert sind. Den möchte ich sehen, der mich daran hindern will.«

Pierre ist besorgt und verstärkt seine Bemühungen um einen Kompromiß, und ich verspritze mein Gift vor der eingeschalteten Presse. Die Situation entspannt sich ein wenig, als der Club von Chibougamau uns in eigener Verantwortung eine inoffizielle Erlaubnis erteilt. Bei der Abfahrt aus Chibougamau eskortieren uns über 100 Schneemobile. Dieselben Leute, die uns aufzuhalten versuchten, feiern uns nun!

»Denen war nicht klar, was ihr geleistet habt«, erklärt mir ein führender Vertreter der Tourismusbranche aus der Gegend. »Erst als sie den Bericht im Fernsehen gesehen haben, ist ihnen ein Licht aufgegangen.«

Die wundersame Macht der Medien.

Die 8000 Kilometer, die wir bisher zurückgelegt haben, erscheinen in einem ganz anderen Licht, wenn Rundfunk, Fernsehen und Presse darüber berichten. Man könnte meinen, es sind nicht mehr dieselben. Die Medien sind wie ein Zauberstab, der die Dinge und Menschen, über die berichtet wird, mit einer Aureole des Ruhms umgibt. Ein seltsamer Zauberstab, dessen Macht begrenzt ist. Man muß wissen, wie man sich seiner bedient, und aufpassen, daß man nicht in die zahlreichen Fallen tappt und den Illusionen erliegt, die er schafft.

Vor diesem medienpolitischen Hintergrund erfahren wir einige Tage vor unserer Ankunft vom Ausbruch des Kriegs im Kosovo, der in den Medien großes Aufsehen erregt. Viele Journalisten, darunter auch einige Freunde, tauschen ihr Flugticket nach Quebec gegen einen Hin- und Rückflug auf den Balkan um. Eine Nachricht jagt die andere, und dieses Ereignis ist zu traurig, um darüber zu witzeln. In Quebec, weitab von Europa und dem Kosovo, verstärkt sich die Medienpräsenz von Tag zu Tag, von Stunde zu Stunde. Eine Verspätung können wir uns nicht mehr erlauben, denn die Stadt Quebec erwartet uns am Sonntag Punkt 11 Uhr, und die Fernsehsender haben die Übertragung unserer Ankunft bereits ins Programm aufgenommen!

Jacques Boulianne und seine Freunde gehören zu den Menschen, die uns nicht kennen, unserer Ankunft aber schon lange entgegenfiebern. Sie haben unsere Route studiert und dabei festgestellt, daß die Schneemobilpiste, der wir gefolgt sind, einen großen Umweg nach Osten beschreibt, ehe sie zum Saint-Jean-See zurückkehrt. Nun gibt es aber eine sehr alte Piste, die sogenannte Pelzstraße, die Trapper einst längs des Chipenwyan-Flusses angelegt haben, auf der wir 50 Kilometer sparen würden. Also ziehen sie, mit Motorsägen, Äxten, Schaufeln und viel Geduld bewaffnet, zu mehreren los, schlagen sich Meter für Meter durchs Dickicht und legen einen Weg an, der für ein Hundegespann geeignet ist, also keine zu engen Kurven aufweist. Sie fällen Bäume, bauen Brücken, schaufeln Schnee, füllen Löcher auf, um die Steilufer der malerischen Wasserfälle zu umgehen, denen dieser märchenhafte Fluß seinen Ruf verdankt. Bei Anbruch der Dunkelheit schwenke ich auf diese denkwürdige Piste ein und verfluche die Nacht, die sich senkt wie der Vorhang nach der Vorstellung. Am Beginn der ersten Portage-Strecke ist eine Tafel angeschlagen: *Pelzstraße, 1999 für die Weiße Odyssee wiedereröffnet,* und ich schwöre, daß ich später mit den Hunden wiederkommen und mir Zeit nehmen werde, diese majestätische Landschaft mit ihren Wasserfällen, Stromschnellen und Canyons zu bewundern. Ich habe es satt, wie eine Sternschnuppe überall vorbeizuflitzen. Aber Quebec erwartet uns.

Trotzdem bin ich am Saint-Jean-See drauf und dran, eine Verspätung in Kauf zu nehmen. Ein heftiger Sturm bricht los, stärker als im Winter, und die Hunde, von den Böen arg gebeutelt, kommen nur noch langsam voran. Ich ducke mich hinter den Schlitten, um dem Wind keine Angriffsfläche zu bieten, beiße auf die Zähne und zähle die Kilometer, die kein Ende nehmen wollen. Manche Böen sind so stark, daß die Hunde in einem riesigen weißen Wirbel verschwinden. Die anderen fahren mit einigen Einheimischen direkt vor mir. Sie wissen, was mir abverlangt wird, um den Zeitplan bis zum Ende einzuhalten, und geben nicht auf. Trotzdem muß die Versuchung, einfach Gas zu geben und in wenigen Minuten der Hölle zu entrinnen, für sie groß sein. Doch Alain, Marc, Didier und die anderen haben schon ganz andere Unwetter erlebt, und ein simpler Sturm, und sei er noch so stark, kann sie zwei Tage vor dem Ziel nicht zum Aufgeben bewegen.

Wir sind nicht mehr nur Teamgefährten oder Freunde. Wir sind eine Familie, durch Bande verbunden, die ebenso stark und unerklärbar sind wie die Bande des Bluts. Der Erfolg des Unternehmens verstärkt diese Bande, auch wenn die Wunden, die gewisse Zwischenfälle aufgerissen haben, noch nicht alle verheilt sind.

Wir gönnen uns eine zweistündige Pause in einem Gasthof am Ufer des Sees, über dem weiter der Sturm wütet. Wir kommen klatschnaß an, denn mittlerweile hat Schneeregen eingesetzt. Das ist schlimmer als Regen, denn der nasse Schnee bleibt an den Kleidern kleben, durchnäßt sie und dringt in jede Ritze. Die Kombinationen unserer Quebecer Schneemobilisten wiegen das Zehnfache ihres normalen Gewichts. Unsere Stiefel quatschen widerlich bei jedem Schritt. Den Hunden klebt das Fell am Leib. Sie machen traurige Gesichter und trauern den glücklichen Tagen nach, als wir bei −40 °C unter den Polarlichtern liefen. Es wird höchste Zeit, daß wir ankommen.

Roberval und Val Jalbert bereiten uns einen warmen Empfang und entschuldigen sich für den Sturm, mit dem niemand gerechnet hat. Ich fühle mich hier wohl. Ich mag die Menschen in Quebec, ihre unkomplizierte, offene Art, vor allem ihre Lebensfreude. Ich glaube, ich werde hier mein »Rindenlager« bauen, das mir bei der Verwirklichung eines anderen Traums helfen soll. Ich möchte Hundeschlittentouren für Körperbehinderte anbieten, die diesen Menschen die Möglichkeit geben, im Winter die wildesten Landstriche zu entdecken, die ihnen bislang noch verschlossen sind. Speziell ausgebildete Hunde ersetzen den Blinden die Augen. Meine Hunde werden den Behinderten die Beine ersetzen und mit ihnen ihre Freude teilen. Um dieses Projekt zu finanzieren, werde ich eine verrückte Wette vorschlagen. Ich werde zusammen mit einem Behinderten eine der unwirtlichsten Gegenden des Planeten durchqueren – eine Wette des Herzens. Wir werden es schaffen, und unser Sieg wird, sofern überhaupt nötig, den Beweis erbringen, daß meine Idee gar nicht so verrückt ist.

KAPITEL 32

Quebec

28. März, 8600 km

ES IST WIE IM TRAUM, UND DIE HUNDE SPRECHEN. SIE sagen mir, daß ich unbesorgt sein kann, daß sie mir diesen letzten Tag schenken wollen. Sie wissen, daß diese Reise nicht meine Reise gewesen ist. Sie sagen, daß sie viel Spaß gehabt haben, ich dagegen viel zu selten, deshalb soll dieser Tag meine Belohnung sein, der Gipfel des Berges, den ich für sie erklommen habe, weil ich es ihnen zugetraut habe. Ein Berg, 8600 Kilometer hoch, auf dessen Gipfel sich Quebec befindet, die Großstadt, die wir in der Ferne erahnen, weil sie die Nacht erhellt. Sie wissen, daß uns an diesem letzten Tag viele Gefahren drohen – Straßen, Autos, rechtwinklige Kurven und andere Fallen – und sie sehen sich vor, sind aufmerksam und konzentriert. Voulk sieht mich an, träumerisch und voller Zuversicht, und ich werde ruhig. Wir haben das alles nicht durchgemacht, nicht so viele Schwierigkeiten gemeistert, nicht so viele lange Tage und Nächte zusammen in Kälte und Dunkelheit zugebracht, um jetzt noch zu scheitern. Es ist wie ein Traum, doch es ist viel schöner als ein Traum. Meine etwas salzig schmeckenden Freudentränen tropfen auf Voulks Nase, und er leckt sie wie das Parfüm des greifbar nahen Sieges. Er fährt mir mit der warmen, rauhen Zunge übers Gesicht, und dieser Kuß gibt mir Zuversicht.

Viele Menschen sind da, Fotografen und Kameraleute auf Schneemobilen, und natürlich das komplette Team, zu dem sich meine Eltern und Verwandte gesellt haben, über deren Kommen ich mich sehr freue. Marc und Alain bleiben in meiner Nähe und passen auf, daß niemand den Hunden zu nahe kommt. Das gesamte Team bleibt hochkonzentriert, auch wenn ein Lächeln über die Gesichter geht, ein triumphierendes, kein entspanntes, noch nicht. Wir sprechen nicht miteinander, denn es gibt nichts zu sagen. Wir empfinden alle dasselbe, Blicke genügen. Wir lächeln, umarmen uns, sind gerührt, die ersten Tränen. Dieser Morgen wirkt elektrisierend, und das Team erlebt zusammen die Verwirklichung eines gemeinsamen Traums. An jeder Kreuzung stoppt die Polizei den Verkehr und läßt das Gespann passieren. Alles ist organisiert, zeitlich koordiniert und genau geplant. Die Leute, die mit dieser schwierigen Aufgabe betraut sind, haben eine Leistung vollbracht, die wir heute erst richtig ermessen können. Ein Gespann von Schlittenhunden mitten ins Stadtzentrum von Quebec zu lotsen!

Ein schier aussichtsloses Unterfangen, wenn man das Gewirr von Straßen und Autobahnen, die Größe des Stadtgebiets und der Außenbezirke kennt. Die Streckenführung ist hundertmal geändert worden, ehe man die Route festgelegt hat, auf der wir uns heute dem Zentrum nähern. Es geht über einen Meerbusen, durch einen öffentlichen Park, private Gärten (über 80 Sondergenehmigungen wurden eingeholt), einen Tunnel, an einer Mülldeponie vorbei, über einen Parkplatz und eine Eisenbahnlinie. Überall, an jeder Abzweigung, Kreuzung und Straße, überwachen mit Sprechfunk ausgerüstete Polizisten die Operation, die zu einer nationalen Angelegenheit geworden ist. Seit 8 Uhr morgens berichten Fernseh- und Rundfunksender live in allen Nachrichtensendungen über die für 1 Uhr avisierte Ankunft. Die Hunde zeigen sich von ihrer besten Seite. Voulk läßt sich durch nichts ablenken. Die Präzision, mit der er meine Kommandos ausführt, versetzt die immer zahlreicheren Schaulustigen in Erstaunen. Unsere Ankunft erinnert an das Ende einer Atlantiküberquerung, wenn das Schiff in Sichtweite der Küste kommt und von einer ganzen Flotte begleitet wird.

Der Tag zieht herauf. Die Sonne überstrahlt die Stadt, und in der Ferne hebt sich das Château Frontenac gegen den kristallklaren Himmel ab.

Zentrum: 5 Kilometer.

Auf der eigens gesperrten Autobahn traben die Hunde in Begleitung mehrerer Streifenwagen so fröhlich dahin, als fänden sie das alles lustig. Ob sie sich der Ehre bewußt sind, die ihnen zuteil wird? Man möchte schwören, ja.

Ich selbst bin verblüfft über den Empfang, den uns ganz Quebec bereitet. Ich hätte nicht gedacht, daß eine französische Expedition, und sei sie noch so imponierend, eine solche Welle der Begeisterung auslösen könnte. Ich bin zutiefst gerührt, und das macht diese triumphale Ankunft für mich noch überwältigender.

»Bravo! Bravo!«

Aus ihren Autos und Gärten heraus, von ihren Balkons herab jubeln die Menschen uns zu und schwenken Zeitungen.

Auf der Terrasse des Château Frontenac, am Ufer des St.-Lorenz-Stroms, dessen Wasser hier salzig ist, hat man mit Schneekanonen unsere letzte Piste präpariert und Absperrungen aufgestellt, hinter denen die Menge zusammenströmt. Hinter dem prächtigen, eigens für diesen Anlaß entworfenen Zielbogen hat man eine Art Stadion errichtet, zu dem nur meine Eltern, meine Freunde und Journalisten Zutritt haben. Überall auf dem Boden verstreut liegen Kabel der Fernseh- und Rundfunkreporter, mehrere Dutzend Fotografen suchen den besten Winkel, schubsen sich gegenseitig, klettern auf Laternenpfähle. Ein knatternder Lautsprecher informiert die Menge über unsere augenblickliche Position.

»Sie sind nur noch einen Kilometer vom Château entfernt!«

»Voulk, djee. Voulk, yap, langsam, weiter. Ja! Yap, weiter. Gut, und jetzt djee, langsam!«

Man muß das Gespann gesehen haben. Es macht nicht den kleinsten Fehler, und der Polizist, neben dem ich anhalte, um die Räder abzumontieren, die ich beim Einbiegen auf die Autobahn angebracht habe, kommt mit einer Zeitung auf mich zu und bittet um ein Autogramm.

»Vielen Dank, das ist der schönste Tag in meiner Polizistenlaufbahn.«

»Und für mich ist es der schönste Tag in meinem Leben.«

Und das ist wahr.

Vor uns liegen noch 500 Meter. Hinter uns 8600 Kilometer. Die sechs Schneemobile bahnen mir einen Weg, so wie sie es seit Skagway getan haben. Und wie es sich gehört, überqueren Pierre, Alain, Marc, Didier, Raphaël, Bob, Thomas, Emmanuel und Alvaro als erste die Ziellinie. Ich sehe von weitem, wie sie zum Zeichen des Sieges die Arme hochreißen, und ich höre den Jubel der Menge, als Alain in Marcs Armen in Tränen ausbricht. Ich wünschte mir, dieser Augenblick würde ewig dauern.

Wie konnte ich auch nur einen Augenblick annehmen, die Hunde würden sich vor dieser großen Menschenmenge fürchten, die uns da hinten erwartet und bis zur Ziellinie ein Ehrenspalier bildet, wie konnte ich Angst davor haben, wie sie reagieren würden?

Wie Prinzen betreten sie die Arena, den Kopf erhoben, das Fell gesträubt, siegreich und stolz. Sie haben keine Angst. Sie galoppieren schön ausgerichtet ihrem Sieg entgegen, und ich lasse sie laufen. Ich höre nichts mehr.

Ich sehe nichts mehr. Es ist mir gleichgültig, daß Tausende von Menschen mich weinen sehen. Wie in einem schwarzen Loch überquere ich die Ziellinie. Ich glaube, ich habe die Augen geschlossen. Dann habe ich einen Hund in den Armen und bin von Journalisten umringt. Ich suche ein Gesicht, doch ich blicke nur in Objektive, in denen sich die Sonne spiegelt, und muß blinzeln. Blitzlichter prasseln auf mich nieder, Fragen, die ich nicht verstehe. Dann ist das gesamte Team da, hebt mich in die Höhe, trägt mich fort, und ich umarme alle. Dann die Arme meiner Eltern und die Arme von Diane, in denen ich hemmungslos weine. Das sind die Sekunden, auf die wir so lange gewartet, von denen wir geträumt haben. Wir möchten sie gern festhalten, doch sie sind schon wieder vorbei.

Anhang

Wir waren zu zehnt bei dieser weißen Odyssee und wir haben zehn Abenteuer erlebt – jeder auf seine Weise, aus unterschiedlichen Gründen und mit unterschiedlicher Motivation. Ich habe in diesem Buch meine Geschichte erzählt und gar nicht erst den aussichtslosen Versuch unternommen, auch die der anderen zu erzählen. Denn das große Abenteuer findet in uns selbst statt.

Gleichwohl erschien es mir wichtig, daß einer der »Nachzügler« (wie wir sie genannt haben), die Alain, Bruce und ich bei der grandiosen Überquerung der Rocky Mountains um etwa 48 Stunden »abgehängt« haben, aus seiner Sicht das Abenteuer schildert. Also schrieb Didier einen Bericht, und Thomas hat daraus folgende Geschichte gemacht:

Eingemummt in meinen Daunenschlafsack, denke ich über die kommenden Tage nach, über den Proviantmangel, die Schneemobile, die uns bis zu diesem unsäglichen »Todeslager« nie einen Grund zur Klage gegeben haben und uns nun dafür büßen lassen. Ich denke an die Versammlung von gestern, bei der Nicolas den Entschluß gefaßt hat, mit Bruce und Alain vorauszufahren und die Piste selbst zu spuren. Ich kann nicht einschlafen. Jedesmal, wenn Nicolas aufsteht und Holz im Ofen nachlegt, würde ich am liebsten alle wecken, die Diskussion vom Vorabend fortsetzen und alles rückgängig machen, was bei der Versammlung beschlossen worden ist. Irgendwann übermannt mich die Müdigkeit, und ich werde erst durch das Geheul der Hunde wieder geweckt.

Es ist 5 Uhr morgens. Das Thermometer zeigt –50 °C. Reglos, die Augen starr auf die Zeltbahn über mir gerichtet, höre ich zu, wie Nicolas sich fertig macht.

»Alain, wir müssen los. Wo bleibt Bruce?«

»Er schläft.«

»Scheiße. Weck ihn auf, wir müssen los ...«

»Mir reicht's. Weck ihn selber. Ich kann doch nichts dafür, wenn er nicht los will ...«

Nicos Hetzerei geht Alain auf die Nerven, und wie gewöhnlich wird der Ton schärfer und endet in einer Schimpfkanonade von Alain, der sich darauf wie kein anderer versteht.

Ruhe kehrt wieder ein, dann husten und knattern die Schneemobile, und unter lautem Gebell verschwindet das Gespann in Begleitung der beiden Bravos in der Nacht. Ich bin überzeugt, daß es keine gute Idee war, das Team in zwei Gruppen aufzuspalten. Bis jetzt sind wir ganz gut vorangekommen, zugegeben, nicht so gut, wie wir hofften, aber wir sind vorangekommen, weil wir zusammen waren. Die Probleme haben andere Gründe. Sie haben nichts damit zu tun, daß wir zu neunt sind. Und überhaupt, wer von uns kennt sich mit Schneemobilen und Motoren aus? Keiner. Wer hat ahnen können, daß hier – 50 °C herrschen und der Benzinverbrauch sich verdreifacht oder sogar vervierfacht? Keiner. Doch, Norman. Deswegen haben wir ihn ja in letzter Minute noch mitgenommen. Er hat gewußt, daß die Überquerung der Rockys ein Wahnsinn ist, auch unabhängig von der Kälte – in dieser Hinsicht haben wir blindes Vertrauen in Nicolas. Keiner von uns hat nämlich mehr Erfahrung mit Schneemobilen als die, die er in den wenigen Tagen seit Skagway gesammelt hat, weder Alain noch Marc, weder Didier noch ich, nicht einmal Emmanuel und noch weniger

Alvaro. Heute verstehen wir besser, warum Norman gegrinst hat, als Marc ihm in Ross River in seinem unwiderstehlich komischen Englisch zum erstenmal von unserer Expedition erzählt hat …

Ohne den kleinsten Laut mache ich Kaffee. Didier hebt den Kopf und setzt sich in seinem Schlafsack auf.

»Wer hat da so gebrüllt?«

»Alain.«

»Hat Nico ihn wieder gescheucht?«

»Und wie. Aber das macht nichts. Sobald der Dicke es satt hat, sein Schneemobil allein freizuschaufeln, wird er auf uns warten.«

Marc kugelt sich vor Lachen. Überhaupt ist die Stimmung heute morgen prächtig. Das Frühstück dauert zwei Stunden, und jeder macht seinem Ärger Luft und zieht über Nico und Alain her. Über Nico, weil er ständig zur Eile drängt und nur noch seine Interessen sieht. Über Alain, weil er ganz offenkundig kleinere Gruppen vorzieht. Nur Bruce bleibt verschont. Die gute Stimmung ist unbedingt notwendig, aber der allgemeine Spott zeigt auch, daß der eine oder andere verbittert ist, weil die anderen vorausgefahren sind.

Wir teilen die Arbeit ein. Emmanuel reinigt das Tonbandgerät, das er den ganzen Tag auf dem Bauch trägt, und Alvaro poliert nervös die Linse seines Teleobjektivs. Didier, Marc und Norman schieben nacheinander die Schneemobile ins Zelt und führen behelfsmäßige Reparaturen durch. Norman verwünscht die Elektrik, die der Grund dafür ist, daß die Kisten so schlecht anspringen. Aber solange der Hubschrauber nicht hier war, sitzen wir im »Todeslager« fest. Ich nehme zum x-tenmal die Kamera auseinander. Unter der Kälte leidet sie nicht, wie ich anfangs befürchtet hatte, nur unter den Erschütterungen, denen sie ständig ausgesetzt ist, und den Folgen der Kondensation. Ich reinige sie aus professionellem Pflichtbewußtsein, denn ich will sie unbedingt heil nach Norman Wells bringen. Nicolas hatte Alvaro vorgeschlagen, den Hubschrauber zu nehmen und die Gebirgsüberquerung abzubrechen, und so späht Alvaro jetzt regelmäßig zum Himmel und sinnt über diese Möglichkeit nach.

»Ich verstehe das nicht. Es ist schon Mittag, und immer noch kein Hubschrauber.«

»Wahrscheinlich schlechtes Wetter, sonst wäre er längst hier.«

Marc, der für das Satellitentelefon verantwortlich ist, will auf den Berg klettern und Pierre anrufen.

»Wer kommt mit?«

»Bist du sicher, daß es von hier aus nicht geht?« fragt Alvaro, fest entschlossen, seinen geliebten Platz am Ofen nicht zu verlassen.

»Schon gut, dann gehe ich eben allein, danke!«

Marc streift die Handschuhe über und schlüpft hinaus. Als er zurückkehrt, ist die Diskussion über die Aufteilung der Truppe wieder aufgeflammt. Anscheinend brennt das allen auf den Nägeln. Je länger wir hier warten, desto geringer ist die Chance, die Vorhut bis heute abend einzuholen. Unmöglich. Die Nacht bricht an, der Hubschrauber wird heute nicht mehr kommen. Wenn er morgen kommt, was wir bezweifeln, weil von Anfang an nichts so klappt wie geplant, dann nicht vor Mittag. Wir brauchen zwei Stunden, um das fehlende Ersatzteil einzubauen, und dann noch einmal eine Stunde, um die VK in Gang zu bringen. Mit anderen Worten, es ist wenig wahrscheinlich, daß wir morgen hier wegkommen. Wir stellen uns also darauf ein, daß wir das Lager nicht vor übermorgen früh werden verlassen können, und treffen entsprechende Vorkehrungen. Wir haben die Warterei satt, und trotz der faszinierenden Naturkulisse, die wir in aller Demut belagern, juckt es uns, endlich weiterzufahren, zur Spitze der Expedition aufzuschließen und die Entfernung zu überwinden, die uns noch von Norman Wells trennt. Aber um die verlorene Zeit aufzuholen, brauchen wir Benzin und eine exzellente Piste.

»Zunächst mal müssen wir hier weg, dann wird sich schon zeigen, ob wir sie einholen können.«

Eine gut halbstündige Diskussion führt zu dem mageren Ergebnis, daß ab sofort Norman unser Denker und Lenker sein wird. Er wird unsere Entscheidungen so beeinflussen, daß wir lebend aus den Bergen herauskommen, koste es, was es wolle. Keiner gibt es zu, aber wir denken nur noch darüber nach, wie wir unsere Haut retten können, oder was noch davon übrig ist. Alles andere ist zweitrangig. Didier, Marc und ich beschließen, heute abend Silvester zu feiern, und gegen Mitternacht steigen wir auf den benachbarten Kamm, zu der einzigen Stelle, wo der Empfang ungestört ist. Es ist wirklich sehr kalt. Ein paar Sekunden lang die Stimmen derer zu hören, die wir lieben, sie einfach nur zu hören, ohne zu verstehen, was sie sagen, wärmt uns das Herz. Ich bekomme eine Verbindung mit Isabelle, meiner Frau. Sie weint nur und bringt kein Wort heraus. Ich versuche, sie zu beruhigen, beschwöre sie, nichts auf die Pariser Rundfunkmeldungen zu geben, wonach wir als vermißt gelten. Didier weiß nicht, was er seiner Großmutter sagen soll, die unbedingt den Rat an den Mann bringen will, daß er sich bei – 50 °C warm anziehen soll!

Die Temperatur bleibt arktisch, und die Sonne thront stolz über den Gipfeln. Unerwartet taucht der Hubschrauber über dem Hügel vor uns auf, und zu unserer großen Überraschung springt Bruce aus der Maschine und strahlt. Alles wird gut. Er berichtet, daß sie nicht besonders schnell vorangekommen seien und daß wir in Kürze zur Truppe aufschließen könnten. Alles sei da, Proviant, Zigaretten und Benzin. Endlich gute Nachrichten.

»Wo seid ihr?«

»Am Fluß, etwa 30 Kilometer von hier. Wir haben den ganzen Tag da unten auf euch gewartet, aber Nicolas will morgen in aller Frühe weiter.«

Der Plausch zieht sich ewig hin, und genervt verlangt Norman das Ersatzteil, das er für die Reparatur des Schneemobils braucht. Ersatzteil und Benzin seien unten im Lager, antwortet Bruce, bei Nico und Alain. Das verschlägt uns die Sprache. Keiner kann es glauben.

»Das soll wohl ein Witz sein! Du willst uns auf den Arm nehmen…«

»Nein. Pierre hat gesagt, wir sollen es beim Sprit lassen.«

»Spinnt der jetzt total, oder was? Ich hab's ihm doch erklärt. Scheiße, wozu haben wir denn hier gewartet…«

Es ist Mittag, und der Hubschrauber fliegt in größter Eile wieder ab. Marc, der kein Wort versteht, wenn englisch gesprochen wird, fragt:

»Kann mir mal einer erklären, was los ist?«

Alvaro übersetzt…

»Das ist ja zum Totlachen. Tolle Kommunikation! Immer dasselbe Lied…«

»Dieser Schwachsinn muß endlich aufhören, sonst kommen wir nie nach Quebec!«

Und Nicolas erwartet uns heute abend… Nach der ersten Erregung brechen wir in Lachen aus. Wir finden die ganze Geschichte absolut lächerlich. Aber diesmal kann sich niemand auf ein Mißverständnis oder eine schlechte Telefonverbindung hinausreden. Bruce hat die Bestellung persönlich entgegengenommen. Der Pilot muß in zwei Stunden mit dem Ersatzteil zurückkommen und auch ein paar Kanister Benzin mitbringen, ohne die wir das nächste Depot nicht erreichen. Wieder heißt es warten. Wir helfen uns gegenseitig bei den jeweiligen Aufgaben, und ganz allmählich stellt sich ein Zusammengehörigkeitsgefühl ein, das mindestens so groß ist wie die Berge, die uns überragen. Wir sind Schiffbrüchige, aber wir sind zu sechst! Und deshalb fühlen wir uns stark …

Die Sonne ist hinter den Horizont geschlüpft. Wenn der Hubschrauber in der nächsten Viertelstunde nicht auftaucht, wird es heute nichts mehr. Als er endlich da ist, umringen wir ihn alle sechs, die Hände vor dem Gesicht, um uns vor dem Schneesturm zu schützen, in dem das ganze Lager verschwindet. Tim ruft, daß er nur wenig Zeit für den Rückflug habe, wirft das Ersatzteil in den Schnee und zieht die Tür wieder zu. Norman läuft zu ihm hin und brüllt. Reglos sehen wir zu, wie der Hubschrauber abhebt. Das Schneegestöber verschluckt Norman, und als es sich wieder lichtet, sehen wir ihn auf dem Boden knien, Tränen in den Augen …

»Dieser Blödmann von Bruce … Scheiße, Scheiße und nochmal Scheiße.«

Wir wissen sofort, was los ist. Das Benzin ist nicht da.

Diesmal kriegen wir es mit der Angst. Beim Blick in Normans stumpfe Augen ist unsere Zuversicht wie weggeblasen. Wir kommen nie nach Norman Wells. Unmöglich. Wir sind dazu verurteilt, hier im Todeslager zu bleiben, dessen Namen wir in diesem Augenblick in seiner ganzen Bedeutung erfassen. Wir kehren schweigend ins Zelt zurück. Heute abend hat keiner Hunger. Der Haß hat uns den Appetit verdorben. Wie konnten sie nur das Benzin vergessen? Und die wollen auf uns warten? Nie und nimmer. Offensichtlich haben wir etwas nicht mitbekommen, und keiner weiß, was.

»Ich hab's. Nicolas glaubt, daß wir zu neunt nicht durchkommen. Er hat das Benzin behalten, und morgen wird Tim uns abholen.«

»Und was wird aus den Schneemobilen? Willst du sie in den Helikopter laden …«

»Dann wird er eben zweimal fliegen … Was weiß ich.

Ich weiß nur, daß wir keinen Sprit haben und daß Nicolas sich durch nichts aufhalten läßt, wenn man Bruce glauben darf.«

Wir fühlen uns hintergangen, und das tut weh. Norman bittet um einen Kaffee und ergreift das Wort. Er erklärt uns, daß wir die 30 Kilometer bis zum Depot schaffen können, wenn wir langsam fahren und nicht auf die Tube drücken. Wir müssen in den großen Gängen fahren, sagt er. Wenn wir in den kleinen fahren, verbrauchen wir zuviel Sprit, auch wenn sich das angesichts der Beschaffenheit der Piste nicht vermeiden läßt. Doch angenommen, wir erreichen das Lager: Wer sagt uns, daß sie Benzin zurückgelassen haben? Wer weiß, ob die Piste gut ist? Viele Fragen, die unbeantwortet bleiben. Trotzdem beschließen wir, komme, was wolle, unser Lager in aller Frühe zu verlassen. Alle sind einverstanden. Wir müssen unbedingt hier weg. Norman schlägt außerdem vor, daß alle zusammen fahren sollen, damit wir uns gegenseitig helfen können, falls ein Schneemobil streikt. Einigkeit macht stark. Didier rät sogar dazu, nie mehr als 400 Meter Abstand zwischen den Maschinen zu lassen. Das erspare unnötige Wartereien, und man wisse immer, was los sei. Die Reihenfolge wird festgelegt: Didier und Alvaro vorneweg, dahinter Emmanuel und ich, da wir uns ein Schneemobil teilen und folglich unzertrennlich sind, am Ende Marc und Norman. Norman aus Sicherheitsgründen und Marc wegen seiner Kraft, falls es Schwierigkeiten gibt. Die Organisation steht, und wir legen uns schlafen, mit leerem Magen und den Kopf voller Gedanken, die so finster sind wie draußen die Nacht.

Um 5 Uhr steht Emmanuel als erster auf und weckt die anderen. Alle Rädchen greifen ineinander. Zwei Stunden später sind wir startklar, und Norman gibt, gedolmetscht von Alvaro, ein letztes Mal den Tagesbefehl aus: Sowie einer liegenbleibt, halten alle an und schlagen das Lager auf. Die hinteren Schneemobile bekommen mehr Benzin, damit sie als letzte stehenbleiben. So unglaublich es auch klingen mag, aber mit der Abfahrt aus dem Lager gehen vier zermürbende Tage zu Ende, und bei der ersten Zigarettenpause sind alle bester Laune. Wir haben alles sorgfältig geplant und kommen, wie es sich für eine große Expedition gehört, zügig voran. Die Piste ist gut. Der Kilometerzähler meines Schneemobils steht bei 11 Kilometern, als Norman auf meine Höhe kommt.

»Wo ist Marc?«

»Hinten. Er hat eine Panne. Ich sage den anderen, daß sie warten sollen.«

Norman braust davon, und ich will gerade umdrehen, da bemerke ich Marc, keine zwei Meter hinter uns. Ich sehe sein Gesicht und weiß sofort, daß er wieder mal einen seiner Streiche ausgeheckt hat, über die er sich wie ein Kind amüsiert.

»Ich denke, du hast eine Panne.«

»Schon. Aber ich wollte nicht allein zurückbleiben. Außerdem ist mir da was unklar. Eigentlich sollen doch alle anhalten, und Norman verdünnisiert sich …«

»Aber wir beide haben doch auf dich gewartet. Wir wollten eben zu dir fahren.«

Er kugelt sich vor Lachen und erzählt …

»Als Kinder haben wir in Autotanks gepinkelt. Dadurch steigt der Benzinspiegel, und man kann weiterfahren. Weit kommt man zwar nicht, aber manchmal hilft's. Hier der Beweis …«

»Wir haben noch 8000 Kilometer bis Quebec. Hoffen wir, daß du noch häufig pinkeln mußt.«

Emmanuel spricht nicht viel, gibt aber gern seinen Senf dazu, wenn sich eine solche Gelegenheit bietet.

Mit einem kleinen Plastikschlauch, den Marc unter seinem Sitz hervorzieht, zapfen wir für ihn etwas Benzin aus unserem Tank ab. Die anderen erwarten uns einen Kilometer weiter. Niemand ist über die neuerliche Panne überrascht, niemand regt sich auf. Didier und Norman beschließen, allein weiterzufahren. Die anderen sollen auf der Piste kampieren und warten. Wir füllen unverzüglich das restliche Benzin um. Wir können nur hoffen, daß sie damit den sicheren Hafen erreichen. Uns bleibt keine andere Wahl. Wir müssen es versuchen. Sie laden ihre Schlafsäcke und etwas Proviant auf ihre Schneemobile, damit sie ihre Lastschlitten zurücklassen können. Ein Tropfen Benzin ist jetzt mehr wert als alles Gold der Welt. Bis zum Depot sind es 20 Kilometer, dazu die 20 Kilometer für die Rückfahrt. Wir schätzen, daß sie vier Stunden für die Strecke brauchen werden.

Gegen 22 Uhr haben wir den Glauben verloren, unsere Kundschafter jemals wiederzusehen und beschließen, das große Zelt aufzubauen und das kleine zu ersetzen, das uns seit ihrer Abfahrt vor der Kälte geschützt hat. Im selben Augenblick schneiden die Scheinwerfer der Schneemobile durch die pechschwarze Nacht.

»Mir reicht's! Ich habe die Nase voll. 15 Stunden für 11 Kilometer, ich danke! Und morgen, liebe Freunde, wird es richtig lustig. Erlen entlang der Piste. Ihr werdet eure helle Freude haben, das kann ich euch versprechen.«

Didiers zerkratztes Gesicht ist nicht dazu angetan, die Stimmung zu heben. Im Depot gab es Benzin, aber von den 400 Litern waren nur 250 für unsere fünf Benzinschlucker übrig. Die anderen 150 Liter haben sich Alain und Bruce für ihre beiden Bravos gekrallt. 150 Liter für nur zwei Schneemobile, die zudem am wenigsten verbrauchen.

Auf einem der beiden Kanister finden wir eine Nachricht von Nicolas: »... Wir erwarten euch morgen abend. Seid stark! Nico.« Wir haben zwei Tage Rückstand aufzuholen, und morgen müssen wir erneut zwei Leute vorausschicken, um Benzin zu holen, denn der Sprit reicht nicht für alle Maschinen bis zum nächsten Depot. Das wird langsam unerträglich. Mit der Begründung, er habe wegen der Zusatzschicht zu wenig geschlafen, beschließt Didier, erst um 10 Uhr loszufahren. Heute abend gibt Norman keine Anekdoten aus seinem Trapper- und Jägerleben zum Besten, mit denen er uns sonst unterhält. Bevor er sich hinlegt, gesteht er uns, daß er Ischiasbeschwerden habe und sein Bein nicht bewegen könne, und wie um sich zu rechtfertigen, erzählt er uns von einem Unfall aus seinen Tagen als Holzfäller. Um 2 Uhr beginnt das Schnarchkonzert unter der Leitung von Marc …

Die Hölle, von der Didier gesprochen hat, ist sehr real. Der Tunnel, den die Zwergerlen bilden, zieht sich endlos hin. Wir fahren mit maximal 10 km/h. Ständig peitschen Zweige gegen die Schneemobile, beim kleinsten Fahrfehler bleiben die Kufen hängen. Wir ducken uns hinter die Windschutzscheiben, die nicht lange widerstehen.

Obwohl wir langsam fahren und doppelt wachsam sind, müssen wir Hiebe einstecken, die selbst den hartgesottensten Legionär zermürben würden. Mit zunehmender Höhe lichtet sich das Dickicht, und wir gelangen auf der Bergflanke an einen Sturzbach. Wir brauchen zwei lange Stunden, um ihn zu überqueren. Norman hat starke Schmerzen im Bein und kann sich kaum noch auf der Maschine halten. Alvaro ist am Ende. Seine Füße sind grün und blau von der Kälte. Er hält an und schwört bei allen Göttern dieser Welt, daß er keinen Meter mehr fahren wird. Er will ein Feuer machen, ich lehne ab. Es wird bald dunkel. Wir müssen weiter. Nicht um die anderen einzuholen, sondern um voranzukommen. Damit die Moral intakt bleibt. Schließlich beschließt Alvaro, sich auf mein Schneemobil zu schwingen, und ich erkläre Didier, daß es uns, wenn wir noch einmal anhalten, nicht gelingen wird, unseren Fotografen zum Weiterfahren zu bewegen.

Über zwei Stunden lang fleht er mich an, ein Feuer zu machen. Ich stelle mich taub, aber das zerrt an den Nerven. Die Piste führt steil bergab zu einem Fluß. Es ist drei Uhr morgens. Didier stellt seinen Motor ab.

»17 Stunden auf der Maschine! Mir reicht's. Pause.«

»Warte, hier gibt es kein Holz.«

»Na und ...«

Didier schleppt triumphierend einen alten Telegrafenmasten an, den er zu Kleinholz zersägt hat. Emmanuel und Marc holen Wasser am Fluß. Ich stelle den Ofen auf. Alvaro sieht uns gedankenverloren zu, rührt aber keinen Finger. Ich koche innerlich, bin kurz vorm Explodieren, da zwinkert mir Marc heimlich zu. Ich sehe sofort ein, daß er recht hat. Der von ihm so oft beschworene Teamgeist ist unerläßlich. Ein Streit würde nichts bringen. Mittlerweile bullert der Ofen lautstark, und statt zu filmen, was ja der Grund war, warum ich mich auf diese Schinderei eingelassen habe, koche ich die obligatorischen Spaghetti, dazu die wenigen Scheiben Speck, die uns geblieben sind. Marc hilft mir. Beim Wasserholen hat er etwas weiter flußabwärts ein Licht gesehen.

»Das sind sie, ganz bestimmt.«

»Ach was, unmöglich. Du weißt doch selbst, daß wir heute noch mehr Zeit verloren haben.«

Emmanuel geht dazwischen, denn er befürchtet ein Aufflammen der Diskussion über die Dreckskerle da vorn, die unseren Benzinanteil klauen und uns mit ein paar Zeilen glauben machen, daß sie auf uns warten. Er hat recht. Das bißchen Kraft, das wir noch haben, müssen wir uns für die Etappe morgen aufsparen. Wenn es schon nichts Anständiges zu essen gibt, ist schlafen das Beste, was wir tun können ...

Nach einer kurzen Nacht von 3 bis 4 Stunden ist es wieder Emmanuel, der die Truppe weckt. Wir stehen auf, einer nach dem anderen, die Wangen hohl, die Bewegungen träge und ungeschickt. Heute morgen flutscht es nicht, und zum erstenmal macht sich die Erschöpfung deutlich bemerkbar. Wir essen mehrere Crêpes, um uns zu stärken, und Marc macht sich über die Reste vom Vorabend her. Ich habe den Eindruck, daß alle eine Stärkung brauchen, gleich welcher Art. Es wird viel gescherzt und gelacht, doch ich spüre genau, daß die Gefährten sich dazu zwingen. Ob bewußt oder unbewußt, keiner spielt mit offenen Karten. Jeder trödelt, findet plötzlich irgendeine Beschäftigung. Hauptsache, er kann im Zelt bleiben, muß nicht das Lager abbrechen und weiterfahren. Die Unlust ist groß. Marc lädt uns zu einem letzten Kaffee ein, da hören wir in der Ferne das Brummen eines zweimotorigen Flugzeugs. Seit dem Aufwachen hat keiner die Nase aus dem Zelt gesteckt, aber jetzt stürzen alle nach draußen, erstarren zu Salzsäulen und suchen sorgfältig wie Astrologen den Himmel ab. Die Maschine fliegt mehrmals über uns hinweg, doch der Dunst beeinträchtigt die Sicht, und der Pilot gibt keinerlei Zeichen, daß er uns entdeckt hat. Ich rufe den Kameraden zu, daß sie sich bewegen sollen, damit er uns leichter ausmachen kann. Wir hüpfen, rudern mit den Armen wie richtige Schiffbrüchige, aber nichts. Das Brummen wird leiser und verstummt endlich, als das Flugzeug hinter dem Berg verschwindet.

»Könnte Pierre sein. Er sucht nach uns ...«

»Vielleicht, aber uns gilt es ganz bestimmt ...«

Eine gewisse Ruhe kehrt ein, und so idiotisch es auch klingen mag, wir fühlen uns wieder sicher. Das ist an den Gesichtern abzulesen. Sie spiegeln nicht mehr so sehr die Angst wieder, die wir alle haben, über die aber keiner spricht, nicht mal andeutungsweise. Didier wirft sein Schneemobil an, wie um uns aus der Erstarrung zu reißen, die uns im Lauf der Tage befallen hat. Zum ersten Mal bockt die VK nicht in dem gefürchteten Moment, wenn morgens der Schlüssel herumgedreht wird. Die allgemeine Erregung trägt Früchte, und eine Stunde später sind vom Lager nur noch die glimmenden Holzscheite übrig, die wir aus dem Ofen auf den Boden geschüttet haben. Um die Glut geschart, trinken wir in gewohnter Manier den letzten Kaffee und genießen die vielleicht beste Zigarette des Tages. Wir setzen uns zum Ziel, Meile 108 zu erreichen, koste es, was es wolle…

Von der Canal Road ist nichts mehr zu sehen. Wir folgen, manchmal unter Mühen, der Piste, die Bruce und Alain gespurt haben. Dann und wann bemerken wir auch Abdrücke von Hundepfoten und die beiden schmalen Furchen der Schlittenkufen. In dieser Hinsicht ist der Winter wirklich angenehm, denn er verwandelt die Natur in ein riesiges Buch mit unzähligen Seiten. Alles ist in den Schnee geschrieben, alles kommt an den Tag, nichts bleibt verborgen. Auch nicht der Sturz eines Schneemobils, den einer von uns zum Anlaß nimmt, an den Fahrkünsten des Piloten zu zweifeln. Häufig bedecken Wildfährten die Piste. Sie zeugen von der Neugier der Tiere, vor allem aber von ihrer Intelligenz, denn instinktiv schlagen sie den Weg ein, der ein bequemeres Fortkommen erlaubt. Daß wir immer nur Spuren zu Gesicht bekommen, nie aber ein Tier, verstärkt unseren Groll darüber, daß wir hinter den anderen herfahren müssen, insbesondere als wir den Zettel lesen, den wir an einer Biegung finden: »Wir haben eine Menge Wölfe gesehen… Es war einmalig!«

Wir fahren auf einem Fluß weiter, auf dem sich blaues Eis mit Overflows und Slutchs abwechselt. Es geht längst nicht mehr so mühsam voran wie an den Tagen davor, doch die Piste stellt höhere Anforderungen an den Fahrer. Im Slutch muß man beschleunigen, sonst bleibt man stekken und friert im Eis fest, das sich sofort um Kufen und Ketten bildet. Auf dem blanken Eis muß man das Tempo dosieren und mit den Mucken der Lastschlitten rechnen, die machen, was sie wollen. Wir halten häufig an, um die Festigkeit des Eises zu prüfen, auch wenn die Piste darüber führt. Ein simpler Temperaturanstieg kann eine Stelle, die Bruce und Alain vor wenigen Tagen passiert haben, in eine tödliche Falle verwandeln. Oft ist es Norman, der entscheidet. Wenn er grünes Licht gibt, heißt die Devise »nicht anhalten«. Man braucht etwas Schwung, muß ein gleichmäßiges und niedriges Tempo halten, um die Haftung nicht zu verlieren. Aber man darf niemals anhalten. Doch genau das tut Alvaro und zwingt dadurch die ganze Karawane, seinem Beispiel zu folgen. Norman stößt die gräßlichsten Flüche aus, die das Englische kennt. In seiner Erregung vergißt er das Eis, springt von seiner Maschine und schlägt der Länge nach hin, was ihn nicht davon abhält, weiterzufluchen. Wir lachen alle über seine Slapstickeinlage, die Charlie Chaplin alle Ehre gemacht hätte, aber gleichzeitig nerven uns diese Pannen, die uns viel Zeit kosten.

»Was will ich eigentlich mit euch Grünschnäbeln in diesen Scheißbergen, zum Donnerwetter ...«

Man muß zugeben, daß Norman recht hat. Solche Fehler können uns teuer zu stehen kommen, und für ihn als gestandenen Trapper und Waldläufer verschwenden wir unsere Zeit mit Diskussionen und Dingen, die man im hohen Norden einfach nicht tut. Bis jetzt haben wir Glück gehabt. Hoffentlich bleibt das so. Was seine Flucherei angeht, so achten wir nicht mehr darauf, denn er flucht oft. Jeden Morgen müssen wir uns das ewige »Scheiß-Yahama« anhören. Und beim Reparieren: »Scheiß-Schlüssel, Scheiß-Anlasser« usw.

Norman beruhigt sich und überlegt. Wir warten, sagen nichts und unterlassen alles, was ihn wieder in Rage bringen könnte. Er hackt mit dem Beil Kerben ins Eis, damit er Halt findet, und stapft etwa 50 Meter den Fluß hinauf bis zu einer kleinen Felsinsel, die aus dem Eis ragt. Unterdessen knotet Didier auf sein Geheiß mehrere Seile zusammen und befestigt sie an den Kufen des ersten Schneemobils. Die Knoten lassen sich leicht wieder lösen, denn Didier ist ein wahrer Knotenexperte.

»Marc, du schiebst beim Anfahren. Manu, du gibst vorsichtig Gas, und halte auf gar keinen Fall an ...«

Norman stemmt die Beine fest gegen den Felsen und versucht mit aller Kraft, die Maschine von der spiegelglatten Eisbahn zu ziehen. Emmanuel kommt langsam frei, nimmt etwas Fahrt auf, rutscht seitlich weg, wird von seinem Schlitten überholt, fährt im Zickzack, rettet sich aber gerade so ans Ufer. Seit einer Stunde stehen wir hier und müssen mindestens noch ein Schneemobil bergen.

»Wir sollten besser die Schlitten abhängen«, schlägt Marc vor. »Wir können sie hinterher holen.«

»Findest du? Manu ist aber rübergekommen ...«

»Schon, aber nur mit knapper Not. Los, so verlieren wir weniger Zeit!«

Norman stimmt zu, und das Manöver beginnt. Die Landschaft ist an dieser Stelle so grandios, daß ich beschließe, die Kamera auszupacken. Schade um den Ton, aber Emmanuel kommt bestimmt nicht zurück. Nicolas verlangt Opfer, er soll sie haben. Und die Rückbesinnung auf mein filmisches Handwerk richtet mich etwas auf und verwandelt mich wieder in den Heißsporn, der ich in Wahrheit bin. Es stimmt, beim Film wird immer etwas Unmögliches verlangt. Ich kann nicht mehr. Und ab $-40\,^{\circ}C$ ist es schon eine Tortur, die Kamera nur in den bloßen Händen zu halten. Ich schimpfe wie ein Rohrspatz, tobe und rege mich furchtbar auf. Ich drehe meine Sequenz, und die Schneemobile haben nach langem Kampf endlich die Uferböschung erklommen. Norman, ganz fürsorglicher Freund, will von nun an am Schluß des Konvois fahren, um darauf zu achten, daß jeder vorankommt, und moniert nur ganz allgemein, daß wir zu oft anhalten. Wegen nichts und wieder nichts. Alvaro, der auf den von ihm verursachten Zwischenfall nicht gerade stolz ist, übersetzt für Marc, der seit einigen Tagen immer häufiger aus der Haut fährt. Nach drei strapaziösen Stunden setzen wir die Fahrt endlich fort, und schon jetzt graut es uns vor dem nächsten Zwischenfall. Heute ist wirklich nicht Alvaros Tag. Kaum eine Stunde später, in der wir im übrigen recht gut vorangekommen sind, bricht seine Lenkung. Wieder tobt Norman und zählt mir gegenüber all die Fahrfehler auf, die den Schaden an der Lenkung verursacht haben. Zu Alvaros Entlastung sei allerdings gesagt, daß bei Temperaturen von −45 °C bis −50 °C, wie sie momentan herrschen, Stahl ebenso leicht zu Bruch geht wie Glas. Deshalb muß man versuchen, so weich wie möglich zu lenken, ohne ständig am Lenker zu reißen. Ich rase zu Alvaro, fest entschlossen, die Vorwürfe, die Norman ausgesprochen hat, an ihn weiterzugeben. Doch ich tue es maßvoll, total erschüttert über die Katastrophe. Didier will Zeit gewinnen und nimmt das Schneemobil in Schlepp. Da der Motor noch funktioniere, so erklärt er, müßte es klappen, wenn man gleichmäßig Gas gebe. Es klappt tatsächlich, doch er gerät ins Schlingern, bleibt stecken oder würgt den Motor ab. Er ändert seine Abschlepptechnik und findet schließlich eine ganz passable Lösung, indem er Alvaros Kufen etwas anhebt. Außerdem beschließen wir, seinen Schlitten zurückzulassen, der das Gespann deutlich bremst. Dann fahren wir endlich weiter. Langsam zwar, aber wir kommen voran. Jeder Kilometer, den wir zurücklegen, ist für uns ein kleiner Sieg und stärkt die Moral. Wir überqueren den Devil's Pass und erreichen gegen 20 Uhr Meile 108. Die anderen haben hier gelagert. Die Spuren erscheinen uns ziemlich frisch. Ihr Vorsprung ist also gar nicht so groß, wie wir angenommen haben. Wir kommen wieder auf das Licht zu sprechen, das Marc neulich abends gesehen hat: Offensichtlich haben wir Nicolas und die anderen nur ganz knapp verpaßt.

»Ich hab's euch doch gesagt. Ein Licht auf dem Fluß, das konnten nur sie sein.«

»Du hättest zehn Kilometer weiterfahren sollen, um sie einzuholen, auch wenn du dir nicht sicher warst. Marc, das Tempo halten wir nicht mehr lange durch. Wir schlafen kaum noch, essen nichts mehr und schinden uns wie Ackergäule ...«

»Hör auf. Wir wollen doch nicht wieder damit anfangen, uns gegenseitig anzuschnauzen.«

Ein Stock mit einer Nachricht erwartet uns. Nicolas will uns beruhigen. Sie seien nicht sehr weit, schreibt er, und er sei davon überzeugt, daß wir alles täten, was irgend möglich sei, um sie einzuholen. Einige Hinweise auf die Piste untermauern seine Worte. Beim Lesen der wenigen Sätze, die von Rechtschreibfehlern strotzen, gewinnen wir den Eindruck, daß sie endlich kapiert haben, warum wir so spät dran sind, und das stimmt uns vorübergehend versöhnlicher. Trotz unserer Müdigkeit und der späten Stunde beschließen wir einstimmig, weiterzufahren. Wir hoffen, sie noch in der Nacht einzuholen. Es ist stockdunkel und sehr kalt. Didier und Alvaro sind mittlerweile gut aufeinander eingespielt, und ihr kleiner Konvoi überwindet Hindernisse sogar noch besser als ein einzelnes Schneemobil. Nur ihr mäßiges Tempo bleibt ein ernstes Handikap, und auf dem Carcajou-Fluß gibt eine Eisplatte unter dem Gewicht des motorisierten Gespanns nach.

Nur Didiers Geistesgegenwart ist es zu verdanken, daß sie knapp einer Katastrophe entgehen; nur der Schlitten taucht ins eisige Wasser. Marc, der das Team anführt, gibt das Tempo vor und fährt endlich einen kleinen Vorsprung heraus. Der brennende Wunsch, die verlorene

Zeit aufzuholen, scheint bei uns allen ungeahnte Kräfte freizusetzen. Die Piste, der wir bei Nacht fast noch leichter folgen, biegt vom Fluß ab und windet sich zu einem Plateau hinauf. Trotz der Dunkelheit bemerken wir, daß das Wetter schlechter wird. Es beginnt zu schneien, Wind peitscht uns ins Gesicht. Wir entdecken Wolfsspuren im frischen Schnee. An der Gangart der Wölfe läßt sich ablesen, daß sie eine Herde Karibus verfolgen. Marc, der uns auf dem Gipfel des Plateaus erwartet, bestätigt unsere Beobachtung. Im Lichtkegel seiner Scheinwerfer hat er fünf Wölfe gesehen. Sie waren so im Jagdfieber, daß sie sich nicht einmal durch das Dröhnen unserer Motoren stören ließen. Wieder schlüpft Norman in die Rolle des väterlichen Ratgebers und dringt darauf, das Plateau so rasch wie möglich zu verlassen. Er hat recht. Wir dürfen nicht hier bleiben. Der Schneesturm wird heftiger, und bald werden wir nicht mal mehr so weit sehen, wie unsere Scheinwerfer reichen. Spritsparen ist oberstes Gebot, deshalb dürfen wir uns unter keinen Umständen verfahren und auf der Suche nach der Piste zu lange herumirren. Die Angst packt uns, zumal Norman selbst besorgt und beklommen wirkt. Zum erstenmal bricht im Team ein Streit aus. Dies ist weder die rechte Zeit noch der rechte Ort, doch keiner hält sich zurück. Marc hat Schneemobilspuren entdeckt und ist ihnen nach rechts gefolgt, ohne sich an unsere Regel zu halten: »Nie allein mehr als 400 Meter vorausfahren!« Ich dagegen habe Hundespuren gefunden, die nach links führen, und bin überzeugt, daß dies die richtige Piste ist. Wir haben zum wiederholten Mal angehalten, um zu überlegen, als Marc auftaucht:

»Wo bleibt ihr denn? Die Piste führt da runter, ich habe sie gefunden.«

»Warte, hier sind Hundeschlittenspuren… Und dann möchte ich dich daran erinnern, was wir ausgemacht haben: nie mehr als 400 Meter!«

»Vertrauen ist gut, Kontrolle ist besser, was? Ich fahre voraus, ihr folgt mir. Sonst kann ich es gleich bleiben lassen.«

»Jeder kann sich mal täuschen. Wir sind zu sechst, wir können gemeinsam entscheiden...«

Norman wartet geduldig, und Emmanuel findet mit gewohnter Gelassenheit die passenden Worte, um die Lunte zu löschen. Wahrscheinlich, so sagt er, habe Nicolas die Piste verloren, die Bruce und Alain gespurt hätten. Daher die auseinanderlaufenden Spuren, kein Grund, sich zu streiten. Der Zug setzt sich wieder in Bewegung und verläßt das Plateau. Norman atmet auf. Wir machen uns an den Abstieg, einer dicht hinter dem anderen wie eine Seilschaft, damit wir uns in dem immer dichter werdenden Schneegestöber nicht verirren. Der Wind bläst uns heftig die Schneeflocken ins Gesicht, und mit halb zusammengekniffenen Augen arbeiten wir uns wieder zum Fluß hinab. Nach einiger Zeit hält uns eine Schräge auf, und diesmal ist es Norman, der am Hang ins Rutschen gerät. Ich bemerke es und stoppe das Team, um ihm zu helfen. Sein Toboggan hat sich seitlich verdreht, und dabei ist die Zugstange des Schlittens gebrochen. Wir flicken die Stelle provisorisch, denn bis zum Camp kann es nicht mehr weit sein. Um 3.30 Uhr erreichen wir Meile 90. Es läuft immer besser. Und dennoch haben wir sie noch nicht eingeholt. Unsere Zusatzschicht war umsonst. Aber wo sind sie? In der Hoffnung, sie im Schlaf zu überraschen, sind wir weitergefahren und wieder nichts. Wir haben unterwegs Witze gerissen und uns vorgestellt, was für Gesichter sie machen würden, wenn wir plötzlich aufkreuzten! Wäre die Piste nicht so gut markiert, müßten wir annehmen, wir hätten uns verfahren. Aber kein Zweifel, sie sind hier vorbeigekommen. Marc ist der richtigen Piste gefolgt. Was sollen wir tun? Wir fragen Norman, und er meint, wir sollten bis Meile 80 weiterfahren. Bis zum Benzindepot seien es noch 16 Kilometer, vielleicht seien sie dort. Ausgerechnet er, der von uns allen am meisten Erfahrung in dieser Wildnis hat, macht einen unverantwortlichen Vorschlag: Nach 15 strapaziösen Stunden auf der Maschine sollen wir um 4 Uhr morgens weiterfahren und uns, obwohl wir so gut wie kein Benzin mehr haben, in einem Schneesturm auf die berüchtigten Abraham-Ebenen wagen!

Wir brüllen uns gegenseitig an, und schließlich einigen wir uns erschöpft darauf, daß Marc und Norman zu Meile 80 fahren und Benzin holen sollen. Die ständige Hin- und Herfahrerei, zu der uns der Spritmangel zwingt, wird uns einen weiteren Tag kosten, und wir können nichts dagegen tun. Um uns vor dem Schnee zu schützen, der immer noch in großen Flocken fällt, bauen wir notdürftig das Zelt auf. Zum Glück gibt es hier dürres Holz, und wenig später sind wir eingeschlafen, alle bis auf Didier, dessen Kleider zu einem Eisblock erstarrt sind. Ich sehe noch, wie er sich um den Ofen zusammenrollt und versucht, seine Sachen zu trocknen. Dann schlafe ich ein. Die Erschöpfung ist stärker als die trüben Gedanken, die mir immer häufiger im Kopf herumgehen ...

Als ich am nächsten Morgen gegen 11 Uhr erwache, gilt mein erster Gedanke Nicolas, Alain und Bruce. Wenn sie uns jetzt sehen könnten, um diese Zeit noch im Schlafsack! Was sie wohl denken würden? Und seltsam, als ich mich aus dem Schlafsack schäle, höre ich Alvaro in gewohnter Manier witzeln.

»Mann, wenn sie uns um diese Zeit beim Kaffeetrinken sehen könnten!«

Offensichtlich haben wir alle ein schlechtes Gewissen. Wir quälen uns immer mehr, doch was kommt dabei heraus? Obwohl wir auf die anderen sauer sind und uns als Opfer fühlen, wollen wir sie unbedingt einholen und gemeinsam mit ihnen in Norman Wells einlaufen, triumphierend und stolz darauf, daß wir diese Höllenfahrt über die Berge durchgestanden haben. Seit der Trennung passieren uns ständig Pannen. Aber wir haben allen Problemen getrotzt, ein Wahnsinnstempo vorgelegt und im Schnitt 15 Stunden auf dem Schneemobil verbracht. Wir sind beträchtliche Risiken eingegangen und bei Nacht gefahren, haben im Dunkeln tückische Stellen gemeistert, die schon bei Tag Schwierigkeiten machen. Wir haben das Letzte aus uns herausgeholt, sind auf diesen verteufelten Maschinen geritten, deren Beherrschung die Kondition eines Athleten erfordert, und haben obendrein die arktische Kälte ertragen, die mit der Zeit auch den härtesten Trapper psychisch und physisch zermürbt. Wir sind über uns hinausgewachsen, haben ungeahnte Kräfte freigesetzt, einen unbändigen Willen gezeigt, die Berge zu bezwingen, doch das alles hat nicht gereicht. Und heute morgen ist unser Akku leer. Wir können nicht mehr, und ich bin sicher: Was wir tun, tun wir nur für den anderen. Ich für Emmanuel, Didier für Norman und Alvaro für Marc. Allein würde sich jeder widerstandslos in sein Schicksal fügen, geistig und körperlich vor dieser extremen Kälte kapitulieren, die uns andererseits so vieles erleichtert, indem sie die zahllosen Flüsse und Bäche zufrieren läßt, die wir bei milderen Temperaturen umfahren müßten …

Es ist Mittag. Es hat aufgehört zu schneien und ist schön. Kalt, aber schön. Wir fiebern der Rückkehr von Norman und Marc entgegen, können es kaum erwarten, sie wiederzusehen. Welche Neuigkeiten werden sie bringen? Ob sie das Benzin gefunden haben? Und wird es diesmal genügen? Ist die Piste endlich so gut, daß wir zügig vorankommen? Werden wir die Maschinen ausfahren können, die immerhin 100 km/h Spitze schaffen? 100 Kilometer in der Stunde! In zwei Stunden wären wir in Norman Wells! Und von Ross River bis hierher hätten wir nur sechs gebraucht, wenn wir, wie Nicolas immer behauptet, nichts weiter zu tun hätten, als Gas zu geben. Doch wir sind vor 16 Tagen dort losgefahren ... Vielleicht sind wir den Rockys einfach nicht gewachsen. Wir haben uns überschätzt, geblendet durch unseren Ehrgeiz und unseren Mut. Nicolas hatte zweifellos recht, als er uns im »Todeslager« zur Umkehr riet, ehe es zu spät sei. Ein fernes Brummen unterbricht die Gedanken, von denen wir uns fortreißen lassen ... Ein Hubschrauber! Wir sind überzeugt, daß er uns diesmal abholt und nach Norman Wells bringt. Didier weist uns darauf hin, daß er größer ist als der letzte und leicht zwei Schneemobile an Bord nehmen könnte. Das schlecht festgezurrte Zelt zittert und verschwindet in einem Schneegestöber. Pierre und Raphaël springen aus dem Hubschrauber. Wir stürzen ihnen entgegen, fallen ihnen in die Arme und drücken sie heftig. Eine Weile wird kein Wort gesprochen. Raphaël hat uns seit Ross River nicht mehr gesehen. Er mustert uns und liest die Angst in unseren Gesichtern. Sein Blick gleitet verwundert über uns hin, als seien wir Fremde. Diese kurzen Augenblicke erscheinen uns wie eine Ewigkeit. Dann bemerkt er unsere Beklommenheit und ruft aufgeräumt:

»Wie ich mich freue, euch zu sehen, Jungs. Ihr seid in Hochform! Ich bringe Kaffee, Kartons voller Fressalien und Kippen ...«

Sein Ton beruhigt uns, löst die Spannung. Wir erzählen ihm, Pierre und Tim von unserem Martyrium. Sie hängen wie gebannt an unseren Lippen und geben sich große Mühe, uns aufzumuntern. Sie seien sehr stolz auf uns, wie im übrigen ganz Norman Wells, wo man uns erwarte und von nichts anderem mehr spreche. Das Flugzeug gestern sei unseretwegen unterwegs gewesen. Da es uns nicht gefunden habe, habe Pierre heute morgen eine Suchaktion gestartet. Das Wiedersehen ist schön und bewegend. Abgesehen von dem Proviant und dem Benzin, das sie uns bringen, geben sie uns den moralischen Rückhalt, den wir gebraucht haben. Er lädt unsere inneren Akkus wieder auf. Wir schöpfen neuen Mut und wollen, mehr denn je, so schnell wie möglich weiterfahren. Pierre berichtet, daß sie unterwegs bei Alain, Nico und Bruce zwischengelandet seien. Auch für sie sei es sehr hart. Aber keiner von uns hat Lust, über die da vorn zu sprechen, und Pierre spürt es sofort. Er nimmt mich beiseite und sagt in einem ernsten und ärgerlichen Ton:

»Thomas, Nico will, daß du mit dem Hubschrauber zu ihnen fliegst und filmst. Der Canyon, in dem sie sich im Moment befinden, ist atemberaubend. Alvaro müßte auch mitkommen …«

»Kommt nicht in Frage. Seit fünf Tagen schinden wir uns und kämpfen wie die Löwen, um sie einzuholen. Sie haben beschlossen vorauszufahren, ohne auf uns zu warten. Sie nehmen sich das Benzin, das sie brauchen, ohne sich darum zu kümmern, wieviel für uns bleibt. Also wirklich, ich sehe nicht ein, warum ich ihretwegen die Kameraden im Stich lassen soll. Wir haben beschlossen, zusammenzubleiben. Das hat uns bis jetzt gerettet. Wir sind ein Superteam und haben die Absicht, zusammen in Norman Wells anzukommen. Das ist auch unser Abenteuer und unsere Expedition. Das muß man verstehen. Sag Nico, daß er auf uns warten soll. Endlich haben wir genug Benzin. Wenn er einen Tag wartet, können wir ihn morgen einholen. Sag ihm das, Pierre …«

Ich habe die Stimme erhoben, und alle hören zu. Alle sind meiner Meinung. Pierre spürt unsere Entschlossenheit, unseren Groll, unsere Verbitterung, unsere Enttäuschung und dringt nicht weiter in mich. Er begnügt sich mit der Bemerkung, daß wir etwas verpassen würden, und ich entgegne:

»Und sag Nico: Falls er nicht auf uns warten will, ist die Expedition für mich in Norman Wells beendet.«

Das Ultimatum ist gestellt, das Gespräch wird wieder freundschaftlich. Marc und Norman kehren erschöpft zurück. Sie haben in der Nacht nur zwei oder drei Stunden geschlafen und erzählen, daß sie nur knapp einer Katastrophe entgangen sind. Sie haben in einem Schneesturm die Abraham-Ebenen überquert, um das Benzindepot zu erreichen.

»Wir konnten nichts sehen. Keine drei Meter weit. Norman hat die Piste jedesmal wiedergefunden, aber ehrlich gesagt, dazu war nur ein Indianer imstande. Wir sind hundertmal in metertiefem Schnee steckengeblieben. Ich dachte schon, wir krepieren da oben ...«

Marc stürzt sich auf den Karton mit Lebensmitteln, zieht tiefgefrorenes Fleisch hervor und ruft, er sterbe vor Hunger. Der Hubschrauber fliegt ab. Wir haben Raphaël gebeten, unsere Familien anzurufen und für unsere Ankunft, mit der wir, wenn alles gut geht, in drei Tagen rechnen, einen Festschmaus vorzubereiten. Während wir essen und das Lager abbrechen, sprechen wir über das, was er gesagt hat. Wir hoffen, daß die da vorn die Botschaft diesmal verstehen und daß wir sie morgen oder übermorgen endlich einholen, auf jeden Fall aber vor Norman Wells! Alvaros Lenkung ist im übrigen schneller repariert als erwartet. Sie war gar nicht gebrochen. Eine Schraube hatte sich gelöst, mehr nicht. Zu Normans Entlastung muß man sagen, daß eine Diagnose bei −40 °C und noch dazu in der Dunkelheit nicht eben leicht ist. Wir beschließen also, gegen 15 Uhr aufzubrechen und bis Meile 80 zu fahren. Marcs und Normans Spur müßte noch zu sehen sein, so daß wir in zwei Stunden am Ziel sein dürften. Meile 50 hoffen wir heute abend zu erreichen, vielleicht auch etwas später.

Der Aufstieg zu den Ebenen geht nicht ohne Schwierigkeiten vonstatten. Schuld sind die Schlitten. Wo Marc und Norman problemlos durchgekommen sind, verlieren wir

Zeit. Die Schlitten zu ziehen und die Schneemobile freizuschaufeln ist sehr anstrengend. Unsere Kräfte schwinden rasch. Norman, den immer noch der Ischias plagt, fährt nicht so gut wie an anderen Tagen. Die Piste schlängelt sich durch einen Fichtenwald und erfordert viel fahrerisches Geschick, wenn die Kufen sich nicht in die Stämme bohren sollen.

Nach einem Aufstieg, der länger dauert und anstrengender ist als erwartet, gelangen wir auf die Abraham-Ebenen, wo uns eines der schönsten Schauspiele seit unserem Start erwartet. Die Sonne scheint. Es ist beinahe warm, und die Sicht ist ausgezeichnet. Wir blicken über die Rocky Mountains, die sich bis zum Horizont erstrekken, und jeder genießt diese Belohnung in aller Stille. Zum erstenmal fühlen wir uns wie auf einer Spazierfahrt und lassen uns auf den Schneemobilen wiegen, die nebeneinander durch den jungfräulichen und absolut makellosen Schnee flitzen.

Wir erreichen Meile 80 gegen 18 Uhr. Die anschließende Abfahrt ist scheußlich. Ein Geröllfeld nach dem anderen, und die letzten Stürme haben den Schnee fast vollständig fortgeweht. Die Canal Road ist fast völlig verschwunden. Hier und dort taucht sie wieder auf und bestätigt, daß unsere Route stimmt, aber eine Hilfe ist sie uns nicht. Die Fahrt geht über Steinfelder, die für unsere Maschinen eine Zumutung sind, und nur manchmal erlauben uns Eisplatten neben einem Bach, sie zu umfahren. Die meiste Zeit stehen wir auf den Schneemobilen und umklammern mit aller Kraft die Lenker, die unter den Stößen von unten heftig ausschlagen. Die Stopps häufen sich. Vor jedem größeren Hindernis hängen wir die Schlitten, die zusehends aus dem Leim gehen, ab und wuchten nacheinander die Schneemobile hinüber. Das Getöse heulender Motoren erfüllt das Tal. Wir ziehen, wir schieben, um am Ende ein Konzert von Flüchen anzustimmen, das wir bereits auswendig kennen. Wir beschließen, nicht klein beizugeben und bis Meile 50 weiterzufahren. Behindert durch sein körperliches Handikap, bleibt Norman auf zwei großen Steinen hängen und dreht seine Maschine so hoch, daß die Luft nach verbranntem Gummi stinkt. Die Gleiskette reißt, und die Moral der Truppe bekommt einen Knacks. Wir lassen die Maschine kurzerhand stehen. Nichts soll uns aufhalten. Doch bei Meile 74 sind wir zu schwach zum Weiterfahren, und die Baracken eines ehemaligen Camps sind eine zu große Versuchung. Ausnahmsweise einmal kein Zelt aufbauen. Didier und ich finden etwas trockenes Holz, nachdem wir über eine Stunde lang gesucht haben. Der zu einem Ofen umfunktionierte alte Kanister bläst ebensoviel Rauch in den Raum wie durchs Abzugsrohr. Mit geröteten Augen legen wir uns zum Schlafen auf den Fußboden, um den Schwaden zu entgehen. Die Tür bleibt offen. Es ist kalt, sehr kalt, und Meile 50 ist noch weit…

Am Morgen finden wir eine Nachricht von Nicolas. Ein paar Worte stechen uns ins Auge: »Was auch passiert, wir warten auf euch bei Meile 50… Bis heute abend!« Wären wir gestern weitergefahren, wären wir jetzt bei ihnen. Aber werden sie heute auf uns warten? Müßten sie nicht in diesem Augenblick bei einer Tasse Kaffee in Norman Wells sitzen? Was soll's. Nach einer kurzen Reparatur in letzter Minute fahren wir um 11 Uhr los. In der Nacht haben Normans Schmerzen nachgelassen, und mit einem Augenzwinkern gibt er uns zu verstehen, daß wir heute abend in der Bar in Norman Wells ein Bierchen zischen werden. 74 Meilen, das sind 120 Kilometer an einem Tag. Wir möchten es gern glauben, aber bei nüchterner Betrachtung rechnen wir eher mit zwei Tagen. Schon das wäre eine tolle Leistung, gemessen an unserem bisherigen Tagesmittel. Wir haben nur noch vier Schneemobile für sechs Personen. Ich fahre nun mit Didier und Norman mit Alvaro. Jetzt bekommen auch die beiden zu spüren, wie schwierig und unbequem es ist, zu zweit auf einer Maschine zu reisen. Nur Emmanuel genießt den Luxus, allein zu fahren. Wir folgen einem Fluß, auf dem die Spur der anderen zu sehen ist. Wir folgen ihr blind, ohne ein Wort der Kritik, und durchqueren sogar die zahlreichen Slutch-Zonen. Ich frage mich, welches Risiko die anderen eingingen, als sie sich auf das unbekannte Eis wagten, das vor ihnen keiner befahren hat. Hier ist es leichter, ihnen zu folgen, und wir kommen zügig voran. Eine unfreiwillige Rutschpartie auf einem kleinen Seitenarm endet für Didier und mich in einer Pfütze, deren Wasser uns bis zur Hüfte reicht. Obwohl es mit –35 °C so warm ist wie bisher nur selten auf dieser Reise, gefrieren unsere Kleider augenblicklich und behindern uns erheblich. Die Kälte zwickt uns in die Füße, doch wir fahren weiter, aufgeregt über die Spuren Hunderter von Karibus, die uns die Richtung weisen. Ich phantasiere ein wenig und stelle mir die Szene vor: Nicolas auf seinem Schlitten, gezogen von zehn Hunden, davor Bruce und Alain, die ihm die Piste spuren, und um sie herum Tausende von Karibus, die sie in die ersehnte Stadt geleiten!

Gegen 14 Uhr gelangen wir an einen Canyon, der ebenso eng wie majestätisch ist. Der Fluß verwandelt sich in einen Wildbach aus Eis, der in Kaskaden durch diesen Felskorridor in die Tiefe stürzt. Wir halten an. Alain hat uns eine Nachricht hinterlassen: »Bei Meile 50 haben wir 36 Stunden auf euch gewartet. Ich bin heute morgen hierher zurückgekehrt, aber jetzt ist es Mittag, und ich kann nicht länger warten. Ich fahre weiter. Bis später ...« Norman erkundet zu Fuß die ersten 50 Meter. Wir haben viele Schweinereien erlebt, aber das übertrifft alles! Wir werden die vier Schneemobile, jedes 300 Kilo schwer, praktisch über die Wasserfälle tragen müssen. Laut Alain ist der

Canyon nicht sehr lang. Na großartig! Nach einer guten Stunde kollektiver Anstrengung und Schlepperei haben wir die erste Hürde genommen. Eine harte Nuß, aber es geht. Ein paar Meter weiter hält uns eine Eiszunge auf, gerade mal so breit wie unsere Kufen. Links und rechts, eine Etage tiefer, wirbelt und brodelt das Wasser unter einer Eisdecke, die nur ein paar Zentimeter dick ist. Ein Sturz bedeutet den sicheren Tod. Das schwere Schneemobil würde das Eis durchschlagen und die Tür zu einem mehrere hundert Meter langen Tunnel aus eiskaltem Wasser aufstoßen. Wir zögern. Gibt es denn keine andere Möglichkeit, als den Balancekünstler zu spielen? Kehrtmachen und die Maschinen mit Muskelkraft wieder dort hinaufwuchten, wo wir gerade herkommen? Unmöglich. Wir sind eingeklemmt zwischen zwei Felswänden, die schön, aber beängstigend sind. Wenn die anderen hier durchgeschlüpft sind, ist das bestimmt der einzige Weg. Ohne zwingenden Grund hätten sie uns nicht hierher geführt. Didier macht den Anfang. Langsam, auf dem Sitz kniend, gleitet er vorwärts, links wie rechts keinen Zentimeter Spiel. Wir sehen ihm zu und machen uns auf das Schlimmste gefaßt. Durch leichte Stöße gegen den Lenker hält er die Kufen so gerade wir möglich. Noch einen Meter, und er hat es geschafft! Die anderen folgen seinem Beispiel. Ich stehe auf einem großen Felsblock, der den Korridor überragt, und filme. Vom Metall der Kamera sind meine Finger ganz steif gefroren. Ich weine. Alle sind glücklich hinübergekommen. Ich drehe mich, um hinabzusteigen, und was sehe ich? Zwei Typen in kanadischer Uniform. Sie kommen näher, und ich starre sie entgeistert an. Woher kommen sie? Wer sind sie? Einer ruft mir in tadellosem Französisch »Salut!« zu, und der andere zerquetscht mir die Hand und beglückwünscht mich, offensichtlich sehr erregt. Er betrachtet meine Finger, die ganz weiß sind, entschuldigt sich und stülpt mir seine

Wollhandschuhe über. Sie wollen wissen, ob ich allein bin, und ich antworte, daß die anderen hinter dem Felsen seien. Ich verstehe überhaupt nichts. Aber rein gar nichts. Marc bestürmt sie mit Fragen, und die beiden Wildhüter erklären uns, daß sie uns gesucht hätten.

»Nicolas, Bruce und Alain haben sich vor einer Stunde auf den Weg nach Norman Wells gemacht. Wir begleiten euch bis Meile 50. Dort gibt es Benzin. Wir hätten nicht gedacht, daß wir euch finden … Los, Jungs, wenn wir uns beeilen, schaffen wir es noch bis heute abend.«

»Ah, die Arschlöcher werden vor uns dort sein!«

Marc spricht nur aus, was wir alle denken, aber gleich darauf ist es wieder vergessen. Wir klatschen uns ab wie Basketball-Profis, schwingen uns auf die Schneemobile und folgen den beiden Wildhütern, die bereits in dem riesigen Tal verschwunden sind, das sich vor uns auftut. Die Piste ist hervorragend, und wir erreichen Meile 50 bei Dunkelheit. Wir tanken nur kurz auf und heften uns wieder an die Fersen der Kanadier. Wir lassen uns einfach von den Ereignissen tragen. Es ist stockdunkel, doch die mächtigen Felswände des Canyons sind noch zu erkennen. Wir folgen ihnen kilometerweit, können die Schönheit des berühmten Dodo Canyon, über den wir seit Ross River sprechen, aber nur ahnen. Wir fahren schnell. Ein Rausch erfaßt uns, und wir surfen über den dicken Pulverschnee, der sich im Talgrund angehäuft hat. Ein paar Unfälle unterbrechen unsere Fahrt. Um 20 Uhr erreichen wir entkräftet Meile 36. Die Wildhüter servieren uns Karibukoteletts, Kaffee und Tee. Wir stürzen uns darauf und vergessen darüber, ihre Fragen zu beantworten. Wir haben kaum noch die Kraft, wieder auf die Schneemobile zu steigen, aber die Erregung treibt uns an. Es ist sehr kalt. Wir fahren lange. Die Karawane zieht sich in die Länge. Marc bleibt mit den Kufen unterm Eis hängen, als er einen offenen Fluß überquert. Norman verliert den Ofen und seinen

Karabiner. Emmanuel und ich fahren unseren Schlitten zu Bruch. Es wird Zeit, daß wir ankommen. Je länger wir unterwegs sind, desto größer wird der Abstand zwischen uns, obwohl wir abgemacht hatten, aufeinander zu warten, um gemeinsam anzukommen. Der Sieg, unser Sieg, ist sehr nahe. Emmanuel kommt immer häufiger von der Piste ab und entschuldigt sich damit, daß die Lenkung zu hart sei. Schließlich zollt er der Müdigkeit Tribut und läßt mich fahren. Plötzlich tauchen die Lichter der Stadt am Horizont auf. Wir sind völlig aus dem Häuschen und singen wie Kinder. Die Piste führt bergab, dann bergauf. Seitdem wir kurz die Lichter gesehen haben, kommt uns die Zeit noch länger vor. Unendlich lang. Wir fragen uns, ob wir überhaupt jemals ankommen. Der Mackenzie versperrt uns den Weg. Wir halten an und im nächsten Moment liegen wir uns in den Armen und drücken uns herzhaft. Didier und Marc fehlen noch. Norman und Alvaro warten ein Stück weiter. Es geht auf Mitternacht zu. Ein kräftiger Wind fegt über den Fluß, und die Kälte wird unerträglich. Dann kommt einer der beiden Wildhüter und teilt uns mit, daß Didier und Marc Probleme hätten. Sie hätten eine Stunde Rückstand. Wir können hier nicht länger warten, sonst erfrieren wir. Wir nehmen die letzten Kilometer in Angriff…

200 Meter vor der Bar, in der wir uns verabredet haben, holen Marc und Didier uns ein.

»Nett von euch, Jungs, daß ihr auf uns gewartet habt!«

Ich wußte, daß es einen Anschiß geben würde. Auf dem Parkplatz vor der Bar geht mein Schneemobil aus. Kein Sprit mehr. Es ist 1 Uhr morgens. Wir haben an einem Tag 130 Kilometer zurückgelegt. Norman hatte eine Eingebung, als wir heute morgen bei Meile 74 losgefahren sind! Aber keiner von uns begreift, woher wir die Kraft für diese Fahrt genommen haben. Wir haben die Vorhut eingeholt. Wir stoßen zusammen die Tür der Bar auf.

Alain und Bruce sind da. Endlich. Die Wiedersehensfreude ist groß. Tränen und Umarmungen ersetzen Worte. Ihre Gesichter sind ebenso gezeichnet wie unsere. Wir beäugen uns gegenseitig, sind aber auch froh, daß wir wieder alle zusammen sind. Alle Blicke in der Bar sind auf uns gerichtet. Der Sieg ist erst ein paar Augenblicke alt, und Nicolas fehlt!

Nichts treibt uns mehr zur Eile an. Wir sind alle da, lehnen an der Bar. Das Bier fließt in Strömen. Keiner spricht das heikle Thema an, obwohl wir alle auf Erklärungen warten. Blicke begegnen sich, wenden sich aber gleich wieder ab. Alain faßt sich ein Herz und erwähnt den Canyon, in dem er angeblich auf uns gewartet hat. Die Reaktion kommt prompt. Die Wellen der Erregung schlagen hoch, glätten sich aber sogleich wieder, und wir bestellen eine neue Runde Bier. Ich nutze die Gelegenheit, um die Tabufrage zu stellen: Wo ist Nicolas? Traut er sich nicht, uns gegenüberzutreten? Haben wir es nicht verdient, daß er uns begrüßt? Alain erzählt: Ein Ausschuß der Stadt hatte im Curling-Club einen Empfang für ihn vorbereitet. Doch bei dem Versuch, den Spielstein übers Eis zu schieben, rutschte Nicolas wie ein blutiger Anfänger aus und zog sich eine breite Platzwunde an der Augenbraue zu. Er, der in den Rocky Mountains so häufig tückisches Eis überquert hatte, mußte sich auf der Curlingbahn von Norman Wells belehren lassen! Im Moment, so Alain, lasse er sich das Gesicht wieder zusammenflicken. Er hat seine Ausführungen gerade beendet, da kommt Nicolas in Pierres Begleitung zur Tür herein. Er beglückwünscht uns mit einem kräftigen Händedruck. Die Freude ist verhalten, auf beiden Seiten, und wir wissen, daß schon morgen eine Erklärung fällig sein wird …

Thomas Bounoure

Die weiße Odyssee

Die Durchquerung des hohen Nordens Kanadas von Skagway in Alaska nach Quebec mit dem Hundeschlitten:

8600 Kilometer in 99 Tagen, 11 Stunden und 58 Minuten.

Start am 13. Dezember 1998, 11.20 Uhr, in Skagway.

Ankunft in Churchill am 15. Februar 1999, 18.35 Uhr.

Reisezeit: 64 Tage, 7 Stunden und 15 Minuten.

Aufenthalt in Churchill: 5 Tage, 11 Stunden und 31 Minuten (in der Gesamtzeit unberücksichtigt).

Abfahrt aus Churchill am 21. Februar, 6.05 Uhr.

Ankunft in Quebec am 28. März 1999, 10.48 Uhr.

Reisezeit: 35 Tage, 4 Stunden und 43 Minuten.

Für alle, die Lust auf einen Mushing-Einführungskurs und eine Tour mit dem Hundeschlitten in einer großartigen Landschaft haben: Nicolas Vanier und Alain Brenichot verfügen jetzt über zwei Einrichtungen, eine in den Rocky Mountains und eine in der Provinz Quebec, in der märchenhaft schönen Gegend am Ashuapmushuan-Fluß nördlich des Saint-Jean-Sees.

Nähere Auskünfte bei *Laika*, Tel: +33 (0) 1 42 89 32 64.

Danksagungen

Unser Dank gilt (in alphabetischer Reihenfolge):

AIR CANADA für die zuverlässige Beförderung von Menschen, Hunden und Material und die große Hilfsbereitschaft, mit der uns das Personal jederzeit begegnet ist.

BIOCANINA für ein breites Sortiment sehr wirksamer Präparate, die eine Behandlung der Hunde in jeder Situation erlaubten.

LA BOÎTE À PILES in Reims für die Entwicklung einer speziellen Kälte-Stirnlampe mit extrem leistungsstarken und leichten Batterien, die uns den ganzen Winter hindurch Tausende von Stunden Licht spendete.

BRITISH AMERICAN RACING, dem Formel-1-Rennstall, der in seinem unablässigen Bemühen um Höchstleistung für Werte eintritt, die auch bei diesem Unternehmen zum Tragen kamen.

DOONERAK'S RUNNERS, Fachgeschäft für Arbeitshunde-Zubehör. Katalog erhältlich unter: BP 206 Le Brusc, F-83185 Six Fours cedex, Tel: + 33 (0)4 94 34 38 38.

ELASTIDOG für die Entwicklung bahnbrechender Zugleinen, die eine individuelle Stoßdämpfung ermöglichen und aus austauschbaren Komponenten bestehen. Jean-Claude Perrot, 134, rue André-Ménager, F-59460 Jeumont, Tel: + 33 (0)6 11 61 47 99.

LEICA für speziell behandeltes Fotomaterial, mit dem uns auch bei extremen Kältegraden Aufnahmen von exzellenter Qualität gelangen.

LAWRANCE ELECTRONIC für die Bereitstellung von GPS-Empfängern, die uns namentlich bei der Fahrt auf dem Meereis und in der Tundra wertvolle Dienste leisteten.

LOWE ALPINE, die uns von Kopf bis Fuß eingekleidet und ermöglicht haben, den extremen Klimabedingungen zu trotzen; Dank insbesondere für die Optimierung unserer Kleidung durch das Mehrschichten-System, das die Verwendung von Polarfleece ermöglicht.

PEDRIGREE PAL, deren Wissenschaftler vier Jahre lang an der Entwicklung einer äußerst leistungsfördernden Hundenahrung mit hoher Energiekonzentration gearbeitet haben, die bestens auf die besonderen Bedürfnisse meiner Hunde bei dieser Expedition abgestimmt war.

RENAULT SPORT, das mit Hilfe modernster Techniken und unter Verwendung von Verbundwerkstoffen einen völlig neuartigen Schlitten, einen wahren »Formel-1-Boliden des Schnees«, entwickelt hat, und insbesondere seinem Partner MOC, der die Elastizität von Faserverbundwerkstoffen für die Konstruktion eines Schlittens genutzt hat, der verformbar und somit je nach Gelände verstellbar ist.

LA ROCHE-POSAY für äußerst wirksame Präparate, die unsere Haut vor den Belastungen schützten, denen sie durch Kälte, Wind und Sonne ausgesetzt war.

SALOMON für die Anfertigung austauschbarer Kufen, die speziell auf unseren Schlitten abgestimmt waren.

WEBEXPERT für die Einrichtung der Internet-Seite *www.Nicolas-Vanier.com,* die Zehntausenden die Möglichkeit gab, Tag für Tag unsere dramatische Expedition zu verfolgen und sich über meine früheren und künftigen Expeditionen zu informieren.

Unser Dank gilt auch SPB, OCP, der Gruppe HUMEX FOURNIER (ein auf die Erforschung und Behandlung von Erfrierungen spezialisiertes Pharma-Labor), AUDIOSOFT, AXA ASSURANCE, DOLISOS und DAMART, die uns mit viel Herz und Engagement unterstützten.

Und schließlich gilt unser ganzer Dank all den Indianern, Inuit und Kanadiern, die uns überall in Kanada spontan ihr Haus öffneten, ihre Hilfe anboten und sich an dieser Expedition beteiligten, deren Erfolg ihnen gewidmet sein soll; insbesondere Gil und Mark Taylor, Tony, Jeannot Gagnon, Lyne l'Africain, Claire Verreault, Richard Séguin, Daniel Becq, Bert Wapache, Bill Rogoza, Sam Hunter, Daniel und Sylvie Quevillon sowie den zahlreichen kanadischen Rangern, die uns abwechselnd von Churchill nach Quebec begleitet haben.

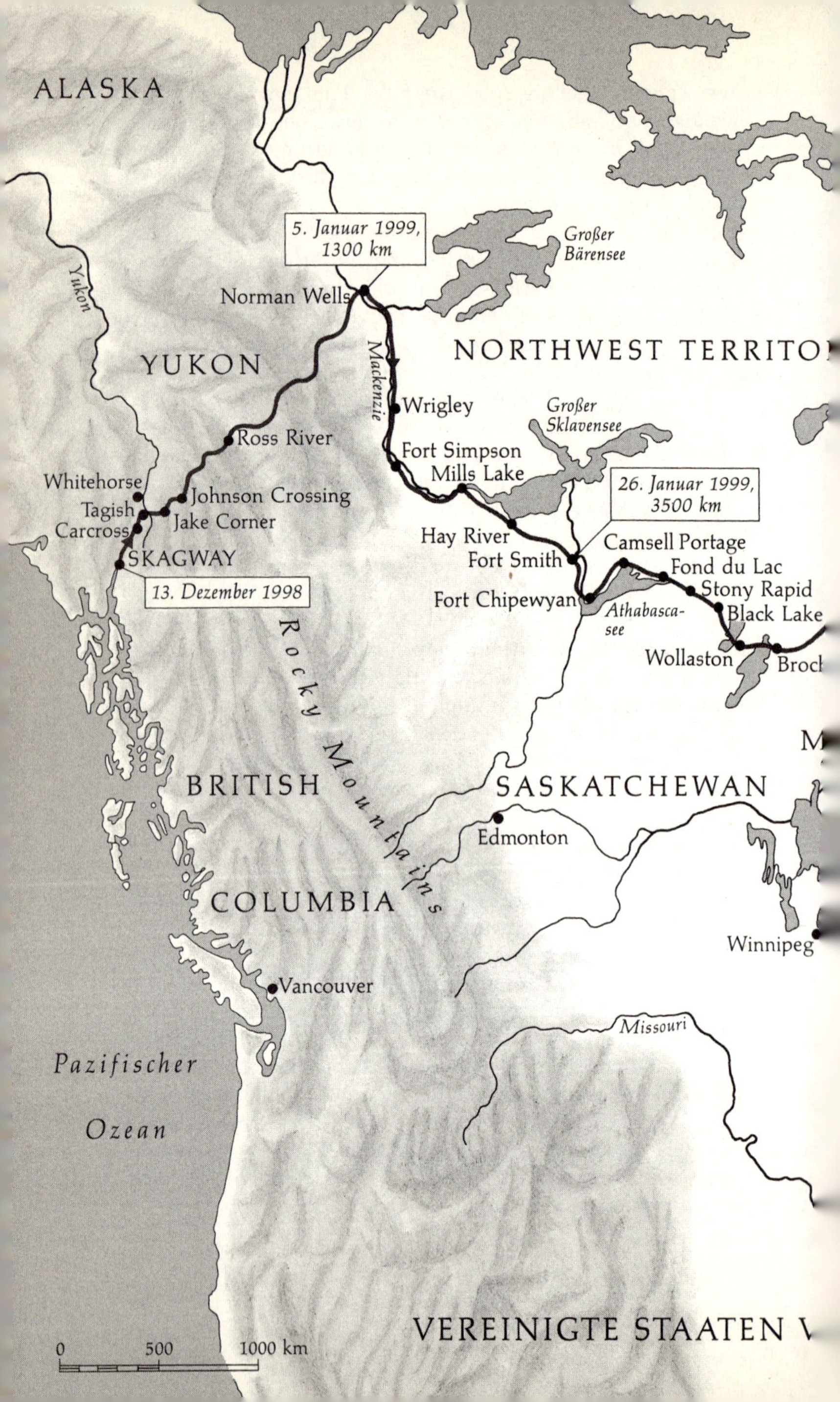
ALASKA
Yukon
YUKON
5. Januar 1999,
1300 km
Großer
Bärensee
Norman Wells
Mackenzie
NORTHWEST TERRITO
Wrigley
Großer
Sklavensee
Ross River
Fort Simpson
Mills Lake
Whitehorse
Johnson Crossing
26. Januar 1999,
3500 km
Tagish
Jake Corner
Carcross
Hay River
Camsell Portage
SKAGWAY
Fort Smith
Fond du Lac
13. Dezember 1998
Stony Rapid
Fort Chipewyan
Athabasca-
see
Black Lake
Wollaston
Broc
Rocky Mountains
M
BRITISH
SASKATCHEWAN
Edmonton
COLUMBIA
Winnipeg
Vancouver
Missouri
Pazifischer
Ozean
VEREINIGTE STAATEN V
0
500
1000 km

BAFFIN-
LAND
Labrador-
see
Hudson
Bay
15. Februar 1999,
4900 km
Churchill
LABRADOR
Fort Severn
ITOBA
Winisk
QUEBEC
9. März 1999,
6400 km
Attawapiskat
Waskaganish
Nemiskau
Moose Factory
Chibougamau
ONTARIO
Roberval
Oberer
See
QUEBEC
Huronsee
Montreal
28. März 1999,
8600 km
Ontario-
see
Michigan-
see
Mississippi
Atlantischer
New York
Ozean
AMERIKA

Bildnachweis

© Alvaro Canovas: S. 6 oben; S. 7 unten; S. 8–9 die drei Fotos unten; S. 11; S. 12–13; S. 14; S. 16; S. 18–19; S. 20–21 die drei Fotos unten; S. 22–23 unten; S. 24; S. 25 oben; S. 26–27; S. 29; S. 30–31 oben und unten links; S. 32.
© Nicolas Vanier: S. 1; S. 2–3 oben und unten links; S. 4–5; S. 6 unten; S. 7, kleines Foto; S. 8–9 oben; S. 10; S. 15; S. 17; S. 20–21 oben; S. 22, kleines Foto; S. 25 unten; S. 28.
© Thierry Malty: S. 30–31 die beiden Fotos unten rechts.
© RENAULT COMMUNICATION: S. 2–3 die beiden Fotos unten rechts.